RÉPUBLIQUE FRANÇAISE

LIBERTÉ – ÉGALITÉ – FRATERNITÉ

MINISTÈRE DES COLONIES

NOMENCLATURE GÉNÉRALE

PROVISOIRE

DU MATÉRIEL DU SERVICE DE SANTÉ

AUX COLONIES

PARIS

IMPRIMERIE NATIONALE

1910

RÉPUBLIQUE FRANÇAISE

LIBERTÉ — ÉGALITÉ — FRATERNITÉ

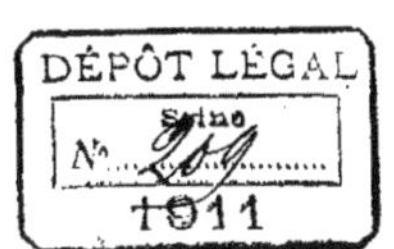

MINISTÈRE DES COLONIES

NOMENCLATURE GÉNÉRALE

PROVISOIRE

DU MATÉRIEL DU SERVICE DE SANTÉ

AUX COLONIES

PARIS

IMPRIMERIE NATIONALE

1910

NOMENCLATURE GÉNÉRALE PROVISOIRE

DU MATÉRIEL DU SERVICE DE SANTÉ AUX COLONIES.

NOTE PRÉLIMINAIRE.

Ce travail a pour but de poser les principes généraux et d'indiquer les grandes divisions d'une nomenclature du matériel du service de santé, qui ne pourra être mise définitivement au point que lorsque les diverses colonies auront établi un classement, suivant leur nature et leur destination et en conformité des indications qui leur sont fournies ci-après, des instruments, médicaments, matériels, effets et objets existant actuellement, tant en service qu'en approvisionnement, dans les diverses formations sanitaires, magasins et laboratoires de nos diverses possessions.

Le matériel du service de santé est réparti dans cette nomenclature, entre les vingt numéros sommaires prévus par la nomenclature annexée à l'Instruction générale du 16 janvier 1905.

Le matériel aurait pu être groupé, tout d'abord, d'après les usages auxquels il est destiné; mais il a dû être classé par numéro sommaire, d'après la nature des matières et objets, conformément aux règlements en vigueur sur la comptabilité des matières.

D'autre part, il y a lieu de faire remarquer que les unités collectives figurent sous le numéro sommaire 11 de la nomenclature provisoire, bien que les articles dont elles sont composées relèvent de numéros sommaires différents.

C'est ainsi, par exemple, que les musettes, les havresacs, les paniers à pansement qui renferment des médicaments, des pansements, des fournitures de bureau et du matériel divers, ont été groupés sous ledit numéro sommaire 11.

Dans chaque numéro sommaire, les objets sont répartis par subdivisions, désignées chacune par une lettre et par une appellation qui définit la nature ou l'usage des articles entrant dans leur composition, et qui sont destinées à faciliter les recherches.

De plus, les matières et objets sont classés, dans chaque subdivision, par numéros en suivant autant que possible l'ordre alphabétique.

L'ordre de classement des matières, effets et objets compris dans la présente nomenclature ainsi que les dénominations et les prix ministériels doivent être rigoureusement suivis et appliqués à toutes les écritures.

Pour certaines subdivisions, on s'est borné à énoncer l'appellation; la colonne des numéros, ainsi que celle des dénominations spéciales à chaque article, ne porte pas d'inscriptions. Il a paru, en effet, préférable de laisser à chaque colonie le soin d'établir la nomenclature des objets qui doivent y trouver place et dont il était impossible, par avance, de prévoir le nombre exact, les désignations précises, le prix de revient, etc.

Il n'est pas prévu de nomenclature pour les bibliothèques scientifiques et pour les bibliothèques des malades en raison des modifications constantes dont elles sont susceptibles; elles figurent sous le numéro sommaire 15 avec les lettres A et B.

Dans un but de simplification, il importera de comprendre sous le même numéro d'ordre de la subdivision, les articles de même nom qui ne diffèrent entre eux que par des détails de construction, de dimensions, et dont le prix d'achat ne varie pas ou ne varie que dans des limites peu étendues. C'est ainsi qu'on a réuni sous un seul numéro plusieurs catégories de drains, sous un autre même numéro, des soies de grosseurs différentes, sous un autre encore, des gouttières de cuisse, de jambe ou de bras dont les unes doivent servir spécialement pour le côté droit et les autres pour le côté gauche, etc.

Cette simplification ne devra surtout pas être perdue de vue, dans les colonies, pour les inscriptions complémentaires à faire en ce qui concerne les objets de couchage, de lingerie, d'habillement, pour le matériel affecté à des usages spéciaux, etc.

Les approvisionnements existant actuellement comprennent de nombreux articles employés aux mêmes usages, mais qui ne sont pas toujours semblables et dont les prix peuvent présenter quelquefois d'assez grands écarts. C'est ainsi qu'il y a des couchettes en fer de longueur et de largeur différentes; des sommiers métalliques de systèmes divers; des draps de lit de longueur et de largeur variables; des armoires, des chaises, des tables, des glaces de toutes qualités et de toutes dimensions, et dont les prix n'ont entre eux qu'une concordance assez éloignée.

La nomenclature de tout ce matériel prendrait des proportions trop considérables si on était tenu d'y faire figurer chaque article sous un numéro spécial. Il y a tout avantage à grouper les objets de même nature qui ne présentent entre eux que des écarts de prix assez limités; la perte ou le gain résultant de cette opération seront régularisés dans les formes ordinaires.

Si nous prenons comme exemple les armoires, les tables, elles pourront être divisées, pour chaque espèce de bois, en trois catégories : grandes, moyennes, petites, à chacune desquelles sera affecté un prix moyen. On portera dans la colonne « Observations » les dimensions moyennes pour chacune de ces catégories (exemple : armoires en chêne, grandes, hauteur : 2 mètres à 2 m. 50, profondeur 0 m. 50 à 0 m. 60, largeur 1 mètre à 1 m. 25, etc.). Il en sera de même pour les glaces, les buffets, etc.

A l'occasion du classement qui sera fait, dans chaque colonie, pour l'établissement de la nomenclature provisoire, il y aura lieu d'adresser au Département des renseignements précis (dimensions, poids, forme, etc.) au sujet des articles les plus courants, tels que lits pour officiers, lits pour malades, lits pour indigènes, matelas, draps de lit, couvertures, etc., en vue de fournir les éléments du descriptif des modèles types à adopter dans la nomenclature définitive.

Le Directeur du service de santé de chaque groupe établira dans le plus bref délai et, au plus tard, avant le 1er juillet 1911, une nomenclature unique qui sera adressée au Département accompagnée des explications nécessaires concernant les nouvelles inscriptions.

La présente nomenclature entrera en vigueur à compter du 1er janvier 1911. En ce qui concerne les articles qui n'y figurent pas, il y aura lieu de leur appliquer provisoirement, dans chaque groupe, la moyenne des prix d'unification déterminés au 31 décembre 1910 dans les conditions prévues par l'article 32 de l'instruction du 16 janvier 1905 sur la comptabilité des matières appartenant à l'État au compte du Département des Colonies.

Les demandes de médicaments et de matériel à adresser à la métropole ne devront comprendre que des articles figurant sur ladite nomenclature.

Les objets hors nomenclature devront être portés sur une demande spéciale qui sera appuyée soit d'observations motivées, soit d'un rapport, suivant le cas.

TABLEAU

DES NUMÉROS SOMMAIRES DE LA NOMENCLATURE.

NUMÉROS SOMMAIRES et LIBELLÉS.	SUBDIVISIONS.
2. — Vivres	A. Assaisonnements et épices. B. Café, chocolat, sucre et thé. C. Denrées diverses, fruits, légumes. D. Gibiers, poissons, viandes et volailles. E. Liquides et spiritueux.
3. — Fourrages	A. Foins et pailles. B. Graines fourragères.
4. — Combustibles et luminaires	A. Chauffage. B. Éclairage.
5. — Effets d'habillement et d'équipement	A. Habillement, linge et chaussure. B. Lingerie de service.
6. — Campement	A. Matériel divers. B. Outils de parc et outils portatifs. C. Tentes et accessoires.
7. — Harnachement et pansage	A. Sellerie, matériel d'attache et de pansage.
8. — Literie et couchage	A. Objets de couchage.
9. — Meubles et objets d'ameublement	A. Objets pour le service de la cuisine. B. Objets pour le service de la dépense et de la cave. C. Objets et vaisselle pour les repas. D. Matériel de chauffage et d'éclairage. E. Horlogerie et garniture de cheminée. F. Meubles. G. Objets mobiliers et ustensiles en bois. H. Objets mobiliers et ustensiles en métal. I. Objets mobiliers et ustensiles en terre, en pierre, en verre. J. Rideaux, housses et accessoires. K. Tapis et nattes au mètre courant. L. Tapis et nattes au mètre carré.
10. — Drogues et médicaments	A. Produits chimiques médicinaux, produits pharmaceutiques. B. Produits chimiques purs pour laboratoire de chimie et de bactériologie. C. Produits chimiques industriels et désinfectants. D. Droguerie, herboristerie et articles divers. E. Sels de quinine et quinquinas (poudre et écorce). F. Comprimés. G. Bromures et iodures. H. Eaux minérales diverses, sels de Vichy. I. Spécialités pharmaceutiques et sérums.

NUMÉROS SOMMAIRES et LIBELLÉS.	SUBDIVISIONS.
11. — Outillage, instruments et appareils divers	A. Objets pour le service de santé en campagne (caisses, musettes, havresacs, paniers, etc.). AA. Caisses et trousses pour la chirurgie vétérinaire. B. Instruments de chirurgie. C. Bougies, sondes, canules et autres instruments en gomme et en caoutchouc. D. Appareils de radiographie et de radiothérapie, d'électrothérapie, de mécanothérapie, de massothérapie, etc. E. Matériel de désinfection. F. Filtres et stérilisateurs pour l'eau. G. Matériel d'amphithéâtre. H. Instruments pour chirurgie vétérinaire. I. Objets de pansements. J. Linge à pansements. K. Catguts, crins de Florence, drains et soies. L. Appareils et objets pour fractures. M. Objets accessoires pour pansement. N. Bandages herniaires. O. Appareils de prothèse. P. Lunettes et accessoires. Q. Vases et ustensiles de pharmacie et de chimie. R. Microscopes et accessoires. S. Matériel de bactériologie. T. Enregistreurs météorologiques et accessoires. U. Matériel de physique et de chimie. V. Objets spéciaux à l'usage des malades. W. Objets spéciaux pour le service des bains. X. Objets pour le service de la buanderie. Y. Objets et ustensiles pour ateliers. Z. Objets et ustensiles pour jardinier. A[1]. Objets et ustensiles pour perruquier. B[1]. Machines. C[1]. Matériel roulant. D[1]. Balances, poids et mesures.
14. — Matières et objets destinés aux travaux.	A. Aiguilles, boutons, fils, rubans, tresses, etc. B. Bois. C. Draps, toiles et étoffes. D. Matières de couchage. E. Métaux. F. Quincaillerie. G. Peinture, vitrerie, ingrédients et objets divers.
15. — Ouvrages de bibliothèques, de sciences et arts, matériel d'enseignement, fournitures diverses	A. Bibliothèque scientifique. B. Bibliothèque des malades. C. Fournitures de bureau, imprimés divers. D. Objets de bureau.
16. — Animaux vivants	A. Animaux de basse-cour. B. Animaux de boucherie. C. Animaux de trait et de bât. D. Animaux de laboratoire.
17. — Tabacs, semences et plants	A. Graines potagères et plants. B. Graines à fleurs et plants. C. Tabacs.
19. — Caisses d'emballage, récipients divers, cadeaux et objets d'échange et objets non classés précédemment	A. Boîtes, caisses, bidons, fûts, etc., pour emballage. B. Jeux. C. Matériels divers.
20. — Matières, denrées et objets destinés à être vendus	"

DÉNOMINATION ET CLASSIFICATION DES MATIÈRES ET OBJETS.				ESPÈCE des UNITÉS.	PRIX MINISTÉRIELS.	OBSERVATIONS.
PAR UNITÉ SOMMAIRE.		PAR SUBDIVISION.				
Numéro et libellé.	Subdivision.	Numéros.	Dénominations.			
	A ASSAISONNEMENTS ET ÉPICES.	1	Ail	Kilogr.		
		2	Beurre frais	*Idem.*		
		3	Beurre salé	*Idem.*		
		4	Cannelle	*Idem.*		
		5	Citron	Nombre.		
		6	Clous de girofle	Kilogr.		
		7	Graisse de Normandie	*Idem.*		
		8	Huile d'olives	*Idem.*		
		9	Huile de table	*Idem.*		
		10	Karry	Flacon.		
		11	Laurier	Kilogr.		
		12	Moutarde	*Idem.*		
		13	Muscade	*Idem.*		
		14	Oignon	*Idem.*		
		15	Piment	*Idem.*		
		10	Poireau	*Idem.*		
		17	Poivre	*Idem.*		
		18	Saindoux	*Idem.*		
		19	Sel	*Idem.*		
		20	Thym	*Idem.*		
		21	Vanille	*Idem.*		
		22	Vinaigre	Litre.		
2 **Vivres.**	B CAFÉ, CHOCOLAT, SUCRE ET THÉ.	1	Café vert	Kilogr.		
		2	Chocolat	*Idem.*		
		3	Sucre cassonade	*Idem.*		
		4	Sucre cristallisé	*Idem.*		
		5	Sucre en pain	*Idem.*		
		6	Sucre en poudre	*Idem.*		
		7	Sucre scié	*Idem.*		
		8	Thé noir	*Idem.*		
		9	Thé vert	*Idem.*		
		10	Thé (fleurs de)	*Idem.*		
	C DENRÉES DIVERSES, FRUITS ET LÉGUMES.		Biscuits secs : A la cuillère	*Idem.*		
			Biscuits secs : Champagne	*Idem.*		
			Biscuits secs : Gaufrette	*Idem.*		
			Biscuits secs : Demi-lune	*Idem.*		
			Biscuits secs : Masse-pain	*Idem.*		
			Confitures variées	*Idem.*		
			Conserves de fruits : Abricots	*Idem.*		
			Conserves de fruits : Cerises	*Idem.*		
			Conserves de fruits : Ananas	*Idem.*		
			Conserves de fruits : Pêches	*Idem.*		
			Conserves de fruits : Poires	*Idem.*		
			Conserves de fruits : Prunes	*Idem.*		

DÉNOMINATION ET CLASSIFICATION DES MATIÈRES ET OBJETS.				ESPÈCE des UNITÉS.	PRIX MINISTÉRIELS.	OBSERVATIONS.
PAR UNITÉ SOMMAIRE.		PAR SUBDIVISION.				
Numéro et libellé.	Subdivision.	Numéros.	Dénominations.			
2 Vivres.	C Denrées diverses, fruits et légumes.		Conserves de légumes : Asperges	Kilogr.		
			Câpres	Idem.		
			Choucroute	Idem.		
			Champignons	Idem.		
			Haricots verts fins	Idem.		
			Haricots verts moyens	Idem.		
			Petits pois fins	Idem.		
			Petits pois moyens	Idem.		
			Petits pois au jambon	Idem.		
			Olives vertes	Idem.		
			Tomates (sauce)	Idem.		
			Farine de froment	Idem.		
			Farine de mil (couscous)	Idem.		
			Fromages : Camembert	Idem.		
			Gruyère	Idem.		
			Hollande	Idem.		
			Pâte grasse	Idem.		
			Roquefort	Idem.		
			Fruits frais : Ananas	Nombre.		
			Bananes	Idem.		
			Oranges	Idem.		
			Mangues	Idem.		
			Melons	Idem.		
			Pêches	Kilogr.		
			Poires	Idem.		
			Pommes	Idem.		
			Raisin	Idem.		
			Autres fruits coloniaux	Idem.		
			Fruits secs : Amandes	Idem.		
			Figues	Idem.		
			Noisettes	Idem.		
			Noix	Idem.		
			Pruneaux	Idem.		
			Raisin	Idem.		
			Légumes frais : Aubergines	Idem.		
			Choux	Idem.		
			Pommes de terre	Idem.		
			Tomates	Idem.		
			Autres légumes frais et racines	Idem.		
			Légumes secs : Haricots : blancs	Idem.		
			flageolets	Idem.		
			Soissons	Idem.		
			rouges	Idem.		
			Lentilles	Idem.		
			Pois cassés	Idem.		
			Œufs	Idem.		
			Pain	Idem.		
			Pâtes alimentaires : Nouilles	Idem.		
			Macaroni	Idem.		
			Pâtes d'Italie	Idem.		
			Semoule	Idem.		
			Tapioca	Idem.		
			Vermicelle	Idem.		
			Riz glacé	Idem.		
			Riz ordinaire	Idem.		

DÉNOMINATION ET CLASSIFICATION DES MATIÈRES ET OBJETS.				ESPÈCE des UNITÉS.	PRIX MINISTÉRIELS.	OBSERVATIONS.
PAR UNITÉ SOMMAIRE.		PAR SUBDIVISION.				
Numéro et libellé.	Subdivision.	Numéros.	Dénominations.			
2 Vivres.	D GIBIERS, POISSONS, VIANDES ET VOLAILLES.		Conserves de viande de bœuf	Kilogr.		
			Conserves de viande, Charcuterie, Andouille	*Idem.*		
			Conserves de viande, Charcuterie, Boudin	*Idem.*		
			Conserves de viande, Charcuterie, Saucisson	*Idem.*		
			Conserves de viande, Jambon	*Idem.*		
			Conserves de viande, Lard	*Idem.*		
			Conserves de viande, Petit-salé	*Idem.*		
			Poissons et crustacés, Homard	*Idem.*		
			Poissons et crustacés, Langouste	*Idem.*		
			Poissons et crustacés, Morue salée ou séchée	*Idem.*		
			Poissons et crustacés, Poisson frais	*Idem.*		
			Poissons et crustacés, Sardines aux achards	*Idem.*		
			Poissons et crustacés, Sardines à l'huile	*Idem.*		
			Poissons et crustacés, Sardines aux tomates	*Idem.*		
			Poissons et crustacés, Thon mariné	*Idem.*		
			Viandes fraîches de bœuf	*Idem.*		
			Viandes fraîches de gros gibiers	*Idem.*		
			Viandes fraîches de mouton	*Idem.*		
			Viandes fraîches de porc	*Idem.*		
			Viandes fraîches de veau	*Idem.*		
			Volailles, Canard	Nombre.		
			Volailles, Dinde	*Idem.*		
			Volailles, Lapin	*Idem.*		
			Volailles, Oie	*Idem.*		
			Volailles, Petits gibiers	*Idem.*		
			Volailles, Pigeon	*Idem.*		
			Volailles, Pintade	*Idem.*		
			Volailles, Poule	*Idem.*		
	E LIQUIDES ET SPIRITUEUX.		Bière	Bouteille.		
			Cidre	*Idem.*		
			Lait, condensé	Kilogr.		
			Lait, frais	Litre.		
			Lait, stérilisé	*Idem.*		
			Rhum	*Idem.*		
			Tafia	*Idem.*		
			Vins de Banyuls	*Idem.*		
			Vins de Bordeaux	*Idem.*		
			Vins de Champagne	Bouteille.		
			Vins de Champagne	Demi-bout.		
			Vins blanc ordinaire	Litre.		
			Vins blanc vieux	*Idem.*		
			Vins rouge ordinaire	*Idem.*		
			Vins rouge vieux	*Idem.*		

DÉNOMINATION ET CLASSIFICATION DES MATIÈRES ET OBJETS.				ESPÈCE des UNITÉS.	PRIX MINISTÉRIELS.	OBSERVATIONS.
PAR UNITÉ SOMMAIRE.		PAR SUBDIVISION.				
Numéro et libellé.	Subdivision.	Numéros.	Dénominations.			
3 Fourrages.	A Foins et pailles.	1	Foin	Kilogr.		
		2	Herbe fraîche	Idem.		
		3	Luzerne	Idem.		
		4	.....			
		5	Paille d'arachides	Idem.		
		6	Paille de riz	Idem.		
		7	Paille litière	Idem.		
	B Graines fourragères.	1	Avoine	Kilogr.		
		2	Maïs	Idem.		
		3	Mil	Idem.		
		4	Orge	Idem.		
		5	Paddy	Idem.		
		6	Son	Idem.		

DÉNOMINATION ET CLASSIFICATION DES MATIÈRES ET OBJETS.				ESPÈCE des UNITÉS.	PRIX MINISTÉRIELS.	OBSERVATIONS.
PAR UNITÉ SOMMAIRE.		PAR SUBDIVISION.				
Numéro et libellé.	Subdivision.	Numéros.	Dénominations.			
4 **Combustibles et luminaires.**	**A** CHAUFFAGE.	1	Braise de four	Kilogr.		
		2	Briquettes	*Idem.*		
		3	Bois à brûler	*Idem.*		
		4	Charbon de bois	*Idem.*		
		5	Charbon de terre en roches	*Idem.*		
		5	Charbon de terre de forge	*Idem.*		
		7	Coke	*Idem.*		
		8	Tourbe	*Idem.*		
	B ÉCLAIRAGE.	1	Allumettes	Grosse.		
		2	Bougie	Kilogr.		
		3	Chandelle	*Idem.*		
		4	Essence	Litre.		
		5	Huile à brûler	Kilogr.		
		6	Mèches pour lampe	*Idem.*		
		7	Pétrole	Litre.		

DÉNOMINATION ET CLASSIFICATION DES MATIÈRES ET OBJETS.				ESPÈCE des UNITÉS.	PRIX MINISTÉRIELS.	OBSERVATIONS.
PAR UNITÉ SOMMAIRE.		PAR SUBDIVISION.				
Numéro et libellé.	Subdivision.	Numéros.	Dénominations.		fr. c.	
5 **Effets d'habillement et d'équipement.**	**A** HABILLEMENT, LINGE ET CHAUSSURES.		Blouse toile grise pour corvée	Nombre.	4 70	
			Bonnet de coton	*Idem.*	0 40	
			Bonnet en toile jaune pour corvée	*Idem.*	0 40	
			Bretelles	*Idem.*	//	
			Caleçon en cretonne de coton	*Idem.*	//	
			Capote en drap bleu pour officier	*Idem.*	28 50	
			Capote en drap beige pour soldat	*Idem.*	22 00	
			Capote en molleton blanc léger pour officier	*Idem.*	12 30	
			Capote en molleton gris léger pour soldat	*Idem.*	5 00	
			Ceinture de molleton	*Idem.*	//	
			Ceinture de flanelle	*Idem.*	//	
			Chaussettes de coton (paire de)	*Idem.*	0 90	
			Chaussettes de laine (paire de)	*Idem.*	1 20	
			Chemise en calicot blanc renforcé pour officier	*Idem.*	3 10	
			Chemise en cretonne blanche pour soldat	*Idem.*	2 90	
			Chemise en toile blanche fine pour officier	*Idem.*	4 65	
			Chemise en toile jaune écrue pour soldat	*Idem.*	4 15	
			Chemise de jour pour femme	*Idem.*	//	
			Chemise de nuit pour femme	*Idem.*	//	
			Chemise d'enfant	*Idem.*	//	
			Corset de force en treillis	*Idem.*	18 00	
			Cravate de couleur en mérinos	*Idem.*	1 50	
			Cravate de coton	*Idem.*	//	
			Couche pour enfant	*Idem.*	//	
			Culottes anglaises	*Idem.*	//	
			Jupon d'enfant	*Idem.*	//	
			Gilet de flanelle avec manches pour officier	*Idem.*	5 00	
			Gilet de flanelle avec manches pour soldat	*Idem.*	5 00	
			Gilet de flanelle sans manches pour officier	*Idem.*	8 90	
			Gilet de flanelle sans manches pour soldat	*Idem.*	3 90	
			Gilet en molleton blanc	*Idem.*	8 65	
			Lange en piqué	*Idem.*	//	
			Lange en molleton	*Idem.*	//	
			Manches à pansement en toile de coton (paire de)	*Idem.*	1 25	
			Mauresque en flanelle blanche légère	*Idem.*	7 60	
			Mauresque en molleton gris léger	*Idem.*	3 10	
			Mauresque en toile blanche fine pour officier	*Idem.*	4 00	
			Mauresque en toile demi-blanche pour soldat	*Idem.*	3 85	
			Mauresque en indienne fine à dessins pour officier	*Idem.*	3 20	
			Mauresque en coton bleu quadrillé pour soldat	*Idem.*	3 20	
			Pantalon molleton blanc	*Idem.*	9 00	
			Pantalon molleton blanc léger pour soldat	*Idem.*	7 60	
			Pantalon en drap bleu pour officier	*Idem.*	13 80	
			Pontalon en drap beige pour soldat	*Idem.*	9 60	
			Pantalon en toile jaune pour soldat	*Idem.*	4 35	
			Pantoufles en cuir avec contrefort pour soldat (paire de)	*Idem.*	5 90	
			Pantoufles en moquette pour officier (paire de)	*Idem.*	6 00	
			Peignoir en toile de lin jaune	*Idem.*	6 15	
			Peignoir en coton écru	*Idem.*	3 65	
			Peignoir en indienne pour femme	*Idem.*	//	
			Porte-bébé	*Idem.*	//	
			Robe de chambre en indienne pour officier	*Idem.*	6 05	

DÉNOMINATION ET CLASSIFICATION DES MATIÈRES ET OBJETS.				ESPÈCE des UNITÉS.	PRIX MINISTÉRIELS.	OBSERVATIONS.
PAR UNITÉ SOMMAIRE.		PAR SUBDIVISION.				
Numéro et libellé.	Subdivision.	Numéros.	Dénominations.		fr. c.	
5 Effets d'habillement et d'équipement.	A Habillement, linge et chaussures. (Suite.)		Robe de chambre en indienne pour soldat	Nombre.	6 05	
			Robe de chambre en toile blanche	Idem.	7 50	
			Robe d'enfant en flanelle	Idem.	"	
			Robe d'enfant en indienne	Idem.	"	
			Robe d'enfant en piqué	Idem.	"	
			Sandales en cuir pour malades (paire de)	Idem.	5 60	
			Sarreau en tissu de coton croisé pour médecin	Idem.	6 90	
			Tablier en lustrine noire à bavette pour médecin	Idem.	1 75	
			Tablier en toile blanche fine avec poche	Idem.	3 20	
			Tablier en toile jaune à bavette pour infirmier	Idem.	1 90	
			Tablier en toile blanche à bavette	Idem.	5 65	
			Tablier en toile de coton écru sans bavette	Idem.	4 50	
			Vareuse molleton blanc pour officier	Idem.	10 65	
			Vareuse molleton gris léger pour soldat	Idem.	10 40	
	B Lingerie de service.		Essuie-mains en toile	Nombre.	1 25	
			Essuie-mains en coton	Idem.	0 75	
			Mouchoirs en toile	Idem.	0 85	
			Nappe en toile, grande	Idem.	12 35	
			Nappe en toile, petite	Idem.	7 50	
			Nappe en toile damassée, grande	Idem.	25 80	
			Nappe en toile damassée, petite	Idem.	15 40	
			Serviettes en toile pour la table	Idem.	1 25	
			Serviettes en coton pour la toilette	Idem.	"	
			Serviettes éponges pour la toilette	Idem.	"	
			Torchons en toile jaune	Idem.	0 95	

DÉNOMINATION ET CLASSIFICATION DES MATIÈRES ET OBJETS.				ESPÈCE des UNITÉS.	PRIX MINISTÉRIELS.	OBSERVATIONS.
PAR UNITÉ SOMMAIRE.		PAR SUBDIVISION.				
Numéro et libellé.	Subdivision.	Numéros.	Dénominations.		fr. c.	
6 Campement.	A Matériel divers.		Brancard palanquin avec deux toiles de fond	Nombre.	170 00	
			Brancards Franck-Grall	*Idem.*		
			Bidons de campement, 5 litres	*Idem.*		
			Bidons de campement, 10 litres	*Idem.*		
			Bidons carré pour cantine	*Idem.*		
			Gobelet en fer battu	*Idem.*		
			Marmite de campement, 4 hommes	*Idem.*		
			Marmite de campement, 8 hommes	*Idem.*		
			Plats de campement, 4 hommes	*Idem.*		
			Plats de campement, 8 hommes	*Idem.*		
			Seau à distribution	*Idem.*		
			Seau en toile	*Idem.*		
			Tonnelet métallique	*Idem.*		
	B Outils de parc et outils portatifs.		....			
			....			
			....			
			....			
			....			
			....			
	C Tentes et accessoires.		Chambre d'isolemet	Nombre.		
			Tentes d'ambulance	*Idem.*		
			Tentes d'ambulance pliante	*Idem.*		
			Tentes d'hôpital, grande	*Idem.*		
			Tentes d'hôpital, petite	*Idem.*		
			Tente pour opération	*Idem.*	1,700 00	
			Toiles de fond Franck-Grall	*Idem.*		

DÉNOMINATION ET CLASSIFICATION DES MATIÈRES ET OBJETS.				ESPÈCE des UNITÉS.	PRIX MINISTÉRIELS.	OBSERVATIONS.
PAR UNITÉ SOMMAIRE.		PAR SUBDIVISION.				
Numéro et libellé.	Subdivision.	Numéros.	Dénominations.			
7 Harnachement et pansage.	A Sellerie matériel d'attache et de pansage.		Bât pour âne	Nombre.		
			Bât pour bœuf	*Idem.*		
			Bât pour chameau	*Idem.*		
			Bât pour cheval ou mulet	*Idem.*		
			Bride pour âne	*Idem.*		
			Bride pour chameau	*Idem.*		
			Bride pour cheval ou mulet	*Idem.*		
			Bidon d'abreuvoir pour âne	*Idem.*		
			Bidon d'abreuvoir pour cheval ou mulet	*Idem.*		
			Collier d'attache pour âne	*Idem.*		
			Collier d'attache pour chameau	*Idem.*		
			Collier d'attache pour cheval ou mulet	*Idem.*		
			Ciseaux pour tondre	*Idem.*		
			Collier pour cheval ou mulet de trait	*Idem.*		
			Entraves	*Idem.*		
			Étrilles	*Idem.*		
			Fouet de charretier	*Idem.*		
			Fouet de voiture	*Idem.*		
			Genouillères	*Idem.*		
			Guides simples	*Idem.*		
			Guides doubles	*Idem.*		
			Harnachement simple pour timonier	*Idem.*		
			Harnachement double	*Idem.*		
			Harnachement pour âne	*Idem.*		
			Harnachement de devant	*Idem.*		
			Joug pour bœuf	*Idem.*		
			Licol	*Idem.*		
			Longe	*Idem.*		
			Musette mangeoire	*Idem.*		
			Musette à pansage	*Idem.*		
			Longe	*Idem.*		
			Sangles	*Idem.*		
			Selle pour chameau	*Idem.*		
			Selle pour cheval	*Idem.*		
			Tapis de selle	*Idem.*		
			Tondeuse pour chevaux	*Idem.*		

DÉNOMINATION ET CLASSIFICATION DES MATIÈRES ET OBJETS.				ESPÈCE des UNITÉS.	PRIX MINISTÉRIELS.		OBSERVATIONS.
PAR UNITÉ SOMMAIRE.		PAR SUBDIVISION.					
Numéro et libellé.	Subdivision.	Numéros.	Dénominations.		fr.	c.	
8 **Literie et couchage.**	**A** OBJETS DE COUCHAGE.		Bercelonnette	Nombre.	//		
			.....	*Idem.*	//		
			.....	*Idem.*	//		
			Couverture laine blanche pour officier	*Idem.*	//		
			.....	*Idem.*	//		
			.....	*Idem.*	//		
			Couverture laine grise	*Idem.*	//		
			.....	*Idem.*	//		
			.....	*Idem.*	//		
			Couverture en piqué anglais	*Idem.*	//		
			.....	*Idem.*	//		
			.....	*Idem.*	//		
			Couverture en coton, blanche	*Idem.*	//		
			.....	*Idem.*	//		
			.....	*Idem.*	//		
			Couvre-pieds laine blanche pour officier	*Idem.*	//		
			.....	*Idem.*	//		
			.....	*Idem.*	//		
			Couvre-pieds laine grise	*Idem.*	//		
			.....	*Idem.*	//		
			.....	*Idem.*	//		
			Couvre-pieds en piqué anglais	*Idem.*	//		
			.....	*Idem.*	//		
			.....	*Idem.*	//		
			Descente de lit en moquette française (1,65 × 0,68)	*Idem.*	12	30	
			.....	*Idem.*	//		
			.....	*Idem.*	//		
			Descente de lit en moquette chinée, bordures rouges (1,60 × 0,68)	*Idem.*	11	00	
			.....	*Idem.*	//		
			.....	*Idem.*	//		
			Descente de lit en moquette nuances rouges ou vertes (1,45 × 0,70)	*Idem.*	8	60	
			.....	*Idem.*	//		
			.....	*Idem.*	//		
			Drap de lit, toile blanche, fil de lin (3,30 × 1,80) pour officier	*Idem.*	15	00	
			.....	*Idem.*	//		
			.....	*Idem.*	//		
			Drap de lit, toile crémée, fil de lin (3,30 × 1,80) pour soldat	*Idem.*	11	00	
			.....	*Idem.*	//		
			.....	*Idem.*	//		
			Drap de lit, toile grise, fil de lin ou de chanvre (3,30 × 1,50) pour homme de troupe	*Idem.*	9	50	
			.....	*Idem.*	//		
			.....	*Idem.*	//		
			Drap de lit en coton (3,30 × 1,50) pour indigène	*Idem.*	6	50	
			.....	*Idem.*	//		
			.....	*Idem.*	//		
			Drap de lit d'enfant, toile blanche de lin (2.00 × 1,20)	*Idem.*	//		
			.....	*Idem.*	//		
			.....	*Idem.*	//		

DÉNOMINATION ET CLASSIFICATION DES MATIÈRES ET OBJETS.				ESPÈCE des UNITÉS.	PRIX MINISTÉRIELS.	OBSERVATIONS.
PAR UNITÉ SOMMAIRE.		PAR SUBDIVISION.				
Numéro et libellé.	Subdivision.	Numéros.	Dénominations.		fr. c.	
8 **Literie et couchage.**	**A** OBJETS DE COUCHAGE. (Suite.)		Drap de berceau..................................	Nombre.	//	
			.....	*Idem.*	//	
			.....	*Idem.*	//	
			Enveloppe à matelas, toile rayée bleue et blanc, pour officier (2,18 × 1,05 épaisseur comprise)...........	*Idem.*	8 50	
			.....	*Idem.*	//	
			.....	*Idem.*	//	
			Enveloppe à matelas, toile grise, fil de lin (2,18 × 1,05 épaisseur comprise)...........................	*Idem.*	8 50	
			.....	*Idem.*	//	
			.....	*Idem.*	//	
			Enveloppe à matelas, toile grise, fil de lin (2,08 × 0,86 épaisseur comprise)...........................	*Idem.*	7 50	
			.....	*Idem.*	//	
			.....	*Idem.*	//	
			Enveloppe pour oreiller, toile grise, fil de lin (0,63 × 0,64)	*Idem.*	2 25	
			.....	*Idem.*	//	
			.....	*Idem.*	//	
			Enveloppe pour oreiller, en coutil (0,63 × 0,64)........	*Idem.*	2 25	
			.....	*Idem.*	//	
			.....	*Idem.*	//	
			Enveloppe à paillasse, toile grise, fil de lin (2,08 × 0,86).	*Idem.*	6 50	
			.....	*Idem.*	//	
			.....	*Idem.*	//	
			Enveloppe pour traversin, toile grise, fil de lin. 0,90 cir. 0,800.................................	*Idem.*	2 00	
			.....	*Idem.*	//	
			.....	*Idem.*	//	
			Enveloppe pour traversin, en coutil, 0,90 cir. 0,800....	*Idem.*	2 00	
			.....	*Idem.*	//	
			.....	*Idem.*	//	
			Lit de troupe en fer avec sommier métallique et baldaquin	*Idem.*	50 00	
			.....	*Idem.*	//	
			.....	*Idem.*	//	
			Lit d'hôpital de troupe, en fer, avec sommier métallique et baldaquin................................	*Idem.*	72 00	
			.....	*Idem.*	//	
			.....	*Idem.*	//	
			Lit d'hôpital pour officier, en fer, avec sommier métallique et baldaquin.................................	*Idem.*	75 00	
			.....	*Idem.*	//	
			.....	*Idem.*	//	
			Lit d'enfant avec cadre et baldaquin.................	*Idem.*	//	
			.....	*Idem.*	//	
			.....	*Idem.*	//	
			Moustiquaire pour lit d'hôpital, officier, tulle blanc, ciel calicot....................................	*Idem.*	19 50	
			.....	*Idem.*	//	
			.....	*Idem.*	//	
			Moustiquaire pour lit d'hôpital, troupe, tulle écru, ciel cretonne écru..............................	*Idem.*	18 00	
			.....	*Idem.*	//	
				Idem.		
			.....	*Idem.*	//	

DÉNOMINATION ET CLASSIFICATION DES MATIÈRES ET OBJETS.				ESPÈCE des UNITÉS.	PRIX MINISTÉRIELS.	OBSERVATIONS.
PAR UNITÉ SOMMAIRE.		PAR SUBDIVISION.				
Numéro et libellé.	Subdivision.	Numéros.	Dénominations.		fr. c.	
8 **Literie et couchage.**	A OBJETS DE COUCHAGE. (Suite.)		Moustiquaire pour lit de troupe et pour indigène, tulle écru, ciel coton écru	Nombre.	16 50	
			.....	*Idem.*	"	
			.....	*Idem.*	"	
			Matelas	*Idem.*	"	
			.....	*Idem.*	"	
			.....	*Idem.*	"	
			Oreillers	*Idem.*	"	
			.....	*Idem.*	"	
			.....	*Idem.*	"	
			Sac à paille en toile de lin	*Idem.*	1 75	
			.....	*Idem.*	"	
			.....	*Idem.*	"	
			Taie d'oreiller, toile blanche, fil de lin, pour officier (0,70×0,70)	*Idem.*	3 65	
			.....	*Idem.*	"	
			.....	*Idem.*	"	
			Taie d'oreiller, toile crémée ou jaune, fil de lin (0,70×0,70)	*Idem.*	2 00	
			.....	*Idem.*	"	
			.....	*Idem.*	"	
			Traversins	*Idem.*	"	
			.....	*Idem.*	"	
			.....	*Idem.*	"	

DÉNOMINATION ET CLASSIFICATION DES MATIÈRES ET OBJETS.				ESPÈCE des UNITÉS.	PRIX MINISTÉRIELS.	OBSERVATIONS.
PAR UNITÉ SOMMAIRE.		PAR SUBDIVISION.				
Numéro et libellé.	Subdivision.	Numéros.	Dénominations.			
9 **Meubles et objets d'ameublement.**	A Objets pour le service de la cuisine.		Appareil à distribution en hêtre ou en sapin..........	Nombre.		
			Bassine à distribution, en cuivre, grande (0m 62 × 0m 43 × 0m 11)....	*Idem.*		
			Bassine à distribution, en cuivre, moyenne (0m 52 × 0m 37 × 0m 11)..........	*Idem.*		
			Bassine à distribution, en fer battu étamé (0m 44 × 0m 32 × 0m 11)................................	*Idem.*		
			Bassine à fond plat avec couvercle en cuivre, de 30 litres.......	*Idem.*		
			— de 15 —	*Idem.*		
			Bassine en fer battu étamé, de 10 litres.............	*Idem.*		
			— — de 8 —	*Idem.*		
			— — de 5 —	*Idem.*		
			Billot de cuisine................................	*Idem.*		
			Boîte à sel, en hêtre..........................	*Idem.*		
			Bouilloire en cuivre, de 2 litres.....................	*Idem.*		
			— — de 1 litre.....................	*Idem.*		
			Cafetière à filtre en fer-blanc, de 40 litres............	*Idem.*		
			— — — de 30 —	*Idem.*		
			— — — de 20 —	*Idem.*		
			— — — de 10 —	*Idem.*		
			— — — de 4 —	*Idem.*		
			— — — de 2 —	*Idem.*		
			— — — de 1 —	*Idem.*		
			Casserole creuse avec couvercle, en cuivre, de 20 litres....	*Idem.*		
			— — — de 15 —	*Idem.*		
			— — — de 10 —	*Idem.*		
			— — — de 8 —	*Idem.*		
			— — — de 6 —	*Idem.*		
			— — — de 4 —	*Idem.*		
			— — — de 3 —	*Idem.*		
			— — — de 2 —	*Idem.*		
			— — — de 1 —	*Idem.*		
			— — — de 0,50 cent..	*Idem.*		
			Casserole en fer battu étamé, avec couvercle, de 10 litres..	*Idem.*		
			— — — de 5 — ..	*Idem.*		
			— — — de 4 — ..	*Idem.*		
			— — — de 3 — ..	*Idem.*		
			— — — de 2 — ..	*Idem.*		
			— — — de 1 — ..	*Idem.*		
			Casserole plate, en cuivre, de 10 litres...............	*Idem.*		
			— — de 6 —	*Idem.*		
			— — de 4 —	*Idem.*		
			— — de 3 —	*Idem.*		
			— — de 2 —	*Idem.*		
			— — de 1 —	*Idem.*		
			Chocolatière en cuivre de 15 litres..................	*Idem.*		
			— — de 10 —	*Idem.*		
			— — de 5 —	*Idem.*		
			— — de 2 —	*Idem.*		
			Coquille à rôtir..............................	*Idem.*		
			Couperet (grand), 0m 24.......................	*Idem.*		
			— (petit), 0m 185.......................	*Idem.*		
			Couteau de boucher............................	*Idem.*		

DÉNOMINATION ET CLASSIFICATION DES MATIÈRES ET OBJETS.				ESPÈCE des UNITÉS.	PRIX MINISTÉRIELS.	OBSERVATIONS.
PAR UNITÉ SOMMAIRE.		PAR SUBDIVISION.				
Numéro et libellé.	Subdivision.	Numéros.	Dénominations.			
9 Meubles et objets d'ameublement.	A Objets pour le service de la cuisine. (Suite.)		Couteau de cuisine à abattre	Nombre.		
			— à émincer (grand)	*Idem.*		
			— — (moyen)	*Idem.*		
			— — (petit)	*Idem.*		
			— à éplucher les légumes	*Idem.*		
			— pour ouvrir les boîtes de conserves	*Idem.*		
			Crochet de boucherie	*Idem.*		
			Cuiller à bouillon, en cuivre, de 3 litres	*Idem.*		
			— — — de 2 —	*Idem.*		
			— — — de 1 —	*Idem.*		
			— — en fer battu de 0,50 centilitres	*Idem.*		
			Cuiller à distribution en fer battu étamé	*Idem.*		
			— à ragoût en fer battu étamé	*Idem.*		
			Écumoire en cuivre (grande)	*Idem.*		
			— — (moyenne)	*Idem.*		
			— en fer battu étamé (grande)	*Idem.*		
			— — (moyenne)	*Idem.*		
			Égouttoir en fer battu étamé	*Idem.*		
			Fourchette à distribution	*Idem.*		
			— de cuisine, en fer battu étamé (grande)	*Idem.*		
			— — — (moyenne)	*Idem.*		
			— — — (petite)	*Idem.*		
			Fusil de boucher	*Idem.*		
			Garde manger en tôle galvanisée	*Idem.*		
			Gril à côtelettes (grand), 14 barres	*Idem.*		
			— (moyen), 11 —	*Idem.*		
			— (petit), 8 —	*Idem.*		
			Hachoir double	*Idem.*		
			— simple	*Idem.*		
			Lardoire	*Idem.*		
			Lèchefrite en fer battu étamé	*Idem.*		
			Marmite ou chaudière avec couvercle, en cuivre, de 500 litres	*Idem.*		
			— — — de 400 —	*Idem.*		
			— — — de 300 —	*Idem.*		
			— — — de 200 —	*Idem.*		
			— — — de 100 —	*Idem.*		
			— — — de 75 —	*Idem.*		
			— — — de 50 —	*Idem.*		
			Marmite ou chaudière en fer battu étamé, avec couvercle, de 300 litres	*Idem.*		
			— de 200 —	*Idem.*		
			— de 100 —	*Idem.*		
			— de 50 —	*Idem.*		
			— de 30 —	*Idem.*		
			— de 20 —	*Idem.*		
			Panier à salade	*Idem.*		
			— en osier, pour les assiettes	*Idem.*		
			Passoire en cuivre (grande), $0^m 29 \times 0^m 15$	*Idem.*		
			— — (moyenne), $0^m 235 \times 0^m 135$	*Idem.*		
			— — (petite), $0^m 20 \times 0^m 11$	*Idem.*		
			— en fer battu étamé, de 3 litres	*Idem.*		
			— en fer-blanc (petite)	*Idem.*		
			Pilon pour presse-purée	*Idem.*		

DÉNOMINATION ET CLASSIFICATION DES MATIÈRES ET OBJETS.				ESPÈCE des UNITÉS.	PRIX MINISTÉRIELS.	OBSERVATIONS.
PAR UNITÉ SOMMAIRE.		PAR SUBDIVISION.				
Numéro et libellé.	Subdivision.	Numéros.	Dénominations.			
9 **Meubles et objets d'ameublement.**	A. Objets pour le service de la cuisine. (Suite.)		Planchette à hacher	Nombre.		
			— à pâtisserie	*Idem.*		
			Poissonnière avec grille, en cuivre (grande)	*Idem.*		
			— — — (petite)	*Idem.*		
			Râpe demi-cylindrique en fer-blanc	*Idem.*		
			Rôtissoire en fer battu étamé	*Idem.*		
			Seau à assiettes avec couvercle, pour le transport des aliments	*Idem.*		
			Seau à bouillon avec couvercle, de 15 litres	*Idem.*		
			— — de 10 —	*Idem.*		
			Sorbetière de 2 litres	*Idem.*		
			— de 1 —	*Idem.*		
			Tablier de cuisine (toile bleue)	*Idem.*		
			Tamis toile métallique pour bouillon	*Idem.*		
			Tourne-broche à mouvement d'horlogerie	*Idem.*		
			Tourtière en cuivre	*Idem.*		
			Turbotière en cuivre (grande)	*Idem.*		
			— (petite)	*Idem.*		
	B. Objets pour le service de la dépense et de la cave.		Broc cerclé en fer, de 10 litres	Nombre.		
			Brûloir à café, de 4 kilogrammes	*Idem.*		
			— de 2 —	*Idem.*		
			Burette pour huile à brûler ou pour pétrole, 6 litres	*Idem.*		
			— — — 4 —	*Idem.*		
			— — — 2 —	*Idem.*		
			Chevalet à scier le bois	*Idem.*		
			Claie à charbon	*Idem.*		
			Chantier de cave de 6 mètres	*Idem.*		
			— de 5 —	*Idem.*		
			— de 4 —	*Idem.*		
			— de 3 —	*Idem.*		
			— de 2 —	*Idem.*		
			— de 1 —	*Idem.*		
			Coffre à denrées en sapin, à 10 compartiments	*Idem.*		
			— — 3 —	*Idem.*		
			— — 1 —	*Idem.*		
			Corbeille à distribution pour le pain	*Idem.*		
			Entonnoir en bois	*Idem.*		
			Entonnoir ordinaire en fer-blanc, de 3 litres	*Idem.*		
			— — de 2 —	*Idem.*		
			— — de 1 —	*Idem.*		
			— — de 0,50 centilitres	*Idem.*		
			— — de 0,25 —	*Idem.*		
			Fout de tonnelier	*Idem.*		
			Machine à couper le pain de soupe	*Idem.*		
			Main à denrées en fer-blanc (grande)	*Idem.*		
			— — (petite)	*Idem.*		
			Moulin à café en fonte de fer	*Idem.*		
			— à poivre	*Idem.*		
			Panier à bouteilles en fer battu galvanisé, à 6 places	*Idem.*		
			— — 4 —	*Idem.*		
			Panier pour le pain de soupe	*Idem.*		

DÉNOMINATION ET CLASSIFICATION DES MATIÈRES ET OBJETS.				ESPÈCE des UNITÉS.	PRIX MINISTÉRIELS.	OBSERVATIONS.
PAR UNITÉ SOMMAIRE.		PAR SUBDIVISION.				
Numéro et libellé.	Subdivision.	Numéros.	Dénominations.			
9 **Meubles et objets d'ameublement.**	B Objets pour le service de la dépense et de la cave. (Suite.)		Porte-bouteilles pour 750 places	Nombre.		
			— 500 —	*Idem.*		
			— 300 —	*Idem.*		
			— 200 —	*Idem.*		
			— 100 —	*Idem.*		
			Réservoir pour huile à brûler, en tôle galvanisée	*Idem.*		
			Robinet en cuivre, de 0^m 028 de diamètre	*Idem.*		
			— de 0^m 025 —	*Idem.*		
			— de 0^m 0225 —	*Idem.*		
			— de 0^m 011 —	*Idem.*		
	C Objets et vaisselle pour les repas.		Assiette à dessert en faïence	Nombre.		
			— — en porcelaine	*Idem.*		
			—, creuse pour officier	*Idem.*		
			— — pour soldat	*Idem.*		
			— plate pour officier	*Idem.*		
			— — pour soldat	*Idem.*		
			Assiette spéciale au seau pour le transport des aliments, creuse ou plate	*Idem.*		
			Bol en porcelaine	*Idem.*		
			Bouteille en verre noir ou blanc, de 1 litre	*Idem.*		
			— — de 0,50 centilitres	*Idem.*		
			Carafe en cristal	*Idem.*		
			— en verre renforcé	*Idem.*		
			Carafon en verre de 0 lit. 25	*Idem.*		
			Casse-noisette nickelé	*Idem.*		
			Compotier	*Idem.*		
			Coquetier	*Idem.*		
			Couteau à découper	*Idem.*		
			— à dessert	*Idem.*		
			— de table pour officier	*Idem.*		
			— — soldat	*Idem.*		
			Couvert à salade, en buis	*Idem.*		
			Cuiller à café argentée	*Idem.*		
			— à potage argentée	*Idem.*		
			— à ragoût argentée	*Idem.*		
			— à soupe argentée	*Idem.*		
			— à soupe en fer battu étamé	*Idem.*		
			Dessous de plat	*Idem.*		
			Dessous de bouteille et de carafes en verre	*Idem.*		
			— — — en métal	*Idem.*		
			— — — en carton	*Idem.*		
			Fourchette à découper	*Idem.*		
			— ordinaire argentée	*Idem.*		
			— — en fer battu étamé	*Idem.*		
			Huilier complet	*Idem.*		
			Manche à gigot	*Idem.*		
			Moutardier	*Idem.*		
			Plat ovale (grand)	*Idem.*		
			— (moyen)	*Idem.*		
			— (petit)	*Idem.*		
			Plat rond (grand)	*Idem.*		
			— (moyen)	*Idem.*		

DÉNOMINATION ET CLASSIFICATION DES MATIÈRES ET OBJETS.				ESPÈCE des UNITÉS.	PRIX MINISTÉRIELS.	OBSERVATIONS.
PAR UNITÉ SOMMAIRE.		PAR SUBDIVISION.				
Numéro et libellé.	Subdivision.	Numéros.	Dénominations.			
9 Meubles et objets d'ameublement.	C Objets et vaisselle pour les repas. (Suite.)		Plat rond (petit)	Nombre.		
			Plateau en tôle vernissée	Idem.		
			Ravier	Idem.		
			Rond de serviette	Idem.		
			Saladier (grand)	Idem.		
			— (moyen)	Idem.		
			— (petit)	Idem.		
			Salière	Idem.		
			Saucière	Idem.		
			Sonnette pour salle à manger	Idem.		
			Soucoupe	Idem.		
			Soupière avec couvercle, de 12 couverts	Idem.		
			— — 6 —	Idem.		
			— — 3 —	Idem.		
			— — 1 —	Idem.		
			Sucrier	Idem.		
			Tasse à café	Idem.		
			— à thé	Idem.		
			Verre à boire ordinaire, à pied	Idem.		
			— — rond	Idem.		
			— demi-cristal, à pied	Idem.		
			Verre à liqueur, à pied	Idem.		
			— à bordeaux, à pied	Idem.		
			— à champagne (coupe)	Idem.		
	D Matériel de chauffage et d'éclairage.		Abat-jour pour lampe (complet)	Nombre.	à décompter au prix d'achat.	
			Ampoules pour lampes électriques	Idem.		
			Applique pour lampe veilleuse avec réflecteur	Idem.		
			Bac à charbon, en bois	Idem.		
			Balai de crin pour foyer	Idem.		
			Bougeoir en cuivre	Idem.		
			Chandelier en cuivre	Idem.		
			Chenets de cheminée (paire de)	Idem.		
			Ciseaux à lampe	Idem.		
			Fourneau de cuisine (grand)	Idem.		
			— — (moyen)	Idem.		
			— — (petit)	Idem.		
			— de pharmacie (grand)	Idem.		
			— — (moyen)	Idem.		
			— — (petit)	Idem.		
			Godet de veilleuse en porcelaine ou verre	Idem.		
			Lampe à alcool à crémaillère avec sa bouilloire	Idem.		
			— à pétrole, à main	Idem.		
			— — avec modérateur	Idem.		
			— — de bureau	Idem.		
			Lanterne d'applique avec lampe et réflecteur	Idem.		
			— carrée portative avec lampe ou porte-bougie	Idem.		
			— ronde — — —	Idem.		
			Lyre avec abat-jour en fer (suspension)	Idem.		
			Photophore	Idem.		
			Pelle à charbon, emmanchée	Idem.		
			— à feu pour cheminée	Idem.		
			— à main pour charbon, en tôle	Idem.		

DÉNOMINATION ET CLASSIFICATION DES MATIÈRES ET OBJETS.				ESPÈCE des UNITÉS.	PRIX MINISTÉRIELS.	OBSERVATIONS.
PAR UNITÉ SOMMAIRE.		PAR SUBDIVISION.				
Numéro et libellé.	Subdivision.	Numéros.	Dénominations.			
9 Meubles et objets d'ameublement.	D Matériel de chauffage et d'éclairage. (Suite.)		Pelle pour fourneau	Nombre.		
			Pincette pour cheminée	*Idem.*		
			— pour fourneau	*Idem.*		
			Plaque en tôle pour poêle (grande, moyenne ou petite)	*Idem.*		
			Poêle ordinaire en fonte (grand)	*Idem.*		
			— — (moyen)	*Idem.*		
			— — (petit)	*Idem.*		
			Réchaud ordinaire de table	*Idem.*		
			Réverbères divers	*Idem.*		
			Seau à charbon en tôle	*Idem.*		
			Soufflet de cheminée	*Idem.*		
			Suspension pour lampe modérateur avec contre-poids	*Idem.*		
			— — ordinaire	*Idem.*		
			Tisonnier	*Idem.*		
			Trépier rond (grand)	*Idem.*		
			— (moyen)	*Idem.*		
			— (petit)	*Idem.*		
			Trépied triangulaire	*Idem.*		
			Tuyau de poêle coudé	*Idem.*		
			— droit, longueur de 0^m 66	*Idem.*		
			— — — de 0^m 33	*Idem.*		
			— en T	*Idem.*		
	E Horlogerie et garniture de cheminée.		Candélabres (paire de)	Nombre.		
			Coupes en marbre (paire de)	*Idem.*		
			Flambeaux (paire de)	*Idem.*		
			Pendule dite œil-de-bœuf	*Idem.*		
			— en marbre (grande)	*Idem.*		
			— — (petite)	*Idem.*		
	F Meubles.		Armoire à un ou deux battants, en chêne (grande)	Nombre.		
			— — — (moyenne)	*Idem.*		
			— — — (petite)	*Idem.*		
			— — en noyer (grande)	*Idem.*		
			— — — (moyenne)	*Idem.*		
			— — — (petite)	*Idem.*		
			— — en pitchpin (grande)	*Idem.*		
			— — — (moyenne)	*Idem.*		
			— — — (petite)	*Idem.*		
			— — en sapin (grande)	*Idem.*		
			— — — (moyenne)	*Idem.*		
			— — — (petite)	*Idem.*		
			Armoire à trois battants, en chêne (grande)	*Idem.*		
			— — — (moyenne)	*Idem.*		
			— — en noyer (grande)	*Idem.*		
			— — — (moyenne)	*Idem.*		
			— — en pitchpin (grande)	*Idem.*		
			— — — (moyenne)	*Idem.*		
			— — en sapin (grande)	*Idem.*		
			— — — (moyenne)	*Idem.*		

DÉNOMINATION ET CLASSIFICATION DES MATIÈRES ET OBJETS.				ESPÈCE des UNITÉS.	PRIX MINISTÉRIELS.	OBSERVATIONS.
PAR UNITÉ SOMMAIRE.		PAR SUBDIVISION.				
Numéro et libellé.	Subdivision.	Numéros.	Dénominations.			
9 Meubles et objets d'ameublement.	F MEUBLES. (Suite.)		Banc à dossier, en chêne (grand)	Nombre.		
			— — — (petit)	Idem.		
			— de jardin, armature en fer	Idem.		
			— ordinaire, en chêne (grand)	Idem.		
			— — — (petit)	Idem.		
			— — en pitchpin (grand)	Idem.		
			— — — (petit)	Idem.		
			— — en sapin (grand)	Idem.		
			— — — (petit)	Idem.		
			Berceuse en rotin	Idem.		
			— en bois courbé, fonçure cannée	Idem.		
			Bibliothèque à double corps, en acajou	Idem.		
			— — en noyer	Idem.		
			— — en chêne	Idem.		
			— vitrée, quatre battants, en acajou	Idem.		
			— — — en noyer	Idem.		
			— — — — en chêne	Idem.		
			Buffet de salle à manger, en chêne	Idem.		
			— — en pitchpin	Idem.		
			— — en sapin	Idem.		
			— de cuisine ou d'office, en chêne	Idem.		
			— — en pitchpin	Idem.		
			— — en sapin	Idem.		
			Bureau en acajou, plat, à caisse	Idem.		
			— en chêne, plat à caisse	Idem.		
			Canapé en acajou recouvert de velours	Idem.		
			— — recouvert de reps	Idem.		
			— en bois courbé, fonçure cannée	Idem.		
			Chaise en acajou recouverte de velours	Idem.		
			— en chêne recouverte en cuir	Idem.		
			— en frêne verni, foncée en canne ou en paille	Idem.		
			— en bois courbé, foncée canne	Idem.		
			— tournante, foncée en canne	Idem.		
			Chaise-longue bois courbé, recouverte moleskine	Idem.		
			— recouverte moleskine	Idem.		
			Chaise à porteur	Idem.		
			Chaise-percée avec vase inodore	Idem.		
			Commode en chêne, dessus marbre	Idem.		
			— en pitchpin, dessus marbre	Idem.		
			— ordinaire plaquée en noyer	Idem.		
			Commode-lavabo en chêne	Idem.		
			Escabeau	Idem.		
			Fauteuil-brancard pour transport des malades	Idem.		
			Fauteuil de bureau en chêne, recouvert en cuir	Idem.		
			— en acajou, recouvert en velours	Idem.		
			— à bascule foncé en canne	Idem.		
			— tournant	Idem.		
			— frêne verni, foncé en canne ou en paille	Idem.		
			Fauteuil en chêne, recouvert en maroquin	Idem.		
			— en bois courbé, foncé en canne	Idem.		
			— dit « Gibraltar »	Idem.		
			Filanzane	Idem.		

DÉNOMINATION ET CLASSIFICATION DES MATIÈRES ET OBJETS.				ESPÈCE des UNITÉS.	PRIX MINISTÉRIELS.	OBSERVATIONS.
PAR UNITÉ SOMMAIRE.		PAR SUBDIVISION.				
Numéro et libellé.	Subdivision.	Numéros.	Dénominations.			
9 Meubles et objets d'ameublement.	F Meubles. (Suite.)		Garniture pour rideaux	Nombre.		
			Glace Saint-Gobain, cadre doré	*Idem.*		
			Glace ordinaire (grande)	*Idem.*		
			— (moyenne)	*Idem.*		
			— (petite)	*Idem.*		
			Glace, cadre faux-bois (moyenne)	*Idem.*		
			— — (petite)	*Idem.*		
			— cadre façon bambou (moyenne)	*Idem.*		
			— — (petite)	*Idem.*		
			Palanquin	*Idem.*		
			Paravent de 6 feuilles	*Idem.*		
			— de 5 —	*Idem.*		
			— de 4 —	*Idem.*		
			— de 3 —	*Idem.*		
			Pupitre pour écrire debout	*Idem.*		
			Rayon en glace sans tain	*Idem.*		
			Secrétaire en noyer	*Idem.*		
			Table à jeux	*Idem.*		
			Table de cuisine ou de boucherie, en hêtre (grande)	*Idem.*		
			— — — (moyenne)	*Idem.*		
			— — — (petite)	*Idem.*		
			Table de tisanerie recouverte en étain (grande)	*Idem.*		
			— — (moyenne)	*Idem.*		
			— — (petite)	*Idem.*		
			Table de salle à manger ronde, en chêne	*Idem.*		
			— ovale, —	*Idem.*		
			Table égouttoir	*Idem.*		
			Table ordinaire en chêne poli	*Idem.*		
			— —	*Idem.*		
			— —	*Idem.*		
			— —	*Idem.*		
			— en sapin	*Idem.*		
			— —	*Idem.*		
			— —	*Idem.*		
			— —	*Idem.*		
			— en pitchpin	*Idem.*		
			— —	*Idem.*		
			— —	*Idem.*		
			— —	*Idem.*		
			Table de nuit en noyer, dessus marbre	*Idem.*		
			— en pitchpin, dessus marbre	*Idem.*		
			— en chêne verni	*Idem.*		
			— en fer, pour soldat	*Idem.*		
			Table de toilette en noyer, dessus marbre	*Idem.*		
			— en pitchpin, dessus marbre	*Idem.*		
			— en chêne verni	*Idem.*		
			Tabouret recouvert en velours	*Idem.*		
			— recouvert en reps	*Idem.*		
			— recouvert en paille	*Idem.*		

DÉNOMINATION ET CLASSIFICATION DES MATIÈRES ET OBJETS				ESPÈCE des UNITÉS.	PRIX MINISTÉRIELS.	OBSERVATIONS.
PAR UNITÉ SOMMAIRE.		PAR SUBDIVISION.				
Numéro et libellé.	Subdivision.	Numéros.	Dénominations.			
9 **Meubles et objets d'ameublement.**	**G** OBJETS MOBILIERS ET USTENSILES EN BOIS.		Baquet cerclé de fer (grand), $0^{m}\,55 \times 0^{m}\,23$	Nombre.		
			— — (petit), $0^{m}\,50 \times 0^{m}\,27$	*Idem.*		
			Bâton à cirer	*Idem.*		
			Boîte à ficelle	*Idem.*		
			Brosse à habits	*Idem.*		
			Chevalet pour tableau à démonstration	*Idem.*		
			Civière de magasin	*Idem.*		
			Coffre à linge, bois blanc (grand), $2^{m}\,00 \times 0^{m}\,90 \times 1^{m}\,00$	*Idem.*		
			— — (moyen), $1^{m}\,00 \times 0^{m}\,75 \times 0^{m}\,80$	*Idem.*		
			Crachoir en bois doublé en zinc	*Idem.*		
			Échelle double de 4 mètres	*Idem.*		
			— — de 3 —	*Idem.*		
			— — de 2 —	*Idem.*		
			— simple de 4 —	*Idem.*		
			— — de 3 —	*Idem.*		
			— — de 2 mètres	*Idem.*		
			Hampe pour drapeau tricolore	*Idem.*		
			Manne à linge	*Idem.*		
			Planchette à consigne	*Idem.*		
			Porte-manteau à 8 champignons	*Idem.*		
			— à 6 —	*Idem.*		
			— à 4 —	*Idem.*		
			— à 3 —	*Idem.*		
			Seau en bois cerclé de fer	*Idem.*		
			— — pour urinoir	*Idem.*		
			Séchoir à linge	*Idem.*		
			Soufflet pour poudre de pyrèthre	*Idem.*		
			Souricière	*Idem.*		
			Support de buste	*Idem.*		
			Tableau pour démonstration	*Idem.*		
			Tréteau de table	*Idem.*		
			Van en osier	*Idem.*		
			Banquette en chêne	Mèt. carré.		
			Barrière à claire-voie en sapin	*Idem.*		
			Boiserie en chêne	*Idem.*		
			— en pitchpin	*Idem.*		
			— en sapin	*Idem.*		
			Casier en chêne	*Idem.*		
			— en pitchpin	*Idem.*		
			— en sapin	*Idem.*		
			Étagère pleine en chêne	*Idem.*		
			— en pitchpin	*Idem.*		
			— en sapin	*Idem.*		
			Étagère à claire-voie en chêne	*Idem.*		
			— en pitchpin	*Idem.*		
			— en sapin	*Idem.*		
			Store pour croisée	*Idem.*		

DÉNOMINATION ET CLASSIFICATION DES MATIÈRES ET OBJETS.				ESPÈCE des UNITÉS.	PRIX MINISTÉRIELS.	OBSERVATIONS.
PAR UNITÉ SOMMAIRE.		PAR SUBDIVISION.				
Numéro et libellé.	Subdivision.	Numéros.	Dénominations.			
9 **Meubles et objets d'ameublement.**	**H** Objets mobiliers et ustensiles en métal.		Arrosoir de 3 litres, en fer-blanc	Nombre.		
			— 2 — —	*Idem.*		
			Boîte aux lettres en tôle galvanisée	*Idem.*		
			Broc avec couvercle granité, en zinc	*Idem.*		
			— ordinaire sans couvercle, en zinc	*Idem.*		
			— avec couvercle, émaillé	*Idem.*		
			— sans couvercle, émaillé	*Idem.*		
			Cadenas avec clef (grand), 0m 08	*Idem.*		
			— — (moyen), 0m 07	*Idem.*		
			— — (petit), 0m 05	*Idem.*		
			Chaîne en fer pour cloche	*Idem.*		
			Ciseaux (grands) [paire de]	*Idem.*		
			— (moyens) —	*Idem.*		
			— (petits) —	*Idem.*		
			Cloche pour le service intérieur	*Idem.*		
			Coffre-fort en fer (grand)	*Idem.*		
			— — (petit)	*Idem.*		
			Crachoir en fonte émaillée (grand)	*Idem.*		
			— — (petit)	*Idem.*		
			— — sur pied	*Idem.*		
			Cruche en tôle émaillée avec couvercle	*Idem.*		
			Cuvette en tôle émaillée	*Idem.*		
			Essuie-pieds métallique	*Idem.*		
			Fontaine avec couvercle et cuvette de 10 litres, en cuivre.	*Idem.*		
			Fontaine avec couvercle et cuvette de 10 litres, tôle émaillée	*Idem.*		
			Jeu de chiffres à jour, en cuivre	*Idem.*		
			— de lettres à jour, en cuivre	*Idem.*		
			Numéros en tôle forte émaillée	*Idem.*		
			— en zinc pour les effets des entrants	*Idem.*		
			Pelle à main en tôle forte	*Idem.*		
			Piège à rats	*Idem.*		
			Piton de tringle	*Idem.*		
			Porte-chapeau en métal nickelé	*Idem.*		
			Porte-parapluie	*Idem.*		
			Poulie double en cuivre	*Idem.*		
			— — en fer	*Idem.*		
			— — en bois	*Idem.*		
			— simple en cuivre	*Idem.*		
			— — en fer	*Idem.*		
			— — en bois	*Idem.*		
			Seau hygiénique en cuivre	*Idem.*		
			— — en tôle émaillée	*Idem.*		
			— granité avec couvercle en zinc	*Idem.*		
			— tôle émaillée avec couvercle	*Idem.*		
			— ordinaire sans couvercle, fer battu (15 litres)	*Idem.*		
			— — — — (10 —)	*Idem.*		
			— — — zinc (15 —)	*Idem.*		
			— — — — (10 —)	*Idem.*		
			— gradué, sans couvercle, fer battu (15 litres)	*Idem.*		
			— — — — (10 —)	*Idem.*		
			Tire-bouchons	*Idem.*		
			Tringle de croisée (grande), en fer forgé	*Idem.*		
			— (peite), en fil de fer fort	*Idem.*		
			— en fer cuivré	*Idem.*		

DÉNOMINATION ET CLASSIFICATION DES MATIÈRES ET OBJETS.				ESPÈCE des UNITÉS.	PRIX MINISTÉRIELS.	OBSERVATIONS.
PAR UNITÉ SOMMAIRE.		PAR SUBDIVISION.				
Numéro et libellé.	Subdivision.	Numéros.	Dénominations.			
9 **Meubles et objets d'ameublement.**	I Objets mobiliers et ustensiles en terre, pierre et verre.		Boîte à brosses en porcelaine	Nombre.		
			— à savon	*Idem.*		
			Bol à éponge ou à savon en porcelaine	*Idem.*		
			Cruche en grès	*Idem.*		
			Cruchon en grès	*Idem.*		
			Cuvette en porcelaine	*Idem.*		
			Fontaine filtrante en pierre, de 100 litres	*Idem.*		
			— — de 50 —	*Idem.*		
			Pot à eau en porcelaine	*Idem.*		
			— en grès	*Idem.*		
			Terrine en grès, de 15 litres	*Idem.*		
			— de 10 —	*Idem.*		
			— de 5 —	*Idem.*		
			— de 3 —	*Idem.*		
			— de 2 —	*Idem.*		
			— de 1 —	*Idem.*		
			Verres de lampe (divers)	*Idem.*		
			Verre de toilette	*Idem.*		
			Verrines pour photophore	*Idem.*		
	J Rideaux, housses et accessoires.		Cordon de sonnette à gland	Nombre.		
			Drapeau tricolore en laine	*Idem.*		
			— de neutralité	*Idem.*		
			Embrasse pour rideaux, en coton	*Idem.*		
			— — en laine	*Idem.*		
			Housse pour canapé	*Idem.*		
			— pour chaise	*Idem.*		
			— pour fauteuil	*Idem.*		
			Rideau en coton écru en deux lés — au-dessus de 3 mètres	*Idem.*		
			— de 2^{m} 01 à 3 mètres	*Idem.*		
			— de 2 mètres et au-dessous	*Idem.*		
			Rideau en coton écru en un lé — au-dessus de 3 mètres	*Idem.*		
			— de 2^{m} 01 à 3 mètres	*Idem.*		
			— de 2 mètres et au-dessous	*Idem.*		
			Rideau en coton teint en bleu, en deux lés — au-dessus de 3 mètres	*Idem.*		
			— de 2^{m} 01 à 3 mètres	*Idem.*		
			— de 2 mètres et au-dessous	*Idem.*		
			Rideau en coton teint en bleu, en un lé — au-dessus de 3 mètres	*Idem.*		
			— de 2^{m} 01 à 3 mètres	*Idem.*		
			— de 2 mètres et au-dessous	*Idem.*		
			Rideau en laine en deux lés — au-dessus de 3 mètres	*Idem.*		
			— de 2^{m} 01 à 3 mètres	*Idem.*		
			— de 2 mètres et au-dessous	*Idem.*		
			Rideau en laine en un lé, — au-dessus de 3 mètres	*Idem.*		
			— de 2^{m} 01 à 3 mètres	*Idem.*		
			— de 8 mètres et au-dessous	*Idem.*		
			Rideau en mousseline en 1^{m} 20 pour vitrage — au-dessus de 3 mètres	*Idem.*		
			— de 2^{m} 01 à 3 mètres	*Idem.*		
			— de 2 mètres et au-dessous	*Idem.*		
			Rideau en mousseline en 1 mètre pour vitrage — au-dessus de 3 mètres	*Idem.*		
			— de 2^{m} 01 à 3 mètres	*Idem.*		
			— de 2 mètres et au-dessous	*Idem.*		

DÉNOMINATION ET CLASSIFICATION DES MATIÈRES ET OBJETS.				ESPÈCE des UNITÉS.	PRIX MINISTÉRIELS.	OBSERVATIONS.
PAR UNITÉ SOMMAIRE.		PAR SUBDIVISION.				
Numéro et libellé.	Subdivision.	Numéros.	Dénominations.			
9 **Meubles et objets d'ameublements.**	**J** RIDEAUX, HOUSSES ET ACCESSOIRES. (Suite.)		Rideau en mousseline en 0^{m} 80 pour vitrage : au-dessus de 3 mètres	Nombre.		
			de 2^{m} 01 à 3 mètres	*Idem.*		
			de 2 mètres et au-dessous	*Idem.*		
			Rideau en percale rouge de 1^{m} 20 : au-dessus de 3 mètres	*Idem.*		
			de 2^{m} 01 à 3 mètres	*Idem.*		
			de 2 mètres et au-dessous	*Idem.*		
			Rideau en lustrine verte de 1^{m} 20 : au-dessus de 3 mètres	*Idem.*		
			de 2^{m} 01 à 3 mètres	*Idem.*		
			de 2 mètres et au-dessous	*Idem.*		
			Rideau pour couchette à baldaquin (A) : en coton écru	*Idem.*		
			en coton teint en bleu	*Idem.*		
			en lustrine verte	*Idem.*		
	K TAPIS ET NATTES AU MÈTRE COURANT.		Tapis en fibre de coco, pour les salles	Mèt. cour^{t}.		
			— en linoléum, pour escaliers et corridors	*Idem.*		
			— en moquette pour les salles	*Idem.*		
	L TAPIS ET NATTES AU MÈTRE CARRÉ.		Tapis en drap vert	Mèt. carré.		
			— en linoléum pour carrelage et parquet	*Idem.*		
			— en moquette à fleurs	*Idem.*		
			— en serge rouge	*Idem.*		
			— en serge verte	*Idem.*		
			Toile cirée pour table	*Idem.*		

(A) Chaque rideau de couchette à baldaquin est composé de :

Rideaux de	2^{m} 15 de hauteur. 3^{m} 00 de largeur.	2
Rideaux de	2^{m} 15 de hauteur. 1^{m} 50 de largeur.	2
Rideaux de	2^{m} 15 de hauteur. 2^{m} 00 de largeur.	1
Tour de lit	5^{m} 00 de longueur. 0^{m} 45 de largeur.	1
Ciel de lit	2^{m} 10 de longueur. 1^{m} 00 de largeur.	1

DÉNOMINATION ET CLASSIFICATION DES MATIÈRES ET OBJETS				ESPÈCE des UNITÉS.	PRIX MINISTÉRIELS.	OBSERVATIONS.
PAR UNITÉ SOMMAIRE.		PAR SUBDIVISION.				
Numéro et libellé.	Subdivision.	Numéros.	Dénominations.		fr c.	
10 **Drogues et médicaments.**	**A** Produits chimiques médicinaux. — Produits pharmaceutiques.	1	Acétate d'ammoniaque (ou acétate ammonique liquide). D. = 1,036	Kilogr.	1 55	
		2	Acétate de cuivre (cuivrique) neutre (verdet en cristaux)	*Idem.*	5 40	
		3	Acétate (sous-) de cuivre (cuivrique) bibasique (vert de gris)	*Idem.*	5 40	
		4	Acétate mercurique cristallisé	*Idem.*	19 80	
		5	— de morphine	*Idem.*	450 00	
		6	— neutre de plomb (plombique) pur (sel de Saturne)	*Idem.*	1 80	
		7	Acétate (sous-) basique de plomb liquide (triplombique) [extrait de Saturne]	*Idem.*	1 45	
		8	Acétate de potasse (potassique) sec	*Idem.*	4 80	
		9	— de soude cristallisé (sodique) purifié	*Idem.*	3 00	
		10	Acide acétique de commerce à D = 1.060 (acide pyroligneux purifié)	*Idem.*	2 25	
		11	Acide acétylsalicylique *dit* aspirine	*Idem.*	14 40	
		12	— arsénieux (oxyde blanc d'arsenic) pulvérisé	*Idem.*	1 20	
		13	— azotique officinal (purifié) 40° B^é	*Idem.*	1 80	
		14	— benzoïque par voie humide	*Idem.*	8 20	
		15	— borique cristallisé, pur	*Idem.*	1 20	
		16	— borique pulvérisé pur	*Idem.*	1 25	
		17	— chlorhydrique officinal (pur). P = 1,17 à 15°	*Idem.*	1 50	
		18	— chromique	*Idem.*	7 30	
		19	— chrysophanique	*Idem.*	48 00	
		20	— citrique, cristallisé (exempt de plomb)	*Idem.*	6 80	
		21	— gallique cristallisé	*Idem.*	9 60	
		22	— lactique concentré pur. D = 1.24 à 20°	*Idem.*	7 30	
		23	— phosphorique médicinal	*Idem.*	6 80	
		24	— salicylique (cristallisé blanc)	*Idem.*	6 80	
		25	— sulfurique officinal pur monohydraté. D = 1.84	*Idem.*	1 95	
		26	— tartrique cristallisé, d'un beau blanc, et complètement exempt de plomb	*Idem.*	4 60	
		27	Aconitine blanche (cristallisée)	*Idem.*	2,400 00	
		28	Adrénaline, solution au 1/1000^e	Flacon.	6 60	
		29	Adrénaline solide (tube de 15 centigr.)	Tubes.	8 40	
		30	Alun de potasse (sulfate d'alumine et de potasse) cristallisé, officinal	Kilogr.	0 75	
		31	Alun desséché, calciné (sulfate d'alumine et de potasse)	*Idem.*	1 95	
		32	Ammoniaque liquide officinale (pure). D = 0.925	*Idem.*	1 65	
		33	Antipyrine (analgésine)	*Idem.*	31 20	
		34	Aristol (dithymol biiodé)	*Idem.*	54 00	
		35	Arséniate de soude	*Idem.*	3 60	
		36	Azotate d'aconitine cristallisé	*Idem.*	4,200 00	
		37	— d'ammoniaque ordinaire	*Idem.*	2 70	
		38	— d'argent (ou argentique) cristallisé	*Idem.*	114 00	
		39	— d'argent fondu (pierre infernale)	*Idem.*	114 00	
		40	— (sous-) de bismuth (sous-nitrate de bismuth)	*Idem.*	30 00	
		41	— mercurique liquide (nitrate acide de mercure)	Gramme.	6 00	
		42	— de pilocarpine (nitrate de pilocarpine)	Kilogr.	1 70	
		43	— de potasse (nitrate de potasse, nitre raffiné)	*Idem.*	1 50	
		44	— de soude	*Idem.*	1 10	
		45	Benzine rectifiée	*Idem.*	1 50	
		46	Benzo-naphtol	*Idem.*	10 20	

DÉNOMINATION ET CLASSIFICATION DES MATIÈRES ET OBJETS				ESPÈCE des UNITÉS.	PRIX MINISTÉRIELS.	OBSERVATIONS.
PAR UNITÉ SOMMAIRE.		PAR SUBDIVISION.				
Numéro et libellé.	Subdivision.	Numéros.	Dénominations.		fr. c.	
10 Drogues et médicaments.	A Produits chimiques médicinaux. — Produits pharmaceutiques. (Suite.)	47	Benzoate de lithine	Kilogr.	21 60	
		48	— de mercure	Idem.	30 00	
		49	— de soude	Idem.	8 40	
		50	Bisulfite de soude cristallisé	Idem.	1 80	
		51	Borate de soude officinal	Idem.	0 90	
		52	— de soude (per)	Idem.	9 60	
		53	Bromhydrate d'ésérine	Gramme.	4 80	
		54	Cacodylate de soude	Kilogr.	60 50	
		55	Caféine	Idem.	66 00	
		56	Caoutchouc en dissolution	Idem.	7 00	
		57	Carbonate (sesqui-) d'ammoniaque	Idem.	2 10	
		58	— de chaux précipité, pur	Idem.	1 05	
		59	— de fer (sous-) [safran de mars apéritif]	Idem.	1 50	
		60	— de lithine	Idem.	21 60	
		61	— de magnésie blanche ou anglaise)	Idem.	1 10	
		62	— de potasse (sel de tartre)	Idem.	0 90	
		63	— de soude, cristallisé	Idem.	60	
		64	— (bi-) de soude en poudre	Idem.	0 55	
		65	Chloral hydraté (hydrate de chloral) cristallisé	Idem.	10 20	
		66	Chlorhydrate d'ammoniaque (sel ammoniac, chlorure d'ammonium) blanc	Idem.	1 95	
		67	Chlorhydrate de cocaïne	Idem.	552 00	
		68	— de morphine	Idem.	450 00	
		69	— de pilocarpine	Gramme.	1 80	
		70	Chloroforme du commerce	Kilogr.	5 40	
		71	Chlorure (proto-) d'antimoine (beurre d'antimoine) concret	Idem.	9 60	
		72	Chlorure d'éthyle	Tube.	3 00	
		73	— ferrique (sesqui-) ou perchlorure de fer sec	Kilogr.	4 80	
		74	— ferrique dissous ou perchlorure de fer liquide	Idem.	2 05	
		75	— (proto) mercureux, calomel à la vapeur	Idem.	10 80	
		76	— mercureux précipité (précipité blanc)	Idem.	10 80	
		77	— mercurique (bichlorure de mercure, sublimé corrosif)	Idem.	8 40	
		78	— de zinc (ou zincique) pur, solide	Idem.	5 05	
		79	Citrate de fer ammoniacal	Idem.	8 40	
		80	— de magnésie vrai	Idem.	7 20	
		81	Codéine cristallisée	Idem.	696 00	
		82	Collodion	Idem.	4 50	
		83	— élastique	Idem.	4 50	
		84	Cyanure mercurique cristallisé	Idem.	26 40	
		85	— de mercure (oxycyanure)	Idem.	26 40	
		86	Dermatol	Idem.	30 00	
		87	Digitaline amorphe (Codex)	Gramme.	4 20	
		88	Digitaline cristallisée	Idem.	38 40	
		89	Diméthyl amidopyrine, *dit* Pyramidon	Kilogr.	74 40	
		90	Eau de Rabel	Idem.	3 00	
		91	Ergotinine cristallisée	Gramme.	43 00	
		92	Fer réduit par l'hydrogène	Kilogr.	0 60	
		93	Fer en limaille porphyrisée	Idem.	3 00	

DÉNOMINATION ET CLASSIFICATION DES MATIÈRES ET OBJETS				ESPÈCE des UNITÉS.	PRIX MINISTÉRIELS.	OBSERVATIONS.
PAR UNITÉ SOMMAIRE.		PAR SUBDIVISION.				
Numéro et libellé.	Subdivision.	Numéros.	Dénominations.		fr. c.	
10 Drogues et médicaments.	A Produits chimiques médicinaux. — Produits pharmaceutiques. (Suite.)	94	Gaïacol cristallisable	Kilogr.	26 40	
		95	— en capsules de 20 centigrammes	Idem.	21 60	
		96	Glycérophosphate de chaux	Idem.	18 00	
		97	Hypophosphite de chaux	Idem.	10 60	
		98	— de soude	Idem.	10 60	
		99	Kermès surfin (oxysulfure d'antimoine hydraté, par voie humide, kermès officinal)	Idem.	13 60	
		100	Kermès par voie sèche (des vétérinaires)	Idem.	15 60	
		101	Lactate ferreux (lactate de fer)	Idem.	6 00	
		102	Liqueur de Villate	Idem.	1 80	
		103	Magnésie calcinée	Idem.	4 10	
		104	Menthol cristallisé	Idem.	42 00	
		105	Mercure du commerce	Idem.	7 80	
		106	Naphtaline sublimée	Idem.	0 75	
		107	Naphtol β	Idem.	5 75	
		108	Oxyde de mercure (bi) rouge ou jaune	Idem.	12 00	
		109	Oxyde de zinc par voie sèche (fleur de zinc)	Idem.	1 80	
		110	Permanganate de potasse (caméléon violet)	Idem.	2 65	
		111	Phénacétine (acét. phénétidine)	Idem.	15 00	
		112	Phosphate bi-calcique (ph. neutre de chaux)	Idem.	3 60	
		113	Phosphate tri-calcique (ph. basiq., ph. de chaux, ph. des os)	Idem.	2 10	
		114	Phosphate de soude (ou sodique) cristallisé	Idem.	1 20	
		115	Phosphore blanc	Idem.	13 20	
		116	Plomb laminé de 1 millimètre d'épaisseur	Idem.	1 70	
		117	Potasse caustique à la chaux (hydrate de potasse impure, pierre à cautère)	Idem.	3 60	
		118	Résorcine	Idem.	15 00	
		119	Salicylate de bismuth	Idem.	30 60	
		120	— d'ésérine	Tube.	3 00	
		121	— de lithine	Kilogr.	21 60	
		122	— de méthyle	Idem.	6 00	
		123	— de soude cristallisé	Idem.	9 60	
		124	Salol	Idem.	9 60	
		125	Santonine cristallisée	Idem.	54 00	
		126	Silicate de potasse dissous, liqueur de cailloux D = 1,359 à 15°	Idem.	0 75	
		127	Silicate de soude dissous	Idem.	0 60	
		128	Soude caustique à la chaux (hydrate de soude impur)	Idem.	3 00	
		129	Soufre sublimé et lavé (fleur de soufre)	Idem.	0 60	
		130	Strophantine	Gramme.	2 70	
		131	Sucre de lait pur cristallisé	Kilogr.	2 65	
		132	Sulfate d'atropine	Gramme.	0 90	
		133	— de chaux (plâtre à mouler) fin	Kilogr.	0 90	
		134	— de Duboisine	Gramme.	7 20	
		135	— d'ésérine	Idem.	3 60	
		136	— ferreux purifié (sulfate ferreux officinal)	Kilogr.	0 50	
		137	— de magnésie (sel de Sedlitz, sel d'Epsom)	Idem.	0 35	
		138	— mercurique (sulfate de bioxyde de mercure)	Idem.	7 70	
		139	— de morphine neutre	Idem.	450 00	
		140	— de soude purifiée (sel de Glauber)	Idem.	0 35	
		141	— de spartéine	Gramme.	0 20	

DÉNOMINATION ET CLASSIFICATION DES MATIÈRES ET OBJETS				ESPÈCE des UNITÉS.	PRIX MINISTÉRIELS.	OBSERVATIONS.
PAR UNITÉ SOMMAIRE.		PAR SUBDIVISION.				
Numéro et libellé.	Subdivision.	Numéros.	Dénominations.		fr. c.	
		142	Sulfate de strychnine	Kilogr.	132 00	
		143	— de zinc officinal (sulfate de zinc pur)	Idem.	1 50	
		144	Sulfonal (acétone diéthylsulfone)	Idem.	42 00	
		145	Sulfure de carbone purifié et désinfecté	Idem.	1 80	
		146	— ferreux par voie sèche (protosulfure de fer fondu en plaques)	Idem.	1 00	
		147	— mercurique (bisulfure de mercure) [vermillon]	Idem.	12 00	
		148	— (tri) de potassium solide (sulfure de potasse. Polysulfure de potassium. Foie de soufre)	Idem.	0 75	
		149	Tannin officinal (acide tannique, acide gallotannique)	Idem.	8 40	
		150	Tartrate d'antimoine et de potasse (émétique) pulvérisé	Idem.	4 60	
		151	Tartrate de potasse acide (bitartrate de potasse. Crème de tartre)	Idem.	2 40	
		152	Tartrate borico-potassique en paillettes	Idem.	5 40	
		153	— ferrico-potassique en paillettes	Idem.	7 20	
		154	— de potasse neutre	Idem.	3 60	
		155	— de potasse et de soude (sel de Seignette) en cristaux incolores	Idem.	3 60	
		156	— Tartrate de soude	Idem.	3 25	
		157	Terpine	Idem.	6 60	
		158	Théobromine	Idem.	114 00	
		159	Thymol (acide thymique)	Idem.	40 80	
		160	Trinitrine	Idem.	36 60	
10 **Drogues et médicaments.**	A Produits chimiques médicinaux. — Produits pharmaceutiques. (Suite.)	161	Trional	Idem.	84 00	
		162	Uréthane (carbonate d'éthyle)	Idem.	42 00	
		163	Valérianate de zinc	Idem.	27 50	
		164	Vératrine	Idem.	300 00	
		165	Alcool à 95° centésimaux	Idem.	1 25	
		166	— amylique rectifié	Idem.	7 20	
		167	— camphré (Codex)	Idem.	4 40	
		168	Alcoolat de cochléaria composé (antiscorbutique)	Idem.	4 80	
		169	— de Fioraventi (baume de)	Idem.	4 80	
		170	— de mélisse composé (eau de mélisse des Carmes)	Idem.	5 40	
		171	— de menthe	Idem.	5 40	
		172	— vulnéraire	Idem.	5 40	
		173	Alcoolature d'aconit (racine)	Idem.	5 40	
		174	Antimoine diaphorétique lavé	Idem.	6 00	
		175	Axonge	Idem.	3 60	
		176	— benzoïnée	Idem.	3 60	
		177	Baudruche gommée (adhésive)	Le mètre.	1 10	
		178	Baume opodeldoch (alcoolé au savon composé) solide	Kilogr.	7 20	
		179	Baume tranquille (élæolé narcotique)	Idem.	3 00	
		180	Capsules d'apiol	Idem.	54 00	
		181	— de copahu	Idem.	10 80	
		182	— de créosote de hêtre	Idem.	13 15	
		183	— de goudron	Idem.	7 20	
		184	— d'essence de térébenthine	Idem.	9 60	
		185	— d'huile de Chaulmoogra	Idem.	19 20	
		186	— d'huile de foie de morue créosotée	Idem.	12 00	
		187	— — — — non créosotée	Idem.	8 40	
		188	— de santal à 0 gr. 05	Idem.	42 00	
		189	Caustique de Vienne (poudre de Vienne)	Idem.	4 80	
		190	Charbon de Belloc	Flacon.	2 65	

DÉNOMINATION ET CLASSIFICATION DES MATIÈRES ET OBJETS				ESPÈCE des UNITÉS.	PRIX MINISTÉRIELS.	OBSERVATIONS.
PAR UNITÉ SOMMAIRE.		PAR SUBDIVISION.				
Numéro et libellé.	Suddivision.	Numéros.	Dénominations.		fr. c.	
10 **Drogues et médicaments.**	A Produits chimiques médicinaux. — Produits pharmaceutiques. (Suite.)	191	.....			
		192	Diastase du Codex	Kilogr.	66 00	
		193	Eau distillée	*Idem.*	0 25	
		194	— (hydrolat) de fleur d'oranger triple	*Idem.*	1 20	
		195	— — de laurier cerise	*Idem.*	1 35	
		196	— — de menthe	*Idem.*	1 35	
		197	— — de roses	*Idem.*	1 20	
		198	— de Pagliari	*Idem.*	1 80	
		199	— purgative de Hunyadi Janos	Nombre.	1 20	
		200	Emplâtre diachylon gommé (stéarate de)	Kilogr.	4 80	
		201	— mercuriel (emplâtre de Vigo *cum mercurio*, stéarate, rétinolé)	*Idem.*	9 60	
		202	— vésicatoire	*Idem.*	15 60	
		203	Essence de pétrole pour thermocautère. D = 0.740	*Idem.*	1 80	
		204	Éther acétique (acétate d'éthyle)	*Idem.*	6 60	
		205	— officinal (éther sulfurique pur). D = 0.720 à 15°	*Idem.*	3 25	
		206	— pour inhalations (éther sulfurique). D = 0.713 à 15°	*Idem.*	6 00	
		207	— de pétrole. D = 0.650 distillant en entier entre 40 et 70°	*Idem.*	1 80	
		208	Eucalyptol pur cristalisable	*Idem.*	16 80	
		209	Extrait de belladone (avec le suc)	*Idem.*	19 20	
		210	— de cachou purifié	*Idem.*	16 80	
		211	— de gentiane	*Idem.*	10 80	
		212	— alcoolique d'ipécacuanha repris	*Idem.*	288 00	
		213	— de jusquiame alcoolique (feuilles sèches)	*Idem.*	30 00	
		214	— alcoolique de noix vomique	*Idem.*	50 40	
		215	— d'opium gommeux	*Idem.*	150 00	
		216	— alcoolique de quinquina repris par l'eau	*Idem.*	30 00	
		217	— de ratanhia sec, en paillettes	*Idem.*	50 40	
		218	— de réglisse en bâton (suc)	*Idem.*	3 25	
		219	— de seigle ergoté (ergotine)	*Idem.*	90 00	
		220	— alcoolique de valériane	*Idem.*	21 60	
		221	Glycyrrhyzine ammoniacale en paillettes	*Idem.*	9 60	
		222	Gouttes amères de Baumé	*Idem.*	10 20	
		223	Granules d'ergotinine de 1 milligramme	Flacon.	3 00	
		224	— d'acide arsénieux à un milligramme	*Idem.*	1 90	
		225	— de digitaline cristallisée à 1/4 de milligramme	*Idem.*	3 00	
		226	Huile de camomille	Kilogr.	3 60	
		227	— camphrée (liniment camphré)	*Idem.*	4 20	
		228	Laudanum (œnolé) de Sydenham	*Idem.*	26 40	
		229	Liqueur de Fowler	*Idem.*	2 40	
		230	Onguent basilicum	*Idem.*	3 60	
		231	— ægyptiac	*Idem.*	6 00	
		232	— populeum	*Idem.*	4 20	
		233	— de styrax (rétinolé de)	*Idem.*	4 80	
		234	— vésicatoire vétérinaire	*Idem.*	8 40	
		235	Pain azyme en feuilles carrées de 12 centimètres	Mille.	4 50	
		236	Pancréantine (Codex)	Kilogr.	66 00	
		237	Pepsine médicinale (pepsine amylacée)	*Idem.*	10 80	
		238	Peptone peptique sèche	*Idem.*	26 40	
		239	Pilules d'extrait d'opium à 5 centigrammes	*Idem.*	90 00	

DÉNOMINATION ET CLASSIFICATION DES MATIÈRES ET OBJETS				ESPÈCE des UNITÉS.	PRIX MINISTÉRIELS.	OBSERVATIONS.
PAR UNITÉ SOMMAIRE.		PAR SUBDIVISION.				
Numéro et libellé.	Subdivision.	Numéros.	Dénominations.		fr. c.	
10 Drogues et médicaments.	A Produits chimiques médicinaux. — Produits pharmaceutiques. (Suite.)	240	Pilules d'iodure mercureux opiacées à 5 centigrammes...	Kilogr.	60 00	
		241	— de podophylline à 1 centigramme............	Idem.	39 60	
		242	— de Vallet (de carbonate ferreux).............	Idem.	9 60	
		243	Pommade antipsorique (pommade d'Helmerich).......	Idem.	3 60	
		244	— belladonée..........................	Idem.	7 80	
		245	— mercurielle belladonée..................	Idem.	9 60	
		246	— mercurielle à parties égales (onguent mercuriel double, onguent napolitain).............	Idem.	7 20	
		247	— mercurielle faible (onguent mercuriel simple, onguent gris)......................	Idem.	4 20	
		248	Poudre pour le diascordium (opiacée)..............	Idem.	15 00	
		249	— de Dower..............................	Idem.	18 60	
		250	Savon animal................................	Idem.	3 60	
		251	— arsenical.............................	Idem.	3 00	
		252	— médicinal (savon amygdalin)................	Idem.	4 80	
		253	Savons antiseptiques au goudron, au sublimé, au thymol, à l'acide borique ou à l'acide phénique............	Idem.	5 40	
		254	Sirop de baume de Tolu.........................	Idem.	2 40	
		255	— d'écorce d'orange amère.................	Idem.	2 40	
		256	— diacode (sirop d'opium faible)...............	Idem.	2 40	
		257	— de Gibert............................	Idem.	4 20	
		258	— d'iodure de fer.........................	Idem.	4 20	
		259	— d'ipéca...............................	Idem.	7 80	
		260	— de morphine...........................	Idem.	5 40	
		261	Solution d'ergotine d'Yvon.........................	Flacon.	3 00	
		262	Sparadrap au cantharidate de soude..... Larg. 0m 20.	Mètre.	4 45	
		263	— caoutchouté .... Idem.	Idem.	1 80	
		264	— diachylon gommé........... Idem.	Idem.	0 90	
		265	— mercuriel (sparadrap de Vigo). Idem.	Idem.	2 70	
		266	— de thapsia................ Idem.	Idem.	2 70	
		267	— vésicant.................. Idem.	Idem.	3 60	
		268	Suc de citron..................................	Kilogr.	2 40	
		269	Tablettes de chlorate de potasse...................	Idem.	3 00	
		270	— de kermès............................	Idem.	4 20	
		271	— de santonine du Codex.................	Idem.	6 00	
		272	— de soufre...........................	Idem.	2 70	
		273	Teinture d'aconit (de racine)......................	Idem.	3 60	
		274	— d'aloès simple (vétérinaire)...............	Idem.	3 60	
		275	— d'arnica.............................	Idem.	3 60	
		276	— de belladone..........................	Idem.	3 60	
		277	— de benjoin............................	Idem.	4 80	
		278	— de boldo	Idem.	3 60	
		279	— de cannelle...........................	Idem.	6 00	
		280	— de cantharides.........................	Idem.	7 20	
		281	— de coaltar saponiné.....................	Idem.	3 60	
		282	— de coca	Idem.	4 80	
		283	— de colchique (semences).................	Idem.	4 80	
		284	— de colombo...........................	Idem.	4 80	
		285	— de digitale (feuilles)....................	Idem.	4 20	
		286	— d'écorces d'oranges amères...............	Idem.	5 40	
		287	— d'extrait d'opium......................	Idem.	18 00	
		288	— de gentiane...........................	Idem.	3 60	
		289	— d'hamamelis virginica...................	Idem.	5 40	

DÉNOMINATION ET CLASSIFICATION DES MATIÈRES ET OBJETS				ESPÈCE des UNITÉS.	PRIX MINISTÉRIELS.	OBSERVATIONS.
PAR UNITÉ SOMMAIRE.		PAR SUBDIVISION.				
Numéro et libellé.	Subdivision.	Numéros.	Dénominations.		fr. c.	
	A PRODUITS CHIMIQUES MÉDICINAUX. — PRODUITS PHARMACEUTIQUES. (Suite.)	290	Teinture d'iode	Kilogr.	9 60	
		291	— de jalap composée (eau-de-vie allemande)	Idem.	4 80	
		292	— de kola	Idem.	4 20	
		293	— de lobélie	Idem.	4 80	
		294	— de noix vomique	Idem.	4 80	
		295	— ou élixir parégorique	Idem.	7 20	
		296	— de quinquina gris	Idem.	4 20	
		297	— de quinquina jaune	Idem.	4 20	
		298	— de scille	Idem.	3 60	
		299	Térébenthine (oléorésine) cuite	Idem.	4 80	
		300	Vinaigre de scille	Idem.	3 00	
10 Drogues et médicaments.	B PRODUITS CHIMIQUES PURS POUR LABORATOIRES DE CHIMIE ET DE BACTÉRIOLOGIE.	1	Acétate d'alumine pur	Kilogr.	4 20	
		2	— de baryum cristallisé pur	Idem.	18 00	
		3	— d'urane cristallisé pur	Idem.	95 00	
		4	— de zinc chimiquement pur cristallisé	Idem.	16 80	
		5	Acétone pur, incolore, 58°	Idem.	4 20	
		6	Acide acétique pur cristallisable. D = 1,063, fusible à 17°	Idem.	7 20	
		7	— acétique anhydre pur	Idem.	26 15	
		8	— chlorhydrique pur D = 1.18	Idem.	1 50	
		9	— fluorhydrique pur, liquide à 28°	Idem.	26 15	
		10	— hydrofluosilicique pur	Idem.	18 00	
		11	— molybdique	Idem.	22 80	
		12	— nitrique pur fumant à 48°	Idem.	6 00	
		13	— osmique pur cristallisé	Tube.	4 80	
		14	— oxalique chimiquement pur cristallisé	Kilogr.	7 20	
		15	— perchlorique pur à 30°	Idem.	49 20	
		16	— phosphorique pur, anhydre	Idem.	14 25	
		17	— phosphotungstique cristallisé	Idem.	48 00	
		18	— picrique	Idem.	6 00	
		19	— pyrogallique cristallisé	Idem.	30 00	
		20	— rosolique pur (aurine)	Idem.	30 00	
		21	— sulfanilique	Idem.	18 00	
		22	— sulfurique pur bouilli D = 1.843 (Codex)	Idem.	3 25	
		23	— — fumant de Nordhausen	Idem.	2 40	
		24	— trichloracétique	Idem.	33 00	
		25	Agar-agar (gélose)	Idem.	7 55	
		26	Alcool absolu éthylique	Idem.	4 80	
		27	— isobutylique	Idem.	9 60	
		28	— méthylique pur	Idem.	10 80	
		29	Aldéhydate d'ammoniaque pur et sec	Gramme.	0 75	
		30	Aldéhyde pyromucique (furfurol) pur	Idem.	0 20	
		31	Aluminium en fils	Kilogr.	14 40	
		32	— en lames	Idem.	9 50	
		33	Alun de fer	Idem.	13 20	
		34	Ammoniaque pure D = 0,925	Idem.	3 60	
		35	Aniline pure fine incolore	Idem.	10 80	
		36	Antimoine métallique	Idem.	5 40	
		37	Antimoniate (bi-métal) de potasse pur	Idem.	54 00	
		38	Argent de coupelle (fin)	Idem.	192 00	
		39	— (Rognures d')	Idem.	192 00	

DÉNOMINATION ET CLASSIFICATION DES MATIÈRES ET OBJETS				ESPÈCE des UNITÉS.	PRIX MINISTÉRIELS.	OBSERVATIONS.
PAR UNITÉ SOMMAIRE.		PAR SUBDIVISION.				
Numéro et libellé.	Subdivision.	Numéros.	Dénominations.		fr. c.	
10 Drogues et médicaments.	B Produits chimiques purs pour laboratoires de chimie et de bactériologie. (Suite.)	40	Aurantia de Grübler	Kilogr.	186 00	
		41	Azotate d'ammoniaque chimiquement pur	Idem.	9 50	
		42	— de baryte pur cristallisé	Idem.	5 40	
		43	— de cobalt cristallisé	Idem.	32 40	
		44	— mercureux cristallisé	Idem.	12 00	
		45	— de plomb pur	Idem.	4 20	
		46	— de strontiane pur	Idem.	5 40	
		47	— d'urane pur cristallisé	Idem.	81 60	
		48	Azotite d'amyle pur	Idem.	15 60	
		49	— d'argent pur cristallisé	Idem.	132 00	
		50	— de potasse pur	Idem.	9 50	
		51	— de soude pur	Idem.	7 20	
		52	Baume du Canada	Idem.	24 00	
		53	— — au Xylol	Idem.	32 40	
		54	Benzine bouillant à 80°	Idem.	3 00	
		55	Bitume de Judée	Idem.	2 40	
		56	Bleu azur I de Grübler	Gramme.	8 40	
		57	Bleu azur II de Grübler	Idem.	4 80	
		58	Bleu C 4 B Poirier	Kilogr.	48 00	
		59	— de méthylène B X de Mayer	Idem.	192 00	
		60	— — médicinal	Idem.	62 40	
		61	— de toluidine de Grübler	Idem.	182 40	
		62	Brome pur	Idem.	14 40	
		63	Brucine cristallisée pure	Idem.	182 40	
		64	Brun Bismarck de Grübler	Idem.	84 00	
		65	Carbonate d'ammoniaque pur sublimé	Idem.	12 00	
		66	— de baryte précipité pur	Idem.	15 60	
		67	— (Bi) de potasse pur	Idem.	6 00	
		68	— de potasse cristalisé pur	Idem.	6 60	
		69	— de soude chimiquement pur desséché	Idem.	6 60	
		70	Carmin n° 40	Idem.	60 00	
		71	— d'indigo de Grübler	Idem.	186 00	
		72	Charbon animal lavé aux acides	Idem.	15 60	
		73	Chaux de marbre, exempte de chlore	Idem.	3 60	
		74	— sodée chimiquement pure	Idem.	38 40	
		75	Chlorhydrate d'aniline pur	Idem.	67 20	
		76	— d'ammoniaque chimiquement pur	Idem.	6 00	
		77	— de métaphénylène diamine pur	Idem.	336 00	
		78	— de phénylhydrazine	Idem.	31 20	
		79	Chloroforme pur, D = 1,5	Idem.	10 80	
		80	Chlorure de baryum pur cristallisé	Idem.	3 00	
		81	— de calcium pur fondu	Idem.	6 00	
		81 *bis.*	— de carbone (tétra)	Idem.	4 80	
		82	— (sesqui) de cobalt	Idem.	36 00	
		83	— (bi) d'étain	Idem.	13 20	
		84	— de magnésium pur et sec	Idem.	7 20	
		85	— de nickel	Idem.	18 00	
		86	— d'or pur, 50 p. 100 de métal	Gramme.	3 00	
		87	— d'or et de potassium	Idem.	3 00	
		88	— d'or et de sodium (aurosodique)	Idem.	6 60	
		89	— de paladium	Idem.	5 40	
		90	— de platine	Idem.	4 35	

DÉNOMINATION ET CLASSIFICATION DES MATIÈRES ET OBJETS.				ESPÈCE des UNITÉS.	PRIX MINISTÉRIELS.	OBSERVATIONS.
PAR UNITÉ SOMMAIRE.		PAR SUBDIVISION.				
Numéro et libellé.	Subdivision.	Numéros.	Dénominations.		fr. c.	
10 Drogues et médicaments.	B Produits chimiques purs pour laboratoires de chimie et de bactériologie. (Suite.)	91	Chlorure (bi) de platine	Gramme.	4 35	
		92	— sodium (chimiquement pur)	Kilogr.	6 60	
		93	— sodium fondu blanc	*Idem.*	5 40	
		94	— stanneux pur	*Idem.*	16 20	
		95	— de strontium	*Idem.*	4 75	
		96	— de zinc pur (distillé)	*Idem.*	18 60	
		97	Chromate neutre de potasse pur	*Idem.*	18 00	
		98	— (bi) de potasse pur	*Idem.*	6 00	
		99	— de strontium	*Idem.*	10 80	
		100	Citrate d'ammoniaque	*Idem.*	19 20	
		101	Cuivre laminé pur	*Idem.*	6 60	
		102	— rouge, limaille et tournure	*Idem.*	5 40	
		103	Cyanure de potassium pur	*Idem.*	38 40	
		104	— (ferri) de potassium cristallisé pur	*Idem.*	10 80	
		105	— (ferro) de potassium cristallisé pur	*Idem.*	8 40	
		106	— (ferro) ferrique (cyanure ferroso-ferrique) [bleu de Prusse soluble Ranvier pour histologie]	*Idem.*	103 20	
		107	Diastase de Merck	*Idem.*	384 00	
		108	Éosine à l'alcool cristallisée de Grübler	*Idem.*	150 00	
		109	— à l'eau de Grübler	*Idem.*	120 00	
		110	Essence de girofle	*Idem.*	32 40	
		111	Étain en lames ou grenaille, pur	*Idem.*	14 40	
		112	Éther pur anhydre distillé sur le sodium	*Idem.*	8 40	
		113	Fer en fil pur, (clavecin)	*Idem.*	4 75	
		114	Fluorescéine de Grübler	*Idem.*	192 00	
		115	Fluorure de calcium naturel pulvérisé	*Idem.*	1 20	
		116	Fuchsine ordinaire	*Idem.*	26 40	
		117	— rubine de Grübler	*Idem.*	144 00	
		118	Gélatine blanche purifiée ordinaire	*Idem.*	7 80	
		119	— extra, solidifiable à 24°, stérilisable à 110°	*Idem.*	14 40	
		120	Glucose pure	*Idem.*	32 50	
		121	Glycérine pure à 30° Baumé	*Idem.*	3 00	
		122	Héliantine (orangé Poirier n° 3)	*Idem.*	54 00	
		123	Hélioxantine (orangé Poirier n° 4)	*Idem.*	38 40	
		124	Hématéine pure de Grübler	Gramme.	1 90	
		125	Hématoxyline purissime de Grübler	*Idem.*	0 60	
		126	Hydrate de baryte cristallisé	*Idem.*	5 40	
		127	Hydroquinone blanche	*Idem.*	26 40	
		128	Hyposulfite de soude chimiquement pur	Gramme.	3 60	
		129	Indigo Bengale	Kilogr.	44 40	
		130	Indigotine cristallisée	*Idem.*	0 85	
		131	Iodure de zinc pur	*Idem.*	72 00	
		132	Lackmoïde	*Idem.*	93 60	
		133	Liqueur de Bareswill	*Idem.*	7 20	
		134	— de Fehling	*Idem.*	6 60	
		135	— de Giemsa	*Idem.*	66 00	
		136	— hydrotimétrique	*Idem.*	4 80	
		137	Lithine caustique	*Idem.*	66 00	
		138	Magnésium en rubans	*Idem.*	102 00	
		139	Molybdate d'ammoniaque pur	*Idem.*	24 00	
		140	Naphtylamine α	*Idem.*	90 00	
		141	Nitro-prussiate de soude	*Idem.*	84 00	

DÉNOMINATION ET CLASSIFICATION DES MATIÈRES ET OBJETS.				ESPÈCE des UNITÉS.	PRIX MINISTÉRIELS.	OBSERVATIONS.
PAR UNITÉ SOMMAIRE.		PAR SUBDIVISION.				
Numéro et libellé.	Subdivision.	Numéros.	Dénominations.		fr. c.	
10 Drogues et médicaments.	B Produits chimiques purs pour laboratoires de chimie et de bactériologie. (Suite.)	142	Orangé G de Grübler	Kilogr.	90 00	
		143	Oxalate d'ammoniaque chimiquement pur	*Idem.*	12 00	
		144	— ferreux	*Idem.*	5 40	
		145	— de potasse neutre	*Idem.*	4 20	
		146	Oxyde de baryum caustique pur	*Idem.*	19 20	
		147	— (bi) de baryum	*Idem.*	3 60	
		148	— noir de cuivre (bioxyde)	*Idem.*	15 60	
		149	— puce de plomb pur	*Idem.*	19 20	
		150	— (proto) de plomb (litharge pure)	*Idem.*	10 60	
		151	Papier de tournesol bleu ou rouge	Feuille.	0 20	
		152	Paraffine dure, fusible à 60°-62°	Kilogr.	6 00	
		153	— ordinaire, fusible à 48°	*Idem.*	4 20	
		154	Permanganate de potasse pur	*Idem.*	5 40	
		155	Phénacétoline	*Idem.*	192 00	
		156	Phlorizine	*Idem.*	360 00	
		157	Phosphate d'ammoniaque pur	*Idem.*	18 00	
		158	— de potasse bibasique pur	*Idem.*	8 40	
		159	— de soude et d'ammoniaque pur	*Idem.*	12 00	
		160	Phosphotungstate de soude pur cristallisé	*Idem.*	75 50	
		161	Phtaléine du phénol	*Idem.*	54 00	
		162	Platine en fil	Gramme.	7 20	
		163	— laminé	*Idem.*	7 20	
		164	— en mousse	*Idem.*	7 20	
		165	— en toile pour brûleur de saccharimètre	*Idem.*	7 20	
		166	Plomb en lame pur	Kilogr.	4 80	
		167	Potasse pure du sulfate	*Idem.*	32 40	
		168	Potassium	*Idem.*	198 00	
		169	Protéinate d'argent (protargol)	*Idem.*	180 00	
		170	Résazurine	*Idem.*	1 10	
		171	Rouge magenta de Grübler	*Idem.*	144 00	
		172	Safranine de Grübler	*Idem.*	156 00	
		173	Sodium	*Idem.*	14 40	
		174	Soude à l'alcool	*Idem.*	7 20	
		175	Soude pure du sulfate	*Idem.*	33 00	
		176	Succinate d'ammoniaque	*Idem.*	33 00	
		177	Sulfate d'alumine pur	*Idem.*	5 10	
		178	— d'ammoniaque pur	*Idem.*	5 40	
		179	— de baryte précipité pur	*Idem.*	7 20	
		180	— de cuivre pur	*Idem.*	4 80	
		181	— de fer pur (ferreux)	*Idem.*	0 90	
		182	— de fer pur (ferrique)	*Idem.*	12 00	
		183	— de fer et d'ammoniaque pur	*Idem.*	6 60	
		184	— (bi) de nickel exempt de cobalt	*Idem.*	39 60	
		185	— (bi) de potasse	*Idem.*	7 80	
		186	Sulfhydrate d'ammoniaque pur	*Idem.*	6 00	
		167	Sulfocyanure d'ammoniaque pur	*Idem.*	10 80	
		188	— de potassium pur	*Idem.*	12 00	
		189	Sulfure de carbone pur bi rectifié	*Idem.*	5 10	
		190	— (Mono) de sodium cristallisé	*Idem.*	14 40	
		191	Tannin à l'éther	*Idem.*	10 20	
		192	Tartrate de potasse neutre pur	*Idem.*	14 40	
		193	— de soude pur cristallisé	*Idem.*	10 20	
		194	Terre d'infusoires	*Idem.*	1 50	

DÉNOMINATION ET CLASSIFICATION DES MATIÈRES ET OBJETS				ESPÈCE des UNITÉS.	PRIX MINISTÉRIELS.	OBSERVATIONS.
PAR UNITÉ SOMMAIRE.		PAR SUBDIVISION.				
Numéro et libellé.	Subdivision.	Numéros.	Dénominations.		fr. c.	
	B PRODUITS CHIMIQUES PURS POUR LABORATOIRES DE CHIMIE ET DE BACTÉRIOLOGIE. (Suite.)	195	Thionine de Merck	Gramme.	0 60	
		196	Toluène pur de 110 à 112°	Kilogr.	10 20	
		197	— ordinaire	*Idem.*	3 00	
		198	Tournesol d'orcine cristallisé	Gramme.	0 95	
		199	Tropéoline	Kilogr.	108 00	
		200	Urée cristallisée pure	*Idem.*	42 00	
		201	Vaniline	*Idem.*	102 00	
		202	— malachite	*Idem.*	156 00	
		203	— de méthyle cristallisé de Grübler	*Idem.*	192 00	
		204	Vésuvine de Grübler	*Idem.*	102 00	
		205	Violet dahlia de Grübler	*Idem.*	108 00	
		206	— de gentiane de Grübler	*Idem.*	108 00	
		207	— de méthylaniline de Grübler	*Idem.*	162 00	
		208	— de méthyle de Grübler	*Idem.*	144 00	
		209	Xylol pur de 136 à 140°	*Idem.*	12 00	
		210	Zinc en grenailles ou en lames exempt d'arsenic	*Idem.*	14 40	
10 **Drogues et médicaments.**	C PRODUITS CHIMIQUES INDUSTRIELS ET DÉSINFECTANTS.	1	Acide chlorhydrique ordinaire du commerce D = 1,17	Kilogr.	0 40	
		2	Acide nitrique ou azotique ordinaire du commerce D = 1,39	*Idem.*	1 00	
		3	Acide oxalique ordinaire	*Idem.*	1 95	
		4	— phénique cristallisé neigeux, naturel ou synthétique, soluble dans l'eau	*Idem.*	3 30	
		5	— phénique liquide brut	*Idem.*	0 90	
		6	— sulfurique ordinaire du commerce D = 1,84	*Idem.*	0 60	
		7	Aldéhyde formique (solution à 40 p. 100)	*Idem.*	0 95	
		8	Alun d'ammoniaque	*Idem.*	0 65	
		9	— de chrome	*Idem.*	0 65	
		10	— de potasse	*Idem.*	0 75	
		11	Ammoniaque liquide ordinaire du commerce D = 0,915	*Idem.*	0 90	
		12	Borate de soude ordinaire pulvérisé	*Idem.*	0 90	
		13	Carbonate de chaux (blanc d'Espagne ou de Meudon)	*Idem.*	0 45	
		14	— de plomb (plombique, blanc de céruse)	*Idem.*	0 75	
		15	— de potasse d'Amérique	*Idem.*	1 35	
		16	— de potasse du commerce	*Idem.*	1 15	
		17	— de soude sec du commerce (sel de soude desséché à 70°; 90 p. 100 de carbonate de soude pur)	*Idem.*	0 50	
		18	— de strontiane naturel pulvérisé	*Idem.*	1 15	
		19	Charbon animal ordinaire (noir d'os, noir animal pulvérisé)	*Idem.*	0 80	
		20	Chlorate de potasse	*Idem.*	2 05	
		21	Chlorhydrate d'ammoniaque pour piles	*Idem.*	1 50	
		22	— — en roche pour soudures	*Idem.*	2 10	
		23	Chlorure de calcium cristallisé	*Idem.*	0 90	
		24	— — desséché	*Idem.*	0 90	
		25	— de chaux sec (hypochlorite de chaux) à 90°	*Idem.*	0 55	
		26	— de potassium	*Idem.*	1 50	
		27	— de sodium blanc	*Idem.*	0 75	
		28	— de zinc liquide pour désinfections D = 1,45	*Idem.*	0 80	
		29	— de zinc solide brut, pour désinfections	*Idem.*	3 15	
		30	Chromate (Bi-) d'ammoniaque	*Idem.*	3 90	

DÉNOMINATION ET CLASSIFICATION DES MATIÈRES ET OBJETS.				ESPÈCE des UNITÉS.	PRIX MINISTÉRIELS.	OBSERVATIONS.
PAR UNITÉ SOMMAIRE.		PAR SUBDIVISION.				
Numéro et libellé.	Subdivision.	Numéros.	Dénominations.			
10 Drogues et médicaments.	C Produits chimiques industriels et désinfectants. (Suite.)	31	Chromate (Bi-) de potasse (chromate rouge de potasse)..	Kilogr.	1 80	
		32	— de potasse neutre	*Idem.*	3 60	
		33	Crésyl (crésyline)	*Idem.*	0 90	
		34	Cyani-ferrure de potassium (prussiate rouge) ordinaire..	*Idem.*	6 60	
		35	Cyano-ferrure de potassium (prussiate jaune) ordinaire..	*Idem.*	3 00	
		36	Cyanure de potassium ordinaire	*Idem.*	4 45	
		37	Hypochlorite de potasse (eau de javello forte 18° Baumé).	*Idem.*	0 60	
		38	— de soude (liqueur de Labarraque)	*Idem.*	0 95	
		39	Hyposulfite de soude	*Idem.*	0 75	
		40	Lessive de potasse ordinaire	*Idem.*	1 05	
		41	— de soude ordinaire à 36° (eau seconde)	*Idem.*	0 75	
		42	Lysol	*Idem.*	3 00	
		43	Nitrate ou azotate de baryte ordinaire	*Idem.*	1 10	
		44	— — de plomb	*Idem.*	1 70	
		45	— — de potasse ordinaire (salpêtre)	*Idem.*	1 20	
		46	— — de soude ordinaire purifié	*Idem.*	0 90	
		47	— — de strontiane ordinaire	*Idem.*	1 45	
		48	Oxalate de potasse (sel d'oseille)	*Idem.*	2 30	
		49	Oxyde (bi-) de maganèse (peroxyde)	*Idem.*	0 90	
		50	— (proto-) de plomb (litharge)	*Idem.*	1 20	
		51	— rouge de plomb fondu (deutoxyde de plomb, minium).	*Idem.*	1 45	
		52	Oxylithe (peroxyde de sodium)	*Idem.*	5 40	
		53	Soufre en canons	*Idem.*	0 55	
		54	— en poudre (fleur de soufre)	*Idem.*	0 55	
		55	Sulfate de cuivre ordinaire (couperose bleue)	*Idem.*	1 20	
		56	— de fer ordinaire (couperose verte)	*Idem.*	0 20	
		57	— de potasse	*Idem.*	1 50	
		58	— de strontiane naturel pulvérisé	*Idem.*	1 20	
		59	— de zinc ordinaire (vitriol blanc)	*Idem.*	0 75	
		60	Sulfure d'antimoine (cristallisé du commerce)	*Idem.*	3 30	
		61	— d'arsenic (bisulfure d'arsenic, réalgar)	*Idem.*	2 10	
		62	— de carbone ordinaire	*Idem.*	1 35	
	D Droguerie, herboristerie et articles divers.	1	Agaric de chêne (amadou), agaric amadouvier choisi...	*Idem.*	0 70	
		2	Aloès du Cap, *dit* Succotrin, pur	*Idem.*	2 45	
		3	Amidon (en aiguilles) premier blanc	*Idem.*	1 20	
		4	Amidon en poudre, n° 1	*Idem.*	1 20	
		5	Anis étoilé (badiane)	*Idem.*	4 20	
		6	— vert (fruit *dit* semence)	*Idem.*	2 45	
		7	Arnica (fleurs)	*Idem.*	2 15	
		8	Assa fœtida (en larmes)	*Idem.*	4 35	
		9	Baume de Tolu, très odorant, 1re qualité, translucide..	*Idem.*	7 60	
		10	Belladone (feuilles)	*Idem.*	2 70	
		11	Benjoin amygdaloïde de Sumatra, n° 1	*Idem.*	8 35	
		12	Beurre de cacao	*Idem.*	7 65	
		13	Boldo (feuilles)	*Idem.*	3 90	
		14	Bourgeons de sapin	*Idem.*	4 85	
		15	Camphre du Japon ordinaire, raffiné, sans papier	*Idem.*	9 10	
		16	Camomille (fleurs) de Paris, extra	*Idem.*	7 65	
		17	Cannelle de Ceylan (écorce)	*Idem.*	10 65	
		18	Carbonate de chaux, marbre blanc concassé	*Idem.*	0 60	

DÉNOMINATION ET CLASSIFICATION DES MATIÈRES ET OBJETS.				ESPÈCE des UNITÉS.	PRIX MINISTÉRIELS.	OBSERVATIONS.
PAR UNITÉ SOMMAIRE.		PAR SUBDIVISION.				
Numéro et libellé.	Subdivision.	Numéros.	Dénominations.		fr. c.	
10 **Drogues et médicaments.**	D DROGUERIE, HERBORISTERIE ET ARTICLES DIVERS. (Suite.)	19	Cire d'abeilles, blanche pure (cire vierge en plaques)	Kilogr.	7 65	
		20	— d'abeilles, jaune	*Idem.*	6 65	
		21	Coca (feuilles)	*Idem.*	7 25	
		22	Cochenille entière	*Idem.*	10 00	
		23	Colchique (semence récente)	*Idem.*	9 40	
		24	Colle de poisson (ichthyocolle en feuilles)	*Idem.*	50 90	
		25	Colombo (racine)	*Idem.*	2 45	
		26	Colophane	*Idem.*	1 00	
		27	Copahu solidifiable (oléo-résine de, baume de)	*Idem.*	9 70	
		28	Créosote de goudron de hêtre (officinale) incolore	*Idem.*	16 35	
		29	Curcuma (racine)	*Idem.*	1 30	
		30	Datura	*Idem.*	3 00	
		31	Dextrine blanche	*Idem.*	1 45	
		32	Digitale pourprée (feuilles mondées)	*Idem.*	2 45	
		33	Elixir de Bonjean (petit flacon)	Flacon.	3 65	
		34	Emeri porphyrisé (tous numéros)	Kilogr.	2 10	
		35	Ergot de seigle (seigle ergoté nouveau)	*Idem.*	7 60	
		36	Fécule de pomme de terre	*Idem.*	0 95	
		37	Genévrier (baies)	*Idem.*	1 10	
		38	Gentiane (racine coupée)	*Idem.*	1 30	
		39	Gélatine en feuille concassée pour bains	*Idem.*	2 45	
		40	Glycérine officinale, D = 1,242	*Idem.*	3 00	
		41	Gomme adragante en plaques blanches	*Idem.*	12 20	
		42	— ammoniaque en larmes	*Idem.*	6 10	
		43	— arabique du Sénégal (blonde)	*Idem.*	3 00	
		44	— gutte	*Idem.*	17 60	
		45	Goudron de houille (coaltar)	*Idem.*	0 95	
		46	— végétal	*Idem.*	1 00	
		47	Houblon (cône)	*Idem.*	4 85	
		48	Huile d'amandes douces vraie	*Idem.*	10 30	
		49	— de cade vraie	*Idem.*	2 75	
		50	— de chaulmoogra	*Idem.*	16 95	
		51	— de croton tiglium pure	*Idem.*	19 40	
		52	— empyreumatique (huile de cade vétérinaire)	*Idem.*	2 45	
		53	— de foie de morue brune ou blonde	*Idem.*	2 15	
		54	— de lin	*Idem.*	2 45	
		55	— de naphte rectifiée incolore	*Idem.*	2 95	
		56	— de pavot (œillettes)	*Idem.*	3 05	
		57	— de ricin exprimée à froid, blanche extra	*Idem.*	2 45	
		58	— de vaseline médicinale	*Idem.*	3 35	
		59	— volatille d'amande amère (véritable)	*Idem.*	66 70	
		60	— — d'anis vert	*Idem.*	44 90	
		61	— — de citron	*Idem.*	27 90	
		62	— — d'eucalyptus	*Idem.*	17 05	
		63	— — de lavande fine	*Idem.*	48 50	
		64	— — de menthe (anglaise) surfine	*Idem.*	151 55	
		65	— — de romarin fine	*Idem.*	18 20	
		66	— — de térébenthine vraie rectifiée	*Idem.*	1 80	
		67	— — de thym (blanche)	*Idem.*	22 45	
		68	Ichthyol	*Idem.*	50 95	
		69	Ipéca (ou ipécacuanha) officinal (Rio sauvage) racine triée extra	*Idem.*	36 50	
		70	Jaborandi (feuilles)	*Idem.*	5 75	

DÉNOMINATION ET CLASSIFICATION DES MATIÈRES ET OBJETS.				ESPÈCE des UNITÉS.	PRIX MINISTÉRIELS.	OBSERVATIONS.
PAR UNITÉ SOMMAIRE.		PAR SUBDIVISION.				
Numéro et libellé.	Subdivision.	Numéros.	Dénominations.		fr. c.	
10 **Drogues et médicaments.**	**D** DROGUERIE, HERBORISTERIE ET ARTICLES DIVERS. (Suite.)	71	Jalap officinal (résine de) blanche extra	Kilogr.	109 15	
		72	Jalap (racine de) lourd, triée	*Idem.*	4 15	
		73	Kola (noix concassée, torrifiée)	*Idem.*	3 65	
		74	Laminaria digitata (tiges assorties)	Nombre.	0 60	
		75	Lanoline anhydre pure	Kilogr.	12 15	
		76	Lin (semences mondées)	*Idem.*	0 85	
		77	Lycopode tamisée	*Idem.*	12 15	
		78	Manne en larmes, blanche, nouvelle	*Idem.*	13 35	
		79	Mastic en larmes	*Idem.*	10 90	
		80				
		81	Miel blanc fin	*Idem.*	2 05	
		82	— jaune	*Idem.*	1 70	
		83	Moutarde noire (semence)	*Idem.*	1 10	
		84	Noix vomiques entières	*Idem.*	1 45	
		85	Opium de Smyrne, *naturel*	*Idem.*	72 75	
		86	Oranges amères (écorce d')	*Idem.*	2 75	
		87	Orge perlé	*Idem.*	1 10	
		88	Pavot blanc ou officinal (capsules entières et moyennes)	Le cent.	6 05	
		89	Podophilline (résine)	Kilogr.	60 65	
		90	Poix blanche (poix de Bourgogne purifiée)	*Idem.*	1 10	
		91	— noire	*Idem.*	1 00	
		92	Poudre de belladone (feuilles)	*Idem.*	4 36	
		93	Poule de cannelle de Ceylan	*Idem.*	12 15	
		94	— de cantharides	*Idem.*	21 85	
		95	— de cascara sagrada	*Idem.*	4 85	
		96	— de charbon de peuplier, léger	*Idem.*	1 50	
		97	— de colombo	*Idem.*	3 65	
		98	— de cubèbe (poudre de poivre cubèbe)	*Idem.*	9 70	
		99	— de digitale (feuilles)	*Idem.*	4 25	
		100	— de gentiane (racines)	*Idem.*	3 05	
		101	— de gomme adragante, Syrie, 1er blanc	*Idem.*	15 15	
		102	— de gomme arabique	*Idem.*	5 45	
		103	— de graine de lin (farine de lin)	*Idem.*	0 95	
		104	— d'ipécacuanha [poudre d'ipéca]	*Idem.*	41 25	
		105	— de jalap	*Idem.*	6 05	
		106	— de moutarde déshuilée pour l'usage vétérinaire	Boîte.	1 70	
		107	— de moutarde noire	Kilogr.	1 45	
		108	— de noix vomique	*Idem.*	3 30	
		109	— de pyrèthre (fleurs)	*Idem.*	6 70	
		110	— de réglisse (ratissée)	*Idem.*	3 35	
		111	— de rhubarbe (de Chine)	*Idem.*	8 50	
		112	— de scammonée (résine)	*Idem.*	94 60	
		113	— de scille (squames)	*Idem.*	4 20	
		114	— de semen-contra	*Idem.*	4 80	
		115	— de valériane	*Idem.*	3 90	
		116	Quassia amara (en copeaux)	*Idem.*	1 70	
		117	Quillaya saponaria (écorces)	*Idem.*	2 15	
		118	Réglisse (racine)	*Idem.*	1 20	
		119	Rhubarbe de Chine, entière (1er choix)	*Idem.*	7 90	
		120	Safran du Gâtinais, nouveau	*Idem.*	163 70	
		121	Salsepareille (racine fendue et coupée)	*Idem.*	4 55	

DÉNOMINATION ET CLASSIFICATION DES MATIÈRES ET OBJETS.				ESPÈCE des UNITÉS.	PRIX MINISTÉRIELS.	OBSERVATIONS.
PAR UNITÉ SOMMAIRE.		PAR SUBDIVISION.				
Numéro et libellé.	Subdivision.	Numéros.	Dénominations.			
10 **Drogues et médicaments.**	**D** DROGUERIE, HERBORISTERIE ET ARTICLES DIVERS. (Suite.)	122	Savon vert (savon noir) 45 p. 100 d'eau	Kilogr.	0 90	
		123	Scammonée d'Alep, haut titre	*Idem.*	84 90	
		124	Scammonée (résine de) blanche extra	*Idem.*	85 95	
		125	Semen-contra	*Idem.*	3 65	
		126	Sené Paltbe (feuilles mondées)	*Idem.*	3 65	
		127	— — (follicules mondées)	*Idem.*	4 20	
		128	Simarouba (racine de)	*Idem.*	4 20	
		129	Sinapismes (feuilles)	Nombre.	1 05	
		130	Térébentine de Venise	Kilogr.	4 80	
		131	Thé noir (suchong) sans poussière, débris, ni tigelles, extra	*Idem.*	7 20	
		132	Thé vert (hiswen) sans poussière, débris, ni tigelles, extra	*Idem.*	7 80	
		133	Tilleul avec bractées	*Idem.*	5 75	
		134	Tournesol en pains	*Idem.*	3 65	
		135	Tourteaux de farine de graine de lin	*Idem.*	0 65	
		136	Turbith (racine)	*Idem.*	4 85	
		137	Valériane officinale (racine)	*Idem.*	1 80	
		138	Vaseline blanche (pétroléine inodore)	*Idem.*	3 65	
		139	Vaseline blonde	*Idem.*	3 00	
		140	Vernis incolore pour étiquettes	Litre.	8 40	
		141	Boîtes à pilules assorties (carton)	Cent.	9 70	
		142	— carrées à tiroirs, assorties de grandeur	*Idem.*	10 90	
		143	Boîtes dites du Tyrol, différents numéros	*Idem.*	4 80	
		144	Bouchons pour bocaux de 6 à 15 centimètres	*Idem.*	18 00	
		145	— à bonde, pour col droit	*Idem.*	15 75	
		146	— pour bouteilles de 2 à 3 litres	*Idem.*	3 85	
		147	— à bouteilles, fins	*Idem.*	2 40	
		148	— à demi-bouteille, fins	*Idem.*	1 80	
		149	— à dame-jeanne	*Idem.*	13 20	
		150	— à eaux minérales, fins, légèrement coniques	*Idem.*	3 00	
		151	— à litre, fins, légèrement coniques	*Idem.*	2 40	
		152	— à demi-litre, fins, légèrement coniques	*Idem.*	1 80	
		153	— à rouleau, fins	*Idem.*	1 35	
		154	— à topette, fins	*Idem.*	1 10	
		155	Cacheteur Limousin	Nombre.	30 30	
		156	Cachets, Enazyme n° 0	Mille.	3 30	
		156 bis	— — n° 1	*Idem.*	3 30	
		157	— — n° 2	*Idem.*	3 30	
		158	— — n° 3	*Idem.*	3 30	
		159	— — n° 4	*Idem.*	3 30	
		160	Cartes blanches	Kilogr.	3 00	
		161	Carton en feuilles, pour fractures, format raisin	*Idem.*	1 00	
		162	Cire à cacheter les bouteilles (toutes couleurs)	*Idem.*	1 55	
		163	Cire Golaz	*Idem.*	8 40	
		164	Cornes à lanternes	Nombre.	1 50	
		165	Doigtiers en caoutchouc	*Idem.*	0 60	
		166	Éponges communes de l'espèce dite Gerbis, 1re qualité, dépouillées de tout sable.	Kilogr.	66 70	
		167	Éponges fines, dépouillées de tout sable, assorties, de 5 à 30 grammes.	*Idem.*	109 15	
		168	Étain laminé en feuilles minces (papier d'étain)	*Idem.*	9 60	
		169	Étiquettes en papier rouge orangé portant le mot *Poison*.	Mille.	2 40	

DÉNOMINATION ET CLASSIFICATION DES MATIÈRES ET OBJETS.				ESPÈCE des UNITÉS.	PRIX MINISTÉRIELS.	OBSERVATIONS.
PAR UNITÉ SOMMAIRE.		PAR SUBDIVISION.				
Numéro et libellé.	Subdivision.	Numéros.	Dénominations.		fr. c.	
10 **Drogues et médicaments.**	D DROGUERIE, HERBORISTERIE ET AUTRES ARTICLES. (Suite.)	170	Étiquettes en papier fort n° 1, 6 centim. 1/2	Mille.	5 85	
		171	— — n° 2, 8 centimètres..........	*Idem.*	5 85	
		172	— — n° 3, 8 centim. 1/2..........	*Idem.*	5 85	
		173	— — n° 4, 10 centimètres..........	*Idem.*	5 85	
		174	— — n° 5, 10 centim. 1/2..........	*Idem.*	5 85	
		175	— sur papier fort : Usage externe............	*Idem.*	2 40	
		176	Gants en laine pour friction......................	Nombre.	3 00	
		177	— en crin (moufle, 1er choix) bonne qualité........	*Idem.*	3 00	
		178	Liège en planche (épaisseur 3 cm. au minimum).......	Kilogr.	4 85	
		178 bis	Molleton de coton blanc, de 75 cm. de largeur........	Mètre.	4 20	
		179	— de laine blanche, de 75 cm. de largeur.......	*Idem.*	5 10	
		180	Papier à filtrer, blanc, format carré................	Rame.	13 20	
		181	— — gris, —	*Idem.*	10 80	
		182	— blanc pour étiquettes (format pot à 4 kilogrammes la rame).	*Idem.*	4 15	
		183	— émeri..................................	Feuille.	0 20	
		184	— goudron, double-jésus, de 30 kilogrammes......	Rame.	19 40	
		185	Parchemin animal en feuilles......................	Kilogr.	19 40	
		185 bis	— végétal en feuilles......................	*Idem.*	3 00	
		186	Peau de mouton, blanche, pour emplâtre de $0^m35 \times 0^m55$.	Nombre.	6 00	
		187	Pierre-ponce en morceaux.........................	Kilogr.	0 90	
		188	Pinceaux à colle, petits..........................	Nombre.	0 20	
		189	— fins à collyre.........................	*Idem.*	0 30	
		190	Plombagine (mine de plomb)........................	Kilogr.	0 90	
		191	Poires en caoutchouc, noir ou rouge, avec canules en os effilé, pour urèthre, lavements ou injections. Contenant 15 grammes.	Nombre.	3 60	
		192	— 65 —	*Idem.*	4 20	
		193	— 120 —	*Idem.*	5 40	
		194	— 230 —	*Idem.*	7 45	
		195	— 320 —	*Idem.*	8 65	
		196	Poudre de talc...................................	Kilogr.	0 60	
		197	Ruban de fil à sétons usité par les vétérinaires.........	Nombre.	1 50	
		198	Sacs en papier, doubles, assortis....................	Cent.	5 70	
		199	— — goudron, doubles, assortis...........	*Idem.*	5 70	
		200	— toile de 5 à 10 kilogrammes................	Nombre.	1 35	
		201	Taffetas gommé à deux couches, avec papier paraffiné interposé..................................	Mètre.	2 15	
		202	Tétines en caoutchouc noir, assorties, forme pis de vache..	Nombre.	0 60	
		203	Toile de crin pour filtrer, de 45 cm. carrés...........	Morceaux.	3 60	
		204	Tripoli en poudre...............................	Kilogr.	0 75	
	E SELS DE QUININE ET QUINQUINAS (POUDRE ET ÉCORCE).	1	Bromhydrate basique de quinine....................	Kilogr.	68 00	
		2	— neutre de quinine....................	*Idem.*	82 00	
		3	Chlorhydrate basique de quinine....................	*Idem.*	68 00	
		4	— neutre de quinine....................	*Idem.*	82 00	
		5	Chlorhydro sulfate de quinine......................	*Idem.*	76 00	
		6	Sulfate basique de quinine........................	*Idem.*	61 00	
		7	Valérianate de quinine...........................	*Idem.*	80 00	
		8	Tannate de Quinine..............................	*Idem.*	62 00	
		9	.....	*Idem.*		
		10	.....	*Idem.*		
		11	Écorce de quinquina.............................	*Idem.*	3 95	
		12	Poudre de quinquina.............................	*Idem.*	4 50	
		13	.....	*Idem.*		
		14	.....	*Idem.*		

DÉNOMINATION ET CLASSIFICATION DES MATIÈRES ET OBJETS				ESPÈCE des UNITÉS.	PRIX MINISTÉRIELS.	OBSERVATIONS.
PAR UNITÉ SOMMAIRE.		PAR SUBDIVISION.				
Numéro et libellé.	Subdivision.	Numéros.	Dénominations.		fr. c.	
10 **Drogues et médicaments.**	F COMPRIMÉS.	1	Comprimés de chlorhydrate de quinine	Kilogr.	(1) 125 00	(1) Ces comprimés peuvent être de 0g 50, 0g 25, 0g 125, sans variations de prix; ils sont livrés en étuis de verre blanc contenant 25 grammes de sel de quinine. (2) En étui de verre blanc. (3) En étui de verre blanc contenant 100 gr. de chlorate de potasse. (4) En étui de verre blanc contenant 100 gr. de bichlorure.
		2	— de sulfate de quinine	*Idem.*	(1) 92 00	
		3	— de Vichy	Étui.	(2) 0 90	
		4	— de chlorate de potasse	*Idem.*	(3) 1 00	
		5	— de bichlorure de mercure	*Idem.*	(4) 1 90	
		6	.....	*Idem.*		
		7	.....	*Idem.*		
	G BROMURES ET IODURES.	1	Bromure de potassium	Kilogr.	3 75	
		2	— de sodium desséché	*Idem.*	4 40	
		3	— de camphre	*Idem.*	22 50	
		4	— d'ammonium	*Idem.*	5 00	
		5	Iode sublimé pur	*Idem.*	32 00	
		6	Iodoforme pulvérisé	*Idem.*	40 00	
		7	Iodol	*Idem.*	150 00	
		8	Iodure mercureux	*Idem.*	27 50	
		9	— mercurique	*Idem*	30 00	
		10	— de potassium	*Idem.*	27 50	
		11	— de sodium cristallisé anhydre	*Idem.*	31 25	
		12	— de plomb	*Idem.*	25 00	
		13	.....	*Idem.*		
		14	.....	*Idem.*		
	H EAUX MINÉRALES DIVERSES. — SELS DE VICHY.	1	Eaux de Vichy (Célestins, Grande grille, Hôpital)	Bouteille.	0 60	
		2	Eau du Boulou	*Idem.*	0 60	
		3	— de Contrexéville	*Idem.*	0 70	
		4	— de Vittel	*Idem.*	0 90	
		5	— de Saint-Galmier	*Idem.*	0 40	
		6	— de Carabana	*Idem.*	1 25	
		7	.....	*Idem.*		
		8	.....	*Idem.*		
		9	.....	*Idem.*		
		10	Sels naturels de Vichy	Flacon de 500 gr.	3 15	
	I SPÉCIALITÉS PHARMACEUTIQUES, ET SÉRUMS.	1	Chloroforme en tubes Dumouthiers	Tube.	3 00	
		2	— — —	1/2 tube.	1 60	
		3	Ouataplasmes comprimés (paquet de 5)	Paquet.	4 90	
		4	— — (paquet de 10)	*Idem.*	9 75	
		5	Gutta-percha laminée (paquets de 5 feuilles)	*Idem.*	1 30	
		6	Tœnifuge Duhoucau	Dose.	3 00	
		7	Pelletiérine Tanret	*Idem.*	4 35	
		8	.....	*Idem.*		
		9	Sérum antidiphtérique	*Idem.*		
		10	— antimeningococcique	*Idem.*		
		11	— antipesteux	*Idem.*		
		12	— antistreptococcique	*Idem.*		
		13	— antitétanique	*Idem.*		
		14	— antivenimeux	*Idem.*		
		15	—	*Idem.*		
		16	.....	*Idem.*		

DÉNOMINATION ET CLASSIFICATION DES MATIÈRES ET OBJETS.				UNITÉ	PRIX	MUSETTES.			NOMENCLATURE DÉTAILLÉE.																				
PAR UNITÉ SOMMAIRE.		PAR SUBDIVISION.							PANIERS.																				
Numéro et libellé.	Subdivision.	Numéros.	Dénominations.	RÉGLEMENTAIRE.	MINISTÉRIEL.	Médicaments.	Pansements.	HAVRESAC.	1	1 bis	2	2 bis	3	4	0	00	5	5 bis	5 ter	6	6 bis	7	7 bis	7 ter	8	8 bis	8 ter	9	TOTAUX.
					fr. c.																								
		1	Acétate d'ammoniaque	Kilogr.	5 80	″	″	″	″	″	″	″	″	″	″	″	0,120	0,120	″	″	″	″	″	″	″	″	″	″	0,240
		2	Acide arsénieux, granules 1 m/m	Nombre.	1 00	″	″	″	″	″	″	″	″	″	″	″	200	200	″	″	″	″	″	″	″	″	″	″	400
		3	Acide borique	Kilogr.	1 20	″	″	″	″	0,150	″	″	0,150	″	″	″	″	″	″	″	″	″	″	″	″	″	″	″	0,300
		4	Acide chrysophanique et oxyde de zinc	Idem.	7 75	″	″	″	″	″	″	″	″	″	″	″	″	″	″	0,200	0,200	″	″	″	″	″	″	″	0,400
		5	Acide citrique	Idem.	7 75	″	″	″	″	″	″	″	″	″	″	″	0,300	0,300	″	″	″	″	″	″	″	″	″	″	0,600
		6	Acide picrique, comprimés 0g 50	Idem.	10 30	″	″	″	″	″	″	″	″	″	″	″	″	″	″	0,240	0,240	″	″	″	″	″	″	″	0,480
		7	Alcool à 90°	Idem.	1 30	″	″	″	1	0,050	″	″	0,050	1	″	″	″	″	″	0,100	0,100	″	″	″	″	″	″	″	2,300
		8	Alcoolé de belladone	Idem.	3 25	″	″	″	″	″	″	″	″	″	″	″	0,050	0,050	″	″	″	″	″	″	″	″	″	″	0,100
		9	Alcoolé d'iode	Idem.	7 10	0,050	″	0,050	″	″	″	″	″	″	″	″	″	″	″	″	″	″	″	″	″	″	″	″	0,100
		10	Alcoolé de noix vomique	Idem.	5 15	″	″	″	″	0,050	″	″	0,050	″	″	″	″	″	″	″	″	″	″	″	″	″	″	″	0,100
		11	Alcoolé d'opium	Idem.	10 30	0,150	″	0,150	″	0,200	″	″	0,200	″	″	″	″	″	″	″	″	″	″	″	″	″	″	″	0,700
		12	Antipyrine, comprimés 0g 50	Idem.	32 15	″	″	″	″	0,125	″	″	0,125	″	″	″	″	″	″	0,125	1,125	″	″	″	″	″	″	″	0,500
		13	Assiettes creuses en fer battu	Nombre.	0 80	″	″	″	″	″	″	″	″	″	″	″	″	″	″	″	″	″	″	″	18	20	″	″	38
		14	Attelles en aluminium de 0m 18, série de 4	Idem.	2 40	″	1	2	″	″	3	″	″	3	″	″	″	″	″	″	″	1	2	″	″	″	″	″	12
		15	Attelles en aluminium de 0m 25, série de 3	Idem.	3 40	″	1	2	″	″	3	″	″	3	″	″	″	″	″	″	″	1	2	″	″	″	″	″	12
		16	Attelles en aluminium de 0m 30, série de 4	Idem.	4 45	″	1	2	″	″	3	″	″	3	″	″	″	″	″	″	″	1	2	″	″	″	″	″	12
		17	Attelles en aluminium de 0m 36, série de 5	Idem.	6 20	″	″	″	″	″	3	″	″	3	″	″	″	″	″	″	″	1	2	″	″	″	″	″	9
		18	Azotate d'argent cristallisé	Kilogr.	102 00	″	″	″	″	0,010	″	″	0,010	″	″	″	″	″	″	″	″	″	″	″	″	″	″	″	0,020
		19	Bandage carré en toile	Nombre.	0 90	″	″	″	2	1	2	″	1	2	″	″	″	″	″	″	″	″	″	″	″	″	″	″	8
		20	Bandage de corps toile	Idem.	1 95	″	″	2	4	2	2	″	2	2	″	″	″	″	″	″	″	″	″	″	″	″	″	″	14
		21	Bandage en T en toile	Idem.	0 85	″	″	″	2	1	2	″	1	2	″	″	″	″	″	″	″	″	″	″	″	″	″	″	8
		22	Bandage triangulaire toile	Idem.	0 80	″	″	″	2	1	2	″	1	1	″	″	″	″	″	″	″	″	″	″	″	″	″	″	7
		23	Bande en coton de 3m × 0m 04, paquet de 10	Idem.	0 65	″	″	2	2	1	1	″	1	1	″	″	″	″	″	″	″	″	″	″	″	″	″	″	8
11 Outillage, instruments et appareils divers.	A Objets pour le service de santé en campagne.	24	Bande en coton de 5m × 0m 05, paquet de 10	Idem.	1 25	″	2	1	1	1	2	″	1	3	″	″	″	″	″	1	1	″	″	″	″	″	″	″	15
		25	Bande en coton de 10m × 0m 055, paquet de 5	Idem.	1 60	″	″	″	1	″	1	″	″	3	″	″	″	″	″	2	2	″	″	″	″	″	″	″	9
		26	Bande en gaze de 3m × 0m 04, paquet de 10	Idem.	0 50	″	″	″	2	1	1	″	1	″	″	″	″	″	″	″	″	″	″	″	″	″	″	″	5
		27	Bande en gaze de 5m × 0m 05, paquet de 10	Idem.	0 90	″	1	2	3	1	2	″	1	2	″	″	″	″	″	″	″	″	″	″	″	″	″	″	12
		28	Bande en gaze de 10m × 0m 10, paquet de 5	Idem.	1 65	″	″	″	1	1	1	″	″	1	″	″	″	″	″	″	″	″	″	″	″	″	″	″	4
		29	Bande en toile de 5m × 0m 05, paquet de 10	Idem.	4 45	″	″	″	″	″	1	″	″	″	″	″	″	″	″	″	″	″	″	″	″	″	″	″	1
		30	Bande en caoutchouc pour l'hémostase	Idem.	2 25	″	1	1	1	1	1	″	″	″	″	″	″	″	″	″	″	″	″	″	″	″	″	″	5
		31	Bassin de lit en tôle émaillée	Idem.	5 90	″	″	″	″	″	″	″	″	″	″	″	″	″	″	″	″	″	″	″	″	″	2	″	2
		32	Bicarbonate de soude, comprimés 0g 50	Kilogr.	4 55	″	″	″	″	″	″	″	″	″	″	″	0,200	0,200	″	″	″	″	″	″	″	″	″	″	0,400
		33	Bidon de campement	Nombre.	4 90	″	″	″	″	″	″	″	″	″	1	″	″	″	″	″	″	″	″	″	″	″	″	″	1
		34	Bidon pour alcool à 90°	Idem.	4 55	″	″	″	1	″	″	″	″	1	″	″	″	″	″	″	″	″	″	″	″	″	″	″	2
		35	Bidon pour cantine	Idem.	2 45	″	″	″	″	″	″	″	″	″	3	″	″	″	″	″	″	″	″	″	″	″	″	″	3
		36	Bidon pour huile	Idem.	2 25	″	″	″	″	″	″	″	″	″	″	″	″	″	″	″	″	″	″	″	1	″	″	″	1
		37	Billet d'ambulance	Le cent.	4 55	″	″	″	″	″	″	″	″	″	″	″	″	″	″	″	″	″	″	″	″	″	″	100	100
		38	Billet d'évacuation	Idem.	11 60	″	″	″	″	″	″	″	″	″	″	″	″	″	″	″	″	″	″	″	″	″	″	100	100
		39	Bismuth (sous-nitrate)	Kilogr.	32 45	″	″	″	″	0,150	″	″	0,150	″	″	″	″	″	″	″	″	″	″	″	″	″	″	″	0,300
		40	Bock-laveur fermé	Nombre.	12 90	″	″	1	1	1	1	″	″	1	″	″	″	″	″	″	″	1	″	″	″	″	″	″	6
		41	Boîtes à vis pour vaseline, Pharmacie A	Idem.	1 00	1	″	1	″	″	″	″	″	″	″	″	″	″	″	″	″	″	″	″	″	″	″	″	2
		42	Boîtes à vis pour vaseline, Pharmacie B	Idem.	1 30	″	″	″	″	1	″	2	1	″	″	″	″	″	″	″	″	″	″	″	″	″	″	″	4
		43	Boîtes à couvercle pour ampoules, Pharmacie A	Idem.	0 55	2	″	2	″	″	″	″	″	″	″	″	″	″	″	″	″	″	″	″	″	″	″	″	4
		44	Boîtes à couvercle pour comprimés, Pharmacie A	Idem.	1 00	10	″	10	″	″	″	″	″	″	″	″	″	″	″	″	″	″	″	″	″	″	″	″	20
		45	Boîte soudée à bande pour réserve de quinine	Idem.	1 00	″	″	″	″	″	″	″	″	″	″	″	″	″	16	″	″	″	″	″	″	″	″	″	16
		46	Boîte à anneau, grande	Idem.	1 00	″	″	″	″	34	″	12	34	″	″	″	32	32	″	27	27	″	″	″	″	″	″	″	198
		47	Boîte à anneau, petite	Idem.	0 80	″	″	″	″	3	″	″	3	″	″	″	2	2	″	″	″	″	″	″	″	″	″	″	10
		48	Boîte plumier	Idem.	2 90	″	″	″	1	1	1	″	″	″	″	″	1	1	″	″	″	″	″	″	″	″	″	1	6
		49	Boîte pour bougies, plate	Idem.	0 70	″	″	″	″	″	5	″	″	″	8	″	″	″	″	″	″	″	″	″	″	″	″	″	13
		50	Boîte pour filtre	Idem.	3 60	″	″	″	″	″	″	″	″	″	1	″	″	″	″	″	″	″	″	″	″	″	″	″	1
		51	Boîte pour café	Idem.	2 60	″	″	″	″	″	″	″	″	″	″	″	″	″	″	″	″	″	″	″	2	″	″	″	2

DÉNOMINATION ET CLASSIFICATION DES MATIÈRES ET OBJETS. — PAR UNITÉ SOMMAIRE. Numéro et libellé.	Subdivision.	PAR SUBDIVISION. Numéros.	Dénominations.	UNITÉ RÉGLEMENTAIRE.	PRIX MINISTÉRIEL. fr. c.	NOMENCLATURE DÉTAILLÉE. — MUSETTES. Médicaments.	Pansements.	HAVRESAC.	PANIERS. 1	1 bis	2	2 bis	3	4	0	00	5	5 bis	5 ter	6	6 bis	7	7 bis	7 ter	8	8 bis	8 ter	9	TOTAUX.
		52	Boîte pour poivre	Nombre.	1 30	″	″	″	″	″	″	″	″	″	″	″	″	″	″	″	″	″	″	″	1	″	″	″	1
		53	Boîte pour sel	Idem.	2 60	″	″	″	″	″	″	″	″	″	″	″	″	″	″	″	″	″	″	″	1	″	″	″	1
		54	Boîte pour papeterie	Idem.	23 15	″	″	″	″	″	″	″	″	″	″	″	″	″	″	″	″	″	″	″	″	″	″	1	1
		55	Bouchons de liège	Idem.	0 05	6	″	6	″	″	″	″	″	″	″	″	″	″	60	″	″	″	″	″	″	″	″	″	72
		56	Bouchons en caoutchouc	Idem.	0 40	2	″	2	″	1	″	″	1	″	″	″	″	″	″	″	″	″	″	″	″	″	″	″	6
		57	Bougie pour lanterne pliante et bougeoir	Kilogr.	1 95	″	″	″	1	0,500	″	″	0,500	″	2	″	″	″	″	″	″	″	″	″	″	″	″	2	6
		58	Bougie pour brancardier et ronde, boîte de 10	Nombre.	1 30	″	″	″	″	″	5	″	″	″	8	″	″	″	″	″	″	″	″	″	″	″	″	″	13
		59	Bougie pour lanterne-applique	Kilogr.	1 95	″	″	″	″	″	″	″	″	″	″	″	″	″	″	″	″	″	″	″	″	″	5	″	5
		60	Bougeoir pliant	Nombre.	15 45	″	″	″	″	″	″	″	″	″	2	″	″	″	″	″	″	″	″	″	″	″	″	1	3
		61	Brassard de neutralité	Idem.	0 70	″	″	″	″	″	″	″	″	″	″	″	″	″	″	″	″	″	″	″	″	″	″	50	50
		62	Broche de campement	Idem.	7 10	″	″	″	″	″	″	″	″	″	″	″	″	″	″	″	″	″	″	″	″	″	1	″	1
		63	Bromure de potassium, comprimés, 0g50	Kilogr.	15 45	″	″	″	″	″	″	″	″	″	″	″	0,180	0,180	″	″	″	″	″	″	″	″	″	″	0,360
		64	Brosse à antisepsie	Nombre.	0 70	″	″	″	2	1	1	″	1	1	″	″	″	″	″	″	″	1	″	″	″	″	″	″	7
		65	Cadenas à vis	Idem.	1 95	″	″	″	2	2	2	2	2	2	2	2	2	2	2	2	2	2	2	2	2	2	2	2	40
		66	Cafetière pliante	Idem.	5 80	″	″	″	″	″	″	″	″	″	″	″	″	″	″	″	″	″	″	″	1	1	″	″	2
		67	Caféine, comprimés, 0g50	Kilogr.	90 05	″	″	″	″	0,060	″	″	0,060	″	″	″	″	″	″	″	″	″	″	″	″	″	″	″	0,120
		68	Cahier de visite	Nombre.	0 05	″	″	″	″	″	″	″	″	″	″	″	″	″	″	″	″	″	″	″	″	″	″	1	1
		69	Calomel, comprimés 0g50	Kilogr.	11 35	0,050	″	0,050	″	0,050	″	″	0,050	″	″	″	″	″	″	″	″	″	″	″	″	″	″	″	0,200
		70	Canif	Nombre.	1 60	″	″	″	″	″	″	″	″	″	″	″	″	″	″	″	″	″	″	″	″	″	″	1	1
		71	Canule à lavement en gomme	Idem.	0 80	″	″	1	1	1	1	″	″	1	″	″	″	″	″	″	″	1	″	″	″	″	″	″	6
		72	Canule à robinet, effilée	Idem.	1 95	″	″	1	1	1	1	″	″	1	″	″	″	″	″	″	″	1	″	″	″	″	″	″	6
		73	Carnet médical	Idem.	1 05	″	″	″	1	1	1	″	″	″	″	″	″	″	″	″	″	″	″	″	″	″	″	1	4
		74	Casier en sapin pour intérieur de panier	Idem.	10 95	″	″	″	″	″	″	″	″	″	2	1	″	″	4	″	″	″	″	1	2	1	1	2	14
11. Outillage, instruments et appareils divers.	A. Objets pour le service de santé en campagne. (Suite.)	75	Casier en chêne pour ampoules et tubes chlorure d'éthyle	Idem.	4 20	″	″	″	″	″	″	9	″	″	″	″	″	″	″	″	″	″	″	″	″	″	″	″	9
		76	Casserole bombée moyenne	Idem.	4 20	″	″	″	″	″	″	″	″	″	″	″	″	″	″	″	″	″	″	″	″	1	″	″	1
		77	Casserole bombée petite	Idem.	3 25	″	″	″	″	″	″	″	″	″	″	″	″	″	″	″	″	″	″	″	″	1	″	″	1
		78	Casserole daubière	Idem.	4 55	″	″	″	″	″	″	″	″	″	″	″	″	″	″	″	″	″	″	″	1	″	″	″	1
		79	Casserole carrée	Idem.	11 60	″	″	″	″	″	″	″	″	″	″	″	″	″	″	″	″	″	″	″	1	″	″	″	1
		80	Chloroforme Dumouthiers, 1/2 tube	Kilogr.	1 90	″	″	″	″	″	″	18	″	″	″	″	″	″	″	″	″	″	″	″	″	″	″	″	18
		81	Chloroforme pur	Idem.	7 10	″	″	″	″	″	″	″	″	″	″	″	″	″	″	0,200	0,200	″	″	″	″	″	″	″	0,400
		82	Chlorate de potasse, comprimés 0g50	Idem.	3 90	″	″	″	″	0,250	″	″	0,250	″	″	″	″	″	″	″	″	″	″	″	″	″	″	″	0,500
		83	Chloral hydraté	Nombre.	10 30	″	″	″	″	″	″	″	″	″	″	″	0,250	0,250	″	″	″	″	″	″	″	″	″	″	0,500
		84	Chlorure d'éthyle, tubes	Idem.	3 25	″	″	″	″	″	″	6	″	″	″	″	″	″	″	6	6	″	″	″	″	″	″	″	18
		85	Chlorure d'éthyle en ampoules	Idem.	0 65	″	″	″	″	″	″	100	″	″	″	″	″	″	″	″	″	″	″	″	″	″	″	″	100
		86	Ciseaux à linge	Idem.	4 50	″	″	″	1	″	1	″	″	1	″	″	″	″	″	″	″	1	″	″	″	″	″	″	4
		87	Ciseaux forts coudés	Idem.	5 15	″	″	″	″	″	1	″	″	″	″	″	″	″	″	″	″	″	″	″	″	″	″	″	1
		88	Cocaïne (chlorhydrate), lentilles 0g01	Kilogr.	2 60	″	″	″	″	0,100	″	″	0,100	″	″	″	″	″	″	″	″	″	″	″	″	″	″	″	0,200
		89	Collodion au kaori	Nombre.	7 75	0,050	″	0,050	″	0,100	″	″	0,100	″	″	″	″	″	″	″	″	″	″	″	″	″	″	″	0,300
		90	Compresses en coton, grandes, paquet de 5	Idem.	1 35	″	″	″	1	″	2	″	1	″	″	″	″	″	″	″	″	″	″	″	″	″	″	″	4
		91	Compresses en coton, moyennes, paquet de 5	Idem.	0 70	″	″	″	1	1	2	″	1	″	″	″	″	″	″	″	″	″	″	″	″	″	″	″	5
		92	Compresses en coton, petites, en paquet de 10	Idem.	0 75	″	″	2	1	1	1	″	″	″	″	″	″	″	″	″	″	″	″	″	″	″	″	″	5
		93	Compresses en gaze, grandes, paquet de 5	Idem.	0 70	″	″	″	5	2	2	″	2	2	″	″	″	″	″	12	12	″	″	″	″	″	″	″	37
		94	Compresses en gaze, moyennes, paquet de 5	Idem.	0 40	″	1	1	10	5	2	″	5	5	″	″	″	″	″	12	12	″	″	″	″	″	″	″	53
		95	Compresses en gaze, petites, paquet de 10	Idem.	0 40	″	3	2	10	5	2	″	5	5	″	″	″	″	″	″	″	″	″	″	″	″	″	″	32
		96	Compte-gouttes	Idem.	0 35	1	″	1	″	2	″	″	1	″	″	″	″	″	″	″	″	″	″	″	″	″	″	″	5
		97	Corbeille en toile métallique	Idem.	4 50	″	″	″	4	2	4	2	2	4	″	″	2	2	4	2	2	4	4	″	″	″	″	″	38
		98	Corde	Idem.	3 25	″	″	″	″	″	″	″	″	″	1	″	″	″	″	″	″	″	″	″	″	″	″	″	1
		99	Cornet à chloroforme	Idem.	3 40	″	″	″	″	″	″	1	″	″	″	″	″	″	″	″	″	″	″	″	″	″	″	″	1
		100	Coton cardé en bandes, paquet de 200 grammes	Idem.	1 05	″	″	″	″	″	5	″	″	5	″	″	″	″	″	″	″	6	6	″	″	″	″	″	22
		101	Coton cardé en bandes, paquet de 50 grammes	Idem.	0 15	″	2	4	10	5	10	″	5	″	″	″	″	″	″	″	″	″	″	″	″	″	″	″	36
		102	Coton absorbant, paquet de 50 grammes	Idem.	0 15	″	6	4	10	5	10	″	5	″	″	″	″	″	″	10	10	″	″	″	″	″	″	″	60

DÉNOMINATION ET CLASSIFICATION DES MATIÈRES ET OBJETS. PAR UNITÉ SOMMAIRE. Numéro et libellé.	Subdivision.	PAR SUBDIVISION. Numéros.	Dénominations.	UNITÉ RÉGLEMENTAIRE.	PRIX MINISTÉRIEL.	MUSETTES. Médicaments.	MUSETTES. Pansements.	HAVRESAC.	NOMENCLATURE DÉTAILLÉE. PANIERS. 1	1 bis	2	2 bis	3	4	0	00	5	5 bis	5 ter	6	6 bis	7	7 bis	7 ter	8	8 bis	8 ter	9	TOTAUX.
					fr. c.																								
11 Outillage, instruments et appareils divers.	A Objets pour le service de santé et campagne. (Suite.)	103	Coupe-coupe	Nombre.	5 80	″	″	″	″	″	″	″	″	″	″	″	″	″	″	″	″	″	″	″	1	″	″	″	1
		104	Couperet	Idem.	5 80	″	″	″	″	″	″	″	″	″	″	″	″	″	″	″	″	″	″	″	″	1	″	″	1
		105	Courroies en cuir porte-pharmacie	Idem.	2 90	″	″	″	″	2	″	2	2	″	″	″	2	2	″	2	2	″	″	″	″	″	″	″	14
		106	Courtine graduée	Idem.	0 20	″	″	″	″	2	″	″	2	″	″	″	″	″	″	″	″	″	″	″	″	″	″	″	4
		107	Coussin matelassé pour gouttières, pour cuisse et bassin droits	Idem.	5 40	″	″	″	″	″	″	″	″	″	″	″	″	″	″	″	″	2	2	″	″	″	″	″	4
		108	Coussin matelassé pour gouttières, pour cuisse et bassin gauches	Idem.	5 40	″	″	″	″	″	″	″	″	″	″	″	″	″	″	″	″	2	2	″	″	″	″	″	4
		109	Coussin matelassé pour gouttières, pour jambe et genou	Idem.	5 10	″	″	″	″	″	″	″	″	″	″	″	″	″	″	″	″	3	3	″	″	″	″	″	6
		110	Coussin matelassé pour gouttières, pour partie inférieure de la jambe	Idem.	6 30	″	″	″	″	″	″	″	″	″	″	″	″	″	″	″	″	3	3	″	″	″	″	″	6
		111	Coussin matelassé pour gouttières, pour coude, malade couché	Idem.	4 75	″	″	″	″	″	″	″	″	″	″	″	″	″	″	″	″	3	″	″	″	″	″	″	3
		112	Coussin matelassé pour gouttières pour coude malade debout	Idem.	4 75	″	″	″	″	″	″	″	″	″	″	″	″	″	″	″	″	3	″	″	″	″	″	″	3
		113	Coussin matelassé pour gouttière complète	Idem.	20 20	″	″	″	″	″	″	″	″	″	″	″	″	″	″	″	″	1	1	″	″	″	″	″	2
		114	Coussin matelassé pour gouttières, pour colonne vertébrale droite et gauche	Idem.	10 45	″	″	″	″	″	″	″	″	″	″	″	″	″	″	″	″	″	3	″	″	″	″	″	3
		115	Couteaux de table	Idem.	1 00	″	″	″	″	″	″	″	″	″	″	″	″	″	″	″	″	″	″	″	12	12	″	″	24
		116	Couteaux de pharmacie	Idem.	1 95	″	″	″	″	″	″	″	″	″	″	″	1	1	″	″	″	″	″	″	″	″	″	″	2
		117	Crayon	Idem.	0 15	″	″	″	2	2	2	″	″	″	″	″	2	2	″	″	″	″	″	″	″	″	″	4	14
		118	Cuillers à soupe	Idem.	0 20	″	″	″	″	″	″	″	″	″	″	″	″	″	″	″	″	″	″	″	18	10	″	″	28
		119	Cuillers à distribution	Idem.	0 95	″	″	″	″	″	″	″	″	″	″	″	″	″	″	″	″	″	″	″	″	1	″	″	1
		120	Digitaline, granules de 1$^m/^m$	Idem.	1 95	″	″	″	″	″	″	″	″	″	″	″	200	200	″	″	″	″	″	″	″	″	″	″	500
		121	Drains petits et moyens	Idem.	1 30	″	″	″	″	″	2	″	″	″	″	″	″	″	″	″	″	″	2	″	″	″	″	″	4
		122	Drap fanon en toile pour la jambe	Idem.	1 50	″	″	″	″	″	1	″	″	1	″	″	″	″	″	″	″	″	″	″	″	″	″	″	2
		123	Drap fanon en toile pour la cuisse	Idem.	2 05	″	″	″	″	″	1	″	″	1	″	″	″	″	″	″	″	″	″	″	″	″	″	″	2
		124	Écharpe quadrilatère en toile	Idem.	1 35	″	″	″	″	″	2	″	″	2	″	″	″	″	″	″	″	3	3	″	″	″	″	″	10
		125	Écharpe triangulaire en toile	Idem.	1 60	″	2	2	″	″	2	″	″	2	″	″	″	″	″	″	″	6	6	″	″	″	″	″	20
		126	Enveloppes en papier bulle	Idem.	0 80	″	″	″	″	″	″	″	″	″	″	″	″	″	″	″	″	″	″	″	″	″	″	200	200
		127	Enveloppes toile noire pour papeterie	Idem.	12 25	″	″	″	″	″	″	″	″	″	″	″	″	″	″	″	″	″	″	″	″	″	″	1	1
		128	Enveloppes toile noire pour bock	Idem.	7 10	″	″	1	″	″	″	″	″	″	″	″	″	″	″	″	″	″	″	″	″	″	″	″	1
		129	Encre noire tablettes Prunen, étuis	Idem.	0 80	″	″	″	1	1	1	″	″	″	″	″	1	1	″	″	″	″	″	″	″	″	″	2	7
		130	Encrier	Idem.	3 15	″	″	″	1	1	1	″	″	″	″	″	1	1	″	″	″	″	″	″	″	″	″	1	6
		131	Entonnoir fer-blanc	Idem.	1 00	″	″	″	″	″	″	″	″	″	″	″	″	″	2	″	″	″	″	″	1	″	″	″	3
		132	Éprouvette graduée de 50 centilitres	Idem.	1 95	″	″	″	″	″	″	″	″	″	″	″	1	1	″	″	″	″	″	″	″	″	″	″	2
		133	Épingles ordinaires	Kilogr.	7 75	″	″	″	″	″	″	″	″	″	″	″	″	″	″	″	″	″	″	″	″	″	″	0,250	0,250
		134	Épingles de sûreté, boîte de 12	Nombre.	0 30	″	2	4	12	6	10	″	6	5	″	″	″	″	″	10	10	″	″	″	″	″	″	″	65
		135	Éther en ampoules	Idem.	1 00	40	″	40	″	72	″	216	72	″	″	″	″	″	″	″	″	″	″	″	″	″	″	″	440
		136	Étoupe purifiée en plumasseaux, paquet de 10	Idem.	0 50	″	″	4	10	5	5	″	5	″	″	″	″	″	″	″	″	″	″	″	″	″	″	″	29
		137	Étui pour compte-gouttes	Idem.	0 65	1	″	1	″	1	″	″	2	″	″	″	″	″	″	″	″	″	″	″	″	″	″	″	5
		138	Étui pour sparadrap diachylon, 1^m × 10	Idem.	1 00	″	″	2	″	″	″	″	″	″	″	″	″	″	″	″	″	″	″	″	″	″	″	″	2
		139	Étui pour sparadrap diachylon, 1^m × 20	Idem.	1 00	″	″	″	″	″	1	″	″	1	″	″	″	″	″	″	″	″	″	″	″	″	″	″	2
		140	Étui pour lanterne pliante	Idem.	4 85	″	″	″	2	1	″	″	1	″	″	″	″	″	″	″	″	″	″	″	″	″	″	″	4
		141	Étui pour lanterne-applique	Idem.	5 45	″	″	″	″	″	″	″	″	″	″	″	″	″	″	″	″	″	″	″	″	″	2	″	2
		142	Étui à aiguilles	Idem.	0 35	″	1	1	″	″	1	″	″	1	″	″	″	″	″	″	″	1	″	″	″	″	″	″	5
		143	Extrait de kina de Vrij	Kilogr.	11 60	″	″	″	″	″	″	″	″	″	″	″	0,150	0,150	″	″	″	″	″	″	″	″	″	″	0,300
		144	Fanions d'ambulance	Nombre.	3 55	″	″	″	″	″	″	″	″	″	″	″	″	″	″	″	″	″	″	″	″	″	″	3	3
		145	Fiches de diagnostic blanches et rouges	Idem.	0 10	″	″	″	100	50	100	″	50	″	″	″	″	″	″	″	″	50	50	″	″	″	″	″	400
		146	Fil de Reenes, bobines de 100 grammes	Idem.	1 05	″	″	″	2	1	″	″	1	1	″	″	″	″	″	″	″	″	″	″	″	″	″	5	10
		147	Fil à coudre, écheveau	Idem.	0 15	″	″	″	″	″	4	″	″	″	″	″	″	″	″	″	″	″	″	″	″	″	″	″	4
		148	Filtre d'escouade	Idem.	33 70	″	″	″	″	″	″	″	″	″	1	″	″	″	″	″	″	″	″	″	″	″	″	″	1

Dénomination et classification des matières et objets. Par unité sanitaire. Numéro et libellé.	Subdivision.	Par subdivision. Numéros.	Dénominations.	Unité réglementaire.	Prix ministériel.	Musettes. Médicaments.	Musettes. Pansements.	Havresac.	Nomenclature détaillée. Paniers. 1	1 bis	2	2 bis	3	4	0	00	5	5 bis	5 ter	6	6 bis	7	7 bis	7 ter	8	8 bis	8 ter	9	Totaux.
					fr. c.																								
11 Outillage, instruments et appareils divers.	A Objets pour le service de santé en campagne. (Suite.)	149	Fiole à potion	Nombre.	0 25	″	″	″	″	″	″	″	″	″	″	″	″	″	16	″	″	″	″	″	″	″	″	″	16
		150	Flacon carré, étroite ou large ouverture, 60 centilitres.	Idem.	0 40	5	″	5	″	6	″	″	6	″	″	″	4	4	″	″	″	″	″	″	″	″	″	″	30
		151	Flacon carré, étroite ou large ouverture, 90 centilitres.	Idem.	0 50	2	″	2	″	″	″	″	″	″	″	″	″	″	″	″	″	″	″	″	″	″	″	″	4
		152	Flacon carré, étroite ou large ouverture, 120 centilitres.	Idem.	0 65	″	″	″	″	5	″	10	5	″	″	″	7	7	″	12	12	″	″	″	″	″	″	″	58
		153	Flacon carré, large ouverture, émeri, 120	Idem.	1 00	″	″	″	″	″	″	″	″	″	″	″	2	2	″	″	″	″	″	″	″	″	″	″	4
		154	Flacon pour vinaigre	Idem.	1 05	″	″	″	″	″	″	″	″	″	″	″	″	″	″	″	″	″	″	″	1	″	″	″	1
		155	Fourchettes ordinaires fer battu	Idem.	1 00	″	″	″	″	″	″	″	″	″	″	″	″	″	″	″	″	″	″	″	18	10	″	″	28
		156	Gaze à pansement apprêtée, paquet de 10 mètres	Idem.	1 45	″	″	″	″	″	1	″	″	″	″	″	″	″	″	″	″	″	″	″	″	″	″	″	1
		157	Glycérine à 30°	Kilogr.	2 30	″	″	″	″	″	″	″	″	″	″	″	″	″	″	0,150	0,150	″	″	″	″	″	″	″	0,300
		158	Glyaine	Idem.	9 00	″	″	″	″	0,100	″	″	0,100	″	″	″	″	″	″	″	″	″	″	″	″	″	″	″	0,200
		159	Gobelet en aluminium, série de 4	Nombre.	5 15	″	″	1	1	″	″	1	1	1	″	″	″	″	″	″	″	″	″	″	″	″	″	″	5
		160	Gouttière pour coude couché	Idem.	2 70	″	″	″	″	″	″	″	″	″	″	″	″	″	″	″	″	3	″	″	″	″	″	″	3
		161	Gouttière pour coude debout	Idem.	2 70	″	″	″	″	″	″	″	″	″	″	″	″	″	″	″	″	″	3	″	″	″	″	″	3
		162	Gouttière pour partie inférieure de la jambe et semelle.	Idem.	10 10	″	″	″	″	″	″	″	″	″	″	″	″	″	″	″	″	3	3	″	″	″	″	″	6
		163	Gouttière pour colonne vertébrale droite	Idem.	13 05	″	″	″	″	″	″	″	″	″	″	″	″	″	″	″	″	″	″	3	″	″	″	″	3
		164	Gouttière pour colonne vertébrale gauche	Idem.	13 05	″	″	″	″	″	″	″	″	″	″	″	″	″	″	″	″	″	″	3	″	″	″	″	3
		165	Gouttière pour cuisse et bassin droits	Idem.	11 45	″	″	″	″	″	″	″	″	″	″	″	″	″	″	″	″	″	″	4	″	″	″	″	4
		166	Gouttière pour cuisse et bassin gauches	Idem.	11 45	″	″	″	″	″	″	″	″	″	″	″	″	″	″	″	″	″	″	4	″	″	″	″	4
		167	Gouttière pour jambe et genou	Idem.	7 40	″	″	″	″	″	″	″	″	″	″	″	″	″	″	″	″	″	″	6	″	″	″	″	6
		168	Grand linge	Idem.	3 80	″	″	″	″	″	1/2	″	″	1	″	″	″	″	″	″	″	″	″	″	″	″	″	″	1 1/2
		169	Gril à côtelettes	Idem.	1 30	″	″	″	″	″	″	″	″	″	″	″	″	″	″	″	″	″	″	″	″	1	″	″	1
		170	Hachette	Idem.	3 80	″	″	″	″	″	″	″	″	″	1	″	″	″	″	″	″	″	″	″	″	″	1	″	2
		171	Havresac	Idem.	67 00	″	″	1	″	″	″	″	″	″	″	″	″	″	″	″	″	″	″	″	″	″	″	″	1
		172	Huile de ricin	Kilogr.	1 55	″	″	″	″	″	″	″	″	″	″	″	0,220	0,220	″	″	″	″	″	″	″	″	″	″	0,440
		173	Instruction médicale	Nombre.	0 35	1	″	1	″	″	″	″	″	″	″	″	″	″	″	″	″	″	″	″	″	″	″	″	2
		174	Iode, ampoules de 4 grammes	Idem.	0 65	″	″	″	″	4	″	″	4	″	″	″	″	″	″	″	″	″	″	″	″	″	″	″	8
		175	Iodoforme	Kilogr.	54 05	0,100	″	0,100	″	0,100	″	0,800	0,100	″	″	″	″	″	″	″	″	″	″	″	″	″	″	″	1,200
		176	Iodure de potassium, comprimés 0g 50	Idem.	51 65	″	″	″	″	″	″	″	″	″	″	″	0,200	0,200	″	″	″	″	″	″	″	″	″	″	0,400
		177	Ipéca, comprimés 0g 75	Idem.	45 05	0,100	″	0,100	″	0,240	″	″	0,240	″	″	″	″	″	″	″	″	″	″	″	″	″	″	″	0,680
		178	Ipéca concassé	Idem.	41 20	″	″	″	″	″	″	″	″	″	″	″	0,800	0,800	″	″	″	″	″	″	″	″	″	″	1,600
		179	Lac en treillis	Nombre.	0 35	1	8	12	″	″	10	″	″	40	″	″	″	″	″	″	″	30	30	″	″	″	″	″	131
		180	Lampe à alcool avec bouilloire	Idem.	5 80	″	″	1	1	″	″	1	1	″	″	″	″	″	″	″	″	1	″	″	″	″	″	″	5
		181	Lanternes de campagne	Idem.	12 90	″	″	″	2	1	″	″	1	″	″	″	″	″	″	″	″	″	″	″	″	″	″	″	4
		182	Lanternes de brancardier	Idem.	12 90	″	″	″	″	″	2	″	″	″	″	″	″	″	″	″	″	″	″	″	″	″	″	″	2
		183	Lanternes de ronde	Idem.	23 15	″	″	″	″	″	″	″	″	″	3	″	″	″	″	″	″	″	″	″	″	″	″	″	3
		184	Lanterne-applique	Idem.	36 05	″	″	″	″	″	″	″	″	″	″	″	″	″	″	″	″	″	″	″	″	″	2	″	2
		185	Marmite de campagne, grande	Idem.	12 25	″	″	″	″	″	″	″	″	″	″	″	″	″	″	″	″	″	″	″	″	″	1	″	1
		186	Marmite de campagne, moyenne	Idem.	8 25	″	″	″	″	″	″	″	″	″	″	″	″	″	″	″	″	″	″	″	″	″	1	″	1
		187	Marmite de campagne, petite	Idem.	6 85	″	″	″	″	″	″	″	″	″	″	″	″	″	″	″	″	″	″	″	″	″	1	″	1
		188	Marteau	Idem.	2 25	″	″	″	″	″	″	″	″	″	1	″	″	″	″	″	″	″	″	″	″	″	″	″	1
		189	Molette pour petit mortier	Idem.	0 30	1	″	1	″	″	″	″	″	″	″	″	″	″	″	″	″	″	″	″	″	″	″	″	2
		190	Morphine (chlorhydrate), lentilles 0g 01	Idem.	1 30	″	″	″	″	100	″	″	100	″	″	″	″	″	″	″	″	″	″	″	″	″	″	″	200
		191	Mortier en porcelaine, petit	Idem.	1 60	1	″	1	″	″	″	″	″	″	″	″	″	″	″	″	″	″	″	″	″	″	″	″	2
		192	Mortier en porcelaine, grand avec pilon	Idem.	4 55	″	″	″	″	1	″	″	1	″	″	″	″	″	2	″	″	″	″	″	″	″	″	″	4
		193	Mesures de distribution	Idem.	1 30	″	″	″	″	″	″	″	″	″	″	″	″	″	″	″	″	″	″	″	″	1	″	″	1
		194	Moulin à café	Idem.	6 80	″	″	″	″	″	″	″	″	″	″	″	″	″	″	″	″	″	″	″	1	1	″	″	2
		195	Moulin à poivre	Idem.	5 80	″	″	″	″	″	″	″	″	″	″	″	″	″	″	″	″	″	″	″	1	″	″	″	1
		196	Musettes	Idem.	9 00	1	1	″	″	″	″	″	″	″	″	″	″	″	″	″	″	″	″	″	″	″	″	″	2
		197	Nomenclature par unité	Idem.	0 40	1	1	1	1	1	1	1	1	1	1	″	1	1	1	1	1	1	1	1	1	1	1	1	22
		198	Nomenclature générale	Idem.	0 90	″	″	″	1	1	1	1	1	1	1	1	1	1	1	1	1	1	1	1	1	1	1	1	20
		199	Ouataplasmes, paquet de 5	Idem.	5 15	″	1	1	1	″	″	″	″	″	″	″	″	″	″	″	″	″	″	″	″	″	″	″	3
		200	Panier doublé en aluminium	Idem.	98 65	″	″	″	1	1	1	1	1	1	″	″	1	1	1	1	1	1	1	″	″	″	″	″	13

DÉNOMINATION ET CLASSIFICATION DES MATIÈRES ET OBJETS.								
PAR UNITÉ SOMMAIRE.		PAR SUBDIVISION.		UNITÉ RÉGLEMENTAIRE.	PRIX MINISTÉRIEL.	MUSETTES.		HAVRESAC.
Numéro et libellé.	Subdivision.	Numéros.	Dénominations.		fr. c.	Médicaments.	Pansements.	
11 Outillage, instruments et appareils divers.	A Objets pour le service de santé en campagne. (Suite.)	201	Panier doublé en toile	Nombre.	48 85	″	″	″
		202	Pansement complet n° 1	Idem.	0 65	″	″	″
		203	Pansement complet n° 2	Idem.	0 95	″	″	″
		204	Papier blanc, main	Idem.	0 35	″	″	″
		205	Papier à états, main	Idem.	1 20	″	″	″
		206	Permanganate de potasse	Kilogr.	8 35	″	″	″
		207	Pharmacie modèle A	Nombre.	144 00	1	″	1
		208	Pharmacie modèle B	Idem.	138 00	″	″	″
		209	Pharmacie modèle B'	Idem.	280 00	″	″	″
		210	Pharmacie modèle C	Idem.	230 00	″	″	″
		211	Pharmacie modèle C'	Idem.	210 00	″	″	″
		212	Pharmacie modèle D	Idem.	214 00	″	″	″
		213	Pharmacie modèle D'	Idem.	248 00	″	″	″
		214	Pharmacie modèle E	Idem.	105 00	″	″	″
		215	Pharmacie modèle E'	Idem.	284 00	″	″	″
		216	Pilules de Ricord, flacon de 60 c. c.	Idem.	1 95	″	″	″
		217	Plats ovales en fer battu	Idem.	1 05	″	″	″
		218	Plateau ovalaire en fer battu	Idem.	3 80	″	″	″
		219	Plateau réniforme en fer battu	Idem.	3 25	″	″	″
		220	Plateau réniforme en ébonite	Idem.	4 85	″	″	″
		221	Plumes métalliques, 1/2 boîte	Idem.	0 65	″	″	″
		222	Poêle à frire	Idem.	1 95	″	″	″
		223	Pointes	Kilogr.	3 25	″	″	″
		224	Porte-plumes	Nombre.	0 15	″	″	″
		225	Pot à tisane	Idem.	2 00	″	″	″
		226	Poudre stérilisante, flacon	Idem.	2 05	″	″	″
		227	Quinine (chlorhydrate), comprimés n° 25	Kilogr.	123 75	0,500	″	0,500
		228	Quinine (carbamate), ampoules de n° 30	Nombre.	0 45	″	″	″
		229	Raccord à échelle	Idem.	″	″	″	1
		230	Récipient à alcool garni	Idem.	1 30	″	″	1
		231	Réflecteur pour bougeoir	Idem.	11 00	″	″	″
		232	Ruban de fil, paquet de 10 mètres	Idem.	0 10	″	10	″
		233	Ruban métrique	Idem.	1 00	″	″	″
		234	Sac en cuir pour pointes	Idem.	3 25	″	″	″
		235	Sac en papier paraffiné pour médicaments	Idem.	0 05	″	″	″
		236	Salicylate de soude, comprimés n° 50	Kilogr.	18 20	″	″	″
		237	Sarrau de médecin	Nombre.	16 75	″	″	″
		238	Saupoudreur grand modèle	Idem.	5 00	″	″	″
		239	Saupoudreur petit modèle	Idem.	3 30	1	1	1
		240	Saupoudreur en buis	Idem.	3 25	″	″	″
		241	Savon au thymol	Idem.	0 35	″	″	″
		242	Seau en toile	Idem.	4 20	″	″	″
		243	Seau hygiénique	Idem.	24 15	″	″	″
		244	Scie à main	Idem.	7 10	″	″	″
		245	Seringue en ébonite, grand modèle	Idem.	4 50	″	″	″
		246	Seringue en ébonite, petit modèle	Idem.	1 60	1	″	1
		247	Seringue à hydrocèle	Idem.	10 35	″	″	″
		248	Sérum antivenimeux	Idem.	5 15	″	″	″
		249	Sérum antitétanique	Idem.	4 10	″	″	″
		250	Serviette de toilette	Idem.	1 35	″	″	″
		251	Sinapisme liquide Primus	Idem.	2 00	″	″	″
		252	Situation journalière	Le cent.	5 80	″	″	″

Numéros.	NOMENCLATURE DÉTAILLÉE. PANIERS.																				TOTAUX.
	1	1 bis	2	2 bis	3	4	0	00	5	5 bis	5 ter	6	6 bis	7	7 bis	7 ter	8	8 bis	8 ter	9	
201	″	″	″	″	″	″	1	1	″	″	″	″	″	″	″	1	1	1	1	1	7
202	″	″	″	32	″	10	″	″	20	20	″	″	″	″	″	″	″	″	″	″	82
203	″	″	″	20	″	12	″	″	10	10	″	″	″	″	″	″	″	″	″	″	52
204	1	1	1	″	″	″	″	″	″	″	″	″	″	″	″	″	″	″	″	3	6
205	″	″	″	″	″	″	″	″	″	″	″	″	″	″	″	″	″	″	″	1	1
206	″	″	″	″	″	″	″	″	″	″	″	0,250	0,250	″	″	″	″	″	″	″	0,500
207	″	″	″	″	″	″	″	″	″	″	″	″	″	″	″	″	″	″	″	″	2
208	″	1	″	″	1	″	″	″	″	″	″	″	″	″	″	″	″	″	″	″	2
209	″	1	″	″	1	″	″	″	″	″	″	″	″	″	″	″	″	″	″	″	2
210	″	″	1	″	″	″	″	″	″	″	″	″	″	″	″	″	″	″	″	″	1
211	″	″	1	″	″	″	″	″	″	″	″	″	″	″	″	″	″	″	″	″	1
212	″	″	″	″	″	″	″	″	1	1	″	″	″	″	″	″	″	″	″	″	2
213	″	″	″	″	″	″	″	″	1	1	″	″	″	″	″	″	″	″	″	″	2
214	″	″	″	″	″	″	″	″	″	″	″	1	1	″	″	″	″	″	″	″	2
215	″	″	″	″	″	″	″	″	″	″	″	1	1	″	″	″	″	″	″	″	2
216	″	″	″	″	″	″	″	″	300	300	″	″	″	″	″	″	″	″	″	″	600
217	″	″	″	″	″	″	″	″	″	″	″	″	″	″	″	″	3	″	″	″	3
218	1	1	″	″	″	1	″	″	″	″	″	″	″	″	1	″	″	″	″	″	4
219	1	″	″	″	1	1	″	″	″	″	″	″	″	1	″	″	″	″	″	″	4
220	″	″	2	″	″	″	″	″	″	″	″	″	″	″	″	″	″	″	″	″	2
221	1	1	1	″	″	″	″	″	1	1	″	″	″	″	″	″	″	″	″	1	6
222	″	″	″	″	″	″	″	″	″	″	″	″	″	″	″	″	″	1	″	″	1
223	″	″	″	″	″	″	1	″	″	″	″	″	″	″	″	″	″	″	″	″	1
224	2	2	2	″	″	″	″	″	2	2	″	″	″	″	″	″	″	″	″	3	13
225	″	″	″	″	″	″	″	″	″	″	″	″	″	″	″	″	6	″	″	″	6
226	″	″	″	″	″	4	″	″	″	″	″	″	″	″	″	″	″	″	″	″	4
227	″	1,250	″	″	1,250	″	″	″	1,250	1,250	8,000	1,250	1,250	″	″	″	″	″	″	″	16,500
228	″	144	″	216	144	″	″	″	252	252	″	144	144	″	″	″	″	″	″	″	1,296
229	1	1	1	″	″	1	″	″	″	″	″	″	″	1	″	″	″	″	″	″	6
230	1	″	″	1	1	″	″	″	″	″	″	″	″	1	″	″	″	″	″	″	5
231	″	″	″	″	″	″	2	″	″	″	″	″	″	″	″	″	″	″	″	1	3
232	″	″	50	″	″	″	″	″	″	″	″	″	″	″	″	″	″	″	″	″	60
233	″	″	1	″	″	″	″	″	″	″	″	″	″	″	″	″	″	″	″	″	1
234	″	″	″	″	″	″	1	″	″	″	″	″	″	″	″	″	″	″	″	″	1
235	″	34	″	″	34	″	″	″	32	32	″	27	27	″	″	″	″	″	″	″	186
236	″	″	″	″	″	″	″	″	0,050	0,050	″	″	″	″	″	″	″	″	″	″	0,100
237	″	″	″	″	″	″	″	″	″	″	″	″	″	1	2	″	″	″	″	″	3
238	1	1	″	2	″	″	″	″	″	″	″	″	″	″	″	″	″	″	″	″	4
239	″	″	″	″	″	″	″	″	″	″	″	″	″	″	″	″	″	″	″	″	3
240	″	″	″	″	″	″	″	″	″	″	″	1	1	″	″	″	″	″	″	″	2
241	4	2	4	″	2	″	″	″	″	″	″	″	″	″	″	″	″	″	″	10	22
242	″	″	″	″	″	″	2	″	″	″	″	″	″	″	″	″	″	4	2	″	8
243	″	″	″	″	″	″	″	″	″	″	″	″	″	″	″	″	″	″	1	″	1
244	″	″	″	″	″	″	1	″	″	″	″	″	″	″	″	″	″	″	1	″	2
245	2	1	1	1	1	″	″	″	″	″	″	″	″	″	″	″	″	″	″	″	6
246	2	1	1	1	1	″	″	″	″	″	″	″	″	″	″	″	″	″	″	″	8
247	″	″	″	″	″	″	″	″	″	″	″	″	″	1	″	″	″	″	″	″	1
248	″	2	″	″	2	″	″	″	″	″	″	2	2	″	″	″	″	″	″	″	8
249	″	″	″	2	″	″	″	″	″	″	″	2	2	″	″	″	″	″	″	″	6
250	2	1	2	1	1	2	″	″	2	2	2	2	2	2	2	″	″	″	″	″	23
251	″	1	″	″	1	″	″	″	″	″	″	″	″	″	″	″	″	″	″	″	2
252	″	″	″	″	″	″	″	″	″	″	″	″	″	″	″	″	″	″	″	100	100

DÉNOMINATION ET CLASSIFICATION DES MATIÈRES ET OBJETS.				UNITÉ	PRIX	NOMENCLATURE DÉTAILLÉE.																							
PAR UNITÉ SOMMAIRE.		PAR SUBDIVISION.				MUSETTES.			PANIERS.																				
Numéro et libellé.	Subdivision.	Numéros.	Dénominations.	RÉGLEMENTAIRE.	MINISTÉRIEL.	Médicaments.	Pansements.	HAVRESAC.	1	1 *bis*	2	2 *bis*	3	4	0	00	5	5 *bis*	5 *ter*	6	6 *bis*	7	7 *bis*	7 *ter*	8	8 *bis*	8 *ter*	9	TOTAUX.
					fr. c.																								
11 Outillage, instruments et appareils divers.	A Objets pour le service de santé en campagne. (Suite et fin.)	253	Soie à ligatures	Nombre.	1 20	″	″	″	″	″	″	″	″	″	″	″	″	″	″	″	″	2	″	″	″	″	″	″	2
		254	Soie plate n°s 1 et 2	*Idem.*	1 15	″	″	″	″	″	″	2	″	″	″	″	″	″	″	″	″	″	″	″	″	″	″	″	2
		255	Soie ronde n°s 1 et 2	*Idem.*	0 95	″	″	″	″	″	″	2	″	″	″	″	″	″	″	″	″	″	″	″	″	″	″	″	2
		256	Sublimé, comprimés of 50	Kilogr.	11 60	0,060	″	0,060	″	0,200	″	1,200	0,200	″	″	″	″	″	″	0,900	0,900	″	″	″	″	″	″	″	3,520
		257	Sulfate de soude déshydraté, comprimés 3 grammes	*Idem.*	4 55	0,540	″	0,540	″	1,800	″	″	1,800	″	″	″	1,080	1,080	″	1,800	1,800	″	″	″	″	″	″	″	10,440
		258	Sulfate de zinc	*Idem.*	1 05	″	″	″	″	″	″	″	″	″	″	″	″	″	″	0,120	0,120	″	″	″	″	″	″	″	0,240
		259	Suspensoir en filet	Nombre.	0 40	″	″	″	4	2	2	2	5	5	″	″	″	″	″	″	″	″	″	″	″	″	″	″	20
		260	Sparadrap diachylon 1[m] × 0[m] 10	*Idem.*	0 40	″	″	2	″	″	″	″	″	″	″	″	″	″	″	″	″	″	″	″	″	″	″	″	2
		261	Sparadrap diachylon 1[m] × 0[m] 20	*Idem.*	0 40	″	″	″	″	″	1	″	″	1	″	″	″	″	″	″	″	″	″	″	″	″	″	″	2
		262	Tablier de médecin	*Idem.*	3 85	″	″	″	2	1	2	1	1	2	″	″	1	1	2	1	1	2	2	″	″	″	″	″	19
		263	Tablier d'infirmier	*Idem.*	3 85	″	″	″	″	″	″	″	″	″	″	″	″	″	″	″	″	″	″	″	″	″	″	6	6
		264	Tenailles de menuisier	*Idem.*	2 60	″	″	″	″	″	″	″	″	″	1	″	″	″	″	″	″	″	″	″	″	″	″	″	1
		265	Thermomètre médical	*Idem.*	2 00	″	″	1	2	1	1	1	1	″	″	″	1	1	″	″	″	″	″	″	″	″	″	″	9
		266	Thymol, comprimés of 50	Kilogr.	57 90	″	″	″	″	0,080	″	″	0,080	″	″	″	″	″	″	″	″	″	″	″	″	″	″	″	0,160
		267	Tiers-point	Nombre.	1 00	″	″	″	″	″	″	″	″	″	1	″	″	″	″	″	″	″	″	″	″	″	″	″	1
		268	Timbale	*Idem.*	1 00	″	″	″	″	″	″	″	″	″	″	″	″	″	″	″	″	″	″	″	12	10	″	″	22
		269	Tænifuge Duhourcau	*Idem.*	3 05	″	″	″	″	″	″	″	″	″	″	″	4	4	″	″	″	″	″	″	″	″	″	″	8
		270	Toile imperméable pour alèzes (mètre)	*Idem.*	4 50	″	″	″	″	″	″	″	″	″	″	″	″	″	″	″	″	1	1	″	″	″	″	″	2
		271	Toile à pansements boriquée	*Idem.*	4 85	″	″	″	2	1/2	2	″	1/2	1	″	″	″	″	″	″	″	″	″	″	″	″	″	″	6
		272	Torchons	*Idem.*	1 15	″	″	″	″	″	″	″	″	″	″	″	2	2	2	2	2	2	2	″	″	″	″	18	32
		273	Tire-bouchons	*Idem.*	0 35	″	″	″	″	″	″	″	″	″	″	″	″	″	″	″	″	″	″	″	″	2	″	″	2
		274	Tournevis	*Idem.*	1 95	″	″	″	″	″	″	″	″	″	1	″	″	″	″	″	″	″	″	″	″	″	″	″	1
		275	Trépied pliant	*Idem.*	4 55	″	″	″	″	″	″	″	″	″	″	″	″	″	″	″	″	″	″	″	″	″	3	″	3
		276	Trousse d'infirmier	*Idem.*	24 10	″	1	1	″	″	″	″	″	″	″	″	″	″	″	″	″	″	″	″	″	″	″	″	2
		577	Tube en caoutchouc avec robinet	*Idem.*	5 80	″	″	1	1	1	1	″	″	1	″	″	″	″	″	″	″	1	″	″	″	″	″	″	6
		278	Tube en verre dans un étui en bois	*Idem.*	0 40	″	″	″	″	7	″	″	7	″	″	″	4	4	″	″	″	″	″	″	″	″	″	″	22
		279	Urinoir	*Idem.*	3 50	″	″	″	″	″	″	″	″	″	″	″	″	″	″	″	″	″	″	″	″	″	2	″	2
		280	Vaseline blanche	Kilogr.	2 35	0,075	″	0,075	″	0,180	″	0,400	0,180	″	″	″	″	″	″	″	″	″	″	″	″	″	″	″	0,910
		281	Ventouses en verre	Nombre.	0 40	″	″	″	″	″	″	″	″	″	″	″	″	″	″	3	3	″	″	″	″	″	″	″	6
		282	Vésicatoire liquide Primen (flacon)	*Idem.*	5 80	″	″	″	″	1	″	″	1	″	″	″	″	″	″	″	″	″	″	″	″	″	″	″	2
		283	Vis assorties	Kilogr.	7 75	″	″	″	″	″	″	″	″	″	0,250	″	″	″	″	″	″	″	″	″	″	″	″	″	0,250
		284	Vrilles	Nombre.	1 30	″	″	″	″	″	″	″	″	″	3	″	″	″	″	″	″	″	″	″	″	″	3	″	6
			Prix ministériels des musettes, havresacs et paniers			150f	85f	335f	335f	650f	367f	635f	617f	315f	325f	70f	600f	600f	1,160f	515f	515f	410f	390f	285f	195f	183f	245f	280f	

DÉNOMINATION ET CLASSIFICATION DES MATIÈRES EN OBJETS. PAR UNITÉ SOMMAIRE. Numéro et libellé.	Subdivision.	PAR SUBDIVISION. Numéros.	Dénomination.	ESPÈCE des UNITÉS.	QUANTITÉS entrant dans la composition de la caisse.	OBSERVATIONS.
			CAISSE N° 1.			
			Caisse de chirurgie pour ambulance permanente au-dessus de 50 lits ou pour hôpitaux secondaires.			
			1° Instruments pour usages généraux.			
		11.B. 99	Brosse pour antisepsie	Nombre.	1	
		– 527	Rasoir à pansement	*Idem.*	1	
		– 187	Ciseaux forts, droits, pour vêtements	*Idem.*	1	
		– 655	Thermomètre de clinique à maxima, étui en métal nickelé	*Idem.*	1	
		– 606	Sonde cannelée, forte, en acier nickelé	*Idem.*	2	
		– 637	Stylet cannelé, en acier nickelé	*Idem.*	2	
		– 249	Cuir à rasoir, avec pierre et bâton de pâte	*Idem.*	1	
		– 474	Pince hémostatique à mors ordinaires droite longuette, pince clamps	*Idem.*	3	
			2° Instruments pour anesthésie.			
		– 402	Masque à chloroforme	*Idem.*	1	
		– 437	Pince à érignes pour fixer la langue	*Idem.*	1	
			3° Instruments pour l'hémostase.			
11 **Outillage, instruments et appareils divers.**	A Objets pour le service de santé en campagne.	– 49	Appareil hémostatique de Lhomme	*Idem.*	1	
		– 647	Ténaculum à manche fixe	*Idem.*	1	
		– 5	Aiguille de Cooper, à manche fixe	*Idem.*	1	
		– 481	Pince hémostatique droite, à mors plats, ordinaire, pince clamps	*Idem.*	12	
		– 479	Pince hémostatique droite, à mors plats, longue, pince clamps	*Idem.*	6	
		– 468	Pince hémostatique à griffes, de Kocher, de 12 centimètres	*Idem.*	4	
		– 447	Pince à torsion et à verrou	*Idem.*	2	
		– 587	Soie plate tressée, à ligature, bichlorurée, enroulée sur plaques en verre, par longueur de 10 mètres: très fine	Plaque.	1	
		– 588	fine	*Idem.*	2	
		– 589	moyenne	*Idem.*	2	
		– 590	grosse	*Idem.*	1	
			4° Instruments pour sutures.			
		– 15	Aiguille à suture de Hagedorn, demi-courbe	Nombre.	12	
		– 16	Aiguille à suture de Hagedorn, très courbe	*Idem.*	12	
		– 14	Aiguille à suture de Hagedorn, droite	*Idem.*	12	
		– 490	Pince porte-aiguille, grand modèle, pour aiguilles de Hagedorn, à cran d'arrêt	*Idem.*	1	
		– 17	Aiguille de Péan, demi-courbe, pour abdomen	*Idem.*	1	
		– 24	Aiguille à suture hollandaise de Moy, droite	*Idem.*	1	
		– 435	Pince à dissection forte	*Idem.*	1	
		– 433	Pince à dents de souris, forte	*Idem.*	1	

DÉNOMINATION ET CLASSIFICATION DES MATIÈRES ET OBJETS.				ESPÈCE des UNITÉS.	QUANTITÉS entrant dans la composition de la caisse.	OBSERVATIONS.
PAR UNITÉ SOMMAIRE.		PAR SUBDIVISION.				
Numéro et libellé.	Subdivision.	Numéros.	Dénominations.			
11 Outillage, instruments et appareils divers.	A Objets pour le service de santé en campagne. (Suite.)	11.B. 591	Soie ronde pour suture, bichlorurée, enroulée sur plaques en verre par longueur de 10 mètres : très fine	Plaque.	1	
		– 592	fine	*Idem.*	2	
		– 593	moyenne	*Idem.*	2	
		– 594	grosse	*Idem.*	2	
		11.K. 1	Catgut en tube de Répin (n°s 1 et 3)	Tube.	6	
		11.B. 331	Fil d'argent de $0^{mm},5$ (rouleau de $2^{m},50$)	Rouleau.	2	
		– 112	Boîte en métal nickelé pour aiguilles à suture	Nombre.	1	
			5° Instruments pour injections.			
		– 559	Seringue à injection hypodermique de 1 centimètre cube.	*Idem.*	1	
		– 582	Seringue de Roux de 20 centimètres cubes	*Idem.*	1	
		– 584	Seringue de 50 centimètres cubes pour sérum artificiel.	*Idem.*	1	
		– 85	Bouchons de liège	Les six.	6	
		– 375	Housse en peau à fermoir pour la seringue de 1 c. c.	Nombre.	1	
			6° Instruments pour corps étrangers.			
		– 497	Pince tire-balle à crémaillère, à triple dent	*Idem.*	1	
			7° Instruments pour amputations et résections.			
		– 232	Couteaux pour amputations à lame fixe : grande, 20 c/m 5	*Idem.*	1	
		– 233	moyenne, 16 c/m	*Idem.*	1	
		– 234	petite, 11 c/m 5	*Idem.*	1	
		– 69	Bistouris manche métal à lame fixe : pointue large	*Idem.*	2	
		– 65	convexe	*Idem.*	2	
		– 64	boutonnée	*Idem.*	1	
		– 72	à résection de Farabeuf, pointe au milieu	*Idem.*	1	
		– 239	Couteau de Marcellin Duval (petit)	*Idem.*	1	
		– 197	Ciseaux droits ordinaires, grands	*Idem.*	2	
		– 196	Ciseaux courbes sur le plat, grands	*Idem.*	2	
		– 304	Écarteurs doubles de Farabeuf	Paire.	1	
		– 259	Curette de Wolkmann n° 1	Nombre.	1	
		– 258	Curette de Wolkmann, n° 3	*Idem.*	1	
		– 552	Scie à chaîne	*Idem.*	1	
		– 601	Sonde de Blandin démontante avec 2 forets pour sutures osseuses	*Idem.*	1	
		– 551	Scie à amputation et résection à lame tournante	*Idem.*	1	
		– 381	Lame de rechange pour la scie, feuillet pour amputation.	*Idem.*	3	
		– 381	Lame de rechange pour la scie, feuillet pour résection	*Idem.*	3	
		– 286	Davier à résection de Farabeuf (articulation double)	*Idem.*	1	
		– 541	Rugine courbe	*Idem.*	1	
		– 544	Rugine détache-tendon d'Ollier	*Idem.*	1	
		– 661	Trépan à cliquet avec perforateur et fraises de Doyen	*Idem.*	1	
		– 400	Maillet en plomb enveloppé de maillechort	*Idem.*	1	
		– 178	Ciseau-burin ordinaire de 13 m/m de largeur	*Idem.*	1	
		– 366	Gouge à manche de Legouest	*Idem.*	1	
		– 170	Cisaille à tranchant unique, courbe	*Idem.*	1	
		– 113	Boîte en métal nickelé pour contenir les couteaux, bistouris, rugines et curettes	*Idem.*	1	
		– 127	Boîte métallique pour contenir les fraises du trépan de Doyen	*Idem.*	1	

DÉNOMINATION ET CLASSIFICATION DES MATIÈRES ET OBJETS.				ESPÈCE des UNITÉS.	QUANTITÉS entrant dans la composition de la caisse.	OBSERVATIONS.
PAR UNITÉ SOMMAIRE.		PAR SUBDIVISION.				
Numéro et libellé.	Subdivision.	Numéros.	Dénominations.			
11 Outillage, instruments et appareils divers.	A Objets pour le service de santé en campagne. (Suite.)		*8° Instruments pour les yeux.*			
		H.B. 529	Releveur des paupières, en argent	Nombre.	2	
		— 83	Blépharostat à vis de pression en argent : angle externe	*Idem.*	1	
		— 40	Aiguille pour corps étranger de la cornée	*Idem.*	1	
		— 227	Couteau de Graefe à cataracte, étroit	*Idem.*	2	
		— 378	Kystitome à tige flexible et à curette, en argent	*Idem.*	1	
		— 439	Pince à fixer le globe de l'œil	*Idem.*	1	
		— 205	Ciseaux à iridectomie, courbes sur le plat	*Idem.*	1	
		— 440	Pince à iridectomie courbe	*Idem.*	1	
		— 436	Pince à épiler les cils	*Idem.*	1	
		— 235	Couteau de Weber, boutonné, demi-courbe, pour les conduits lacrymaux	*Idem.*	1	
		— 639	Stylet conique de Weber pour dilater les points lacrymaux	*Idem.*	1	
		— 640	Stylet double cylindrique de Bowmann (série de 3)	Série.	1	
		— 416	Ophtalmoscope de Follin en boîte	Nombre.	1	
		— 202	Ciseaux pour énucléation	*Idem.*	1	
		— 157	Canule en argent, d'Anel, pouvant s'adapter sur la seringue de Roux (droite et coudée à angle droit)	*Idem.*	2	
		— 114	Boîte en métal nickelé pour contenir les instruments pour les yeux	*Idem.*	1	
			9° Instruments pour le nez.			
		— 454	Pince à polypes de Duplay courbe	*Idem.*	1	
		— 627	Speculum nasi de Duplay	*Idem.*	1	
			10° Instruments pour les oreilles.			
		— 630	Speculum de Toynbee (série de 3) en argent	Série.	1	
		— 618	Sonde d'Itard en argent, n° 3	Nombre.	1	
		— 509	Poire pour insufflation de Politzer avec tube en caoutchouc, olive et canule conique	*Idem.*	1	
		— 431	Pince articulée pour corps étrangers, mors à curette	*Idem.*	1	
			11° Instruments pour la bouche et les dents.			
		— 1	Abaisse-langue pliant en métal nickelé	*Idem.*	1	
		— 600	Sonde à manche	*Idem.*	1	
		— 292	Déchaussoir	*Idem.*	1	
		— 320	Excavateurs courbes (série de 12)	Série.	1	
		— 291	Davier droit français	Nombre.	1	
		— 290	Davier 1/2 courbe fin pour racines	*Idem.*	1	
		— 282	Davier anglais pour molaires supérieures droites	*Idem.*	1	
		— 283	Davier anglais pour molaires supérieures gauches	*Idem.*	1	
		— 281	Davier anglais pour molaires inférieures	*Idem.*	1	
		— 392	Lime double plate	*Idem.*	1	
		— 355	Fraises (série de 12)	*Idem.*	2	
		— 372	Gutta-percha en petits cylindres pour obturer les dents	Série.	1	
		— 212	Clef de Garengeot avec quatre crochets pour adulte	Cylindre.	3	
		— 213	Clef de Garengeot avec quatre crochets pour enfant	Nombre.	1	
		— 442	Pince de Laborde pour tractions continues de la langue	*Idem.*	1	

DÉNOMINATION ET CLASSIFICATION DES MATIÈRES ET OBJETS.				ESPÈCE des UNITÉS.	QUANTITÉS entrant dans la composition de la caisse.	OBSERVATIONS.
PAR UNITÉ SOMMAIRE.		PAR SUBDIVISION.				
Numéro et libellé.	Subdivision.	Numéros.	Dénominations.			
11 Outillage, instruments et appareils divers.	A Objets pour le service de santé en campagne. (Suite.)		*12° Instruments pour l'œsophage.*			
		11.B. 245	Crochet de Graefe	Nombre.	1	
			13° Instruments pour la trachée.			
		— 151	Canule en argent à trachéotomie, double, pour adulte, n° 6	*Idem.*	1	
		— 147	Canule en argent à trachéotomie, double, pour enfant, n° 2	*Idem.*	1	
		— 294	Dilatateur de Laborde	*Idem.*	1	
			14° Instruments pour la cure des hernies.			
		— 66	Bistouri courbe de Cooper à manche fixe	*Idem.*	1	
		— 64	Bistouri boutonné à manche fixe	*Idem.*	1	
			15° Instruments pour les voies urinaires.			
		11.C. 10	Bougie conique (fabrication Rondeau), n°s 7, 9, 11	*Idem.*	3	
		— 3	Bougie olivaire (fabrication Rondeau), n°s 3, 5, 7	*Idem.*	3	
		— 26	Sonde en gomme (fabrication Rondeau), n°s 7, 9, 11, 13, 15, 17	*Idem.*	6	
		— 30	Sonde en gomme à béquille (fabrication Rondeau), n°s 20, 24	*Idem.*	2	
		— 75	Sonde en caoutchouc de Nélaton, n°s 17, 19, 21 (fabrication Rondeau)	*Idem.*	3	
		11.B. 690	Tube en verre avec bouchon en caoutchouc pour sondes et bougies	*Idem.*	1	
		— 597	Sonde exploratrice de Guyon, avec série de bouts olivaires en métal	*Idem.*	1	
		— 610	Sonde en argent pour homme, n° 14	*Idem.*	1	
		— 609	Sonde en argent pour femme	*Idem.*	1	
		— 619	Sonde en argent pour enfant	*Idem.*	1	
		— 691	Uréthrotome de Maisonneuve coupant sur la concavité	*Idem.*	1	
		— 573	Seringue à instillation de Guyon	*Idem.*	1	
			16° Instruments pour fistule à l'anus.			
		— 604	Sonde cannelée à stylet en argent	*Idem.*	1	
		— 365	Gorgeret en ébène	*Idem.*	1	
			17° Instruments pour les accouchements.			
		— 348	Forceps de Pajot pour le détroit supérieur	*Idem.*	1	
		— 188	Ciseaux embryotomes de Pinard	*Idem.*	1	
			18° Instruments pour la chirurgie utérine.			
		— 427	Pince à deux griffes de Doléris	*Idem.*	1	
		— 479	Pince hémostatique à mors plats, droite, longue	*Idem.*	6	
		— 626	Spéculum de Cusco	*Idem.*	1	
		— 620	Sonde utérine flexible de Sims pour hystérométrie	*Idem.*	1	
		— 261	Curette double de Pozzi	*Idem.*	1	
		— 617	Sonde en métal nickelé à double courant de Budin	*Idem.*	1	
		— 521	Porte-coton intra-utérin	*Idem.*	1	

DÉNOMINATION ET CLASSIFICATION DES MATIÈRES ET OBJETS.				ESPÈCE des UNITÉS.	QUANTITÉS entrant dans la composition de la caisse.	OBSERVATIONS.
PAR UNITÉ SOMMAIRE.		PAR SUBDIVISION.				
Numéro et libellé.	Subdivision.	Numéros.	Dénominations.			
11 Outillage, instruments et appareils divers.	A Objets pour le service de santé en campagne. (Suite.)	11.B. 708	Vide-bouteille de Budin avec tube en caoutchouc	Nombre.	1	
		— 55	Canule vaginale métallique d'Auvard	*Idem.*	1	
		— 473	Pince hémostatique longue à mors ordinaires droits, pince clamps	*Idem.*	1	
		— 295	Dilatateur utérin trivalve de Scanzoni	*Idem.*	1	
		— 656	Tiges de laminaria en tubes de verre	Tube.	10	
		— 492	Pince pour l'introduction des tiges de laminaria	Nombre.	1	
			19° Instruments pour les opérations générales.			
		— 47	Aphyso-cautère de Déchery	*Idem.*	1	
		— 55	Aspirateur de Potain	*Idem.*	1	
		— 669	Série de 4 trocarts à emboîtement avec manche métallique	Série.	1	
		— 421	Peau pour nettoyer les instruments	Nombre.	1	
		— 130	Caisse n° 1 métal nickelé et glaces pour contenir les instruments	*Idem.*	1	
		— 131	Caisse en chêne ciré avec 2 poignées, devant fermant à glissière, pour contenir cette armoire	*Idem.*	1	
			CAISSE N° 2.			
			Caisse pour ambulance de campagne.			
			1° Instruments pour usages généraux.			
		11.B. 99	Brosse pour antisepsie	*Idem.*	1	
		— 527	Rasoir à pansement	*Idem.*	1	
		— 187	Ciseaux forts droits pour vêtements	*Idem.*	1	
		— 606	Sonde cannelée forte en acier nickelé	*Idem.*	1	
		— 637	Stylet cannelé en acier nickelé	*Idem.*	1	
		— 655	Thermomètre à maxima avec étui métal nickelé	*Idem.*	1	
		— 474	Pince hémostatique à mors ordinaires, droite-longuette, pince clamps	*Idem.*	1	
		— 249	Cuir à rasoir avec pierre et bâton de pâte	*Idem.*	1	
			2° Instruments pour l'anesthésie.			
		— 402	Masque à chloroforme	*Idem.*	1	
		— 437	Pince tire-langue à érignes	*Idem.*	1	
			3° Instruments pour l'hémostase.			
		— 49	Appareil hémostatique de Lhomme	*Idem.*	1	
		— 647	Ténaculum à manche fixe	*Idem.*	1	
		— 5	Aiguille de Cooper à manche fixe	*Idem.*	1	
		— 481	Pince hémostatique droite, à mors plats, ordinaire, pince clamps	*Idem.*	12	
		— 479	Pince hémostatique droite, à mors plats, longue, pince clamps	*Idem.*	6	
		— 468	Pince hémostatique à griffes, de Kocher, de 0m 12	*Idem.*	4	
		— 447	Pince à torsion et à verrou	*Idem.*	2	

DÉNOMINATION ET CLASSIFICATION DES MATIÈRES ET OBJETS.				ESPÈCE des UNITÉS.	QUANTITÉS entrant dans la composition de la caisse.	OBSERVATIONS.
PAR UNITÉ SOMMAIRE.		PAR SUBDIVISION.				
Numéro et libellé.	Subdivision.	Numéros.	Dénominations.			
			4° Instruments pour sutures.			
		11.B. 15	Aiguille de Hagedorn demi-courbe	Nombre.	12	
		– 16	Aiguille de Hagedorn très courbe	*Idem.*	12	
		– 14	Aiguille de Hagedorn droite	*Idem.*	12	
		– 112	Boîte en métal pour aiguilles de Hagedorn	*Idem.*	1	
		– 490	Pince porte-aiguilles pour aiguille de Hagedorn, à cran d'arrêt, grand modèle	*Idem.*	1	
		– 17	Aiguille de Péan demi-courbe pour l'abdomen	*Idem.*	1	
		– 24	Aiguille à sutures droite, de Moy	*Idem.*	1	
		– 435	Pince à dissection forte	*Idem.*	1	
		– 433	Pince à dents de souris, forte	*Idem.*	1	
		– 591	Soie plate, tressée, bichlorurée, enroulée sur plaque de verre, par longueur de 10 mètres : très fine	Plaque.	1	
		– 593	Soie plate, tressée, bichlorurée, enroulée sur plaque de verre, par longueur de 10 mètres : moyenne	*Idem.*	2	
		– 594	Soie plate, tressée, bichlorurée, enroulée sur plaque de verre, par longueur de 10 mètres : grosse	*Idem.*	2	
		11.K. 5	Crin de Florence de Répin (tubes de 25 crins)	Tube.	2	
		– 2	Catgut de Répin n°s 1 et 3	*Idem.*	2	
		11.B. 331	Fil d'argent de $0^{m/m}5$ (rouleau de $2^{m}50$)	Rouleau.	2	
		– 335	Fil d'argent câblé fin	*Idem.*	1	
		– 336	Fil d'argent câblé moyen	*Idem.*	1	
			5° Instruments pour injections.			
		– 559	Seringue à injection de 1 centimètre cube	Nombre.	1	
11 Outillage, instruments et appareils divers.	**A** OBJETS POUR LE SERVICE DE SANTÉ EN CAMPAGNE. (Suite.)	– 375	Housse en peau pour la seringue de 1 c. c.	*Idem.*	1	
		– 85	Bouchons de liège	Les six.	6	
		– 582	Seringue de Roux de 20 centimètres cubes	Nombre.	1	
			6° Instruments pour ponctions.			
		– 669	Série de quatre trocarts à emboîtement avec manche métallique	Série.	1	
			7° Instruments pour corps étrangers.			
		– 497	Pince tire-balle	Nombre.	1	
		– 245	Crochet de Graefe	*Idem.*	1	
			8° Instruments pour amputations et résections.			
		– 232	Couteaux pour amputations : grand, $0^{m}205$	*Idem.*	1	
		– 233	Couteaux pour amputations : moyen, $0^{m}16$	*Idem.*	1	
		– 234	Couteaux pour amputations : petit, $0^{m}115$	*Idem.*	1	
		– 239	Couteau de Marcellin Duval	*Idem.*	1	
		– 69	Bistouris manche métal à lame fixe : pointue large	*Idem.*	2	
		– 65	Bistouris manche métal à lame fixe : convexe	*Idem.*	2	
		– 64	Bistouris manche métal à lame fixe : boutonnée	*Idem.*	1	
		– 72	Bistouris manche métal à lame fixe : à résection de Farabeuf, pointe au milieu	*Idem.*	1	
		– 197	Ciseaux droits ordinaires grands	*Idem.*	2	
		– 196	Ciseaux courbes ordinaires grands	*Idem.*	2	
		– 259	Curette de Wolkmann n° 1	*Idem.*	1	
		– 258	Curette de Wolkmann n° 3	*Idem.*	1	
		– 552	Scie à chaîne	*Idem.*	1	

DÉNOMINATION ET CLASSIFICATION DES MATIÈRES ET OBJETS.				ESPÈCE des UNITÉS.	QUANTITÉS entrant dans la composition de la caisse.	OBSERVATIONS.
PAR UNITÉ SOMMAIRE.		PAR SUBDIVISION.				
Numéro et libellé.	Subdivision.	Numéros.	Dénominations.			
11 Outillage, instruments et appareils divers.	A Objets pour le service de santé en campagne. (Suite.)	11.B.601	Sonde à résection de Blandin démontante	Nombre.	1	
		– 551	Scie à amputation et résection à lame tournante	*Idem.*	1	
		– 381	Lame pour la scie à amputation et résection, feuillet pour amputation	*Idem.*	2	
		– 381	Lame pour la scie à amputation et résection, feuillet pour résection	*Idem.*	2	
		– 286	Davier à résection de Farabeuf (articulation double)	*Idem.*	1	
		– 541	Rugine courbe à manche	*Idem.*	1	
		– 544	Détache-tendon d'Ollier (rugine)	*Idem.*	1	
		– 661	Trépan à cliquet, avec perforateur et fraises de Doyen	*Idem.*	1	
		– 400	Maillet en plomb enveloppé de maillechort	*Idem.*	1	
		– 178	Ciseau-burin ordinaire de 0^m,013 de largeur	*Idem.*	1	
		– 366	Gouge à manche de Legouest	*Idem.*	1	
		– 170	Cisaille à tranchant unique courbe	*Idem.*	1	
			9° Instruments pour les yeux.			
		– 83	Blépharostat ordinaire en argent, angle externe	*Idem.*	1	
		– 227	Couteau de Graefe étroit	*Idem.*	1	
		– 378	Kystitome avec curette en argent à tige flexible	*Idem.*	1	
		– 439	Pince à fixation du globe oculaire	*Idem.*	1	
		– 441	Pince à iridectomie droite	*Idem.*	1	
		– 260	Ciseaux à iridectomie droits	*Idem.*	1	
		– 416	Ophtalmoscope de Follin	*Idem.*	1	
		– 115	Boîte en métal pour contenir ces instruments, l'ophtalmoscope excepté	*Idem.*	1	
			10° Instruments pour les dents.			
		– 212	Clef de Garengeot avec 4 crochets pour adulte	*Idem.*	1	
		– 291	Davier droit français	*Idem.*	1	
		– 289	Davier courbe sur le plat, français	*Idem.*	1	
			11° Instruments pour les voies urinaires.			
		– 610	Sonde en argent pour homme n° 14	*Idem.*	1	
		11.C. 75	Sondes de Nelaton, n°s 19 et 21	*Idem.*	2	
		– 26	Sondes en gomme, fabrication Rondeau, n°s 4, 6, 8, 10, 12, 14	*Idem.*	6	
		– 2, 10	Bougies coniques, fabrication Rondeau, n°s 3, 4, 6, 8, 10, 12	*Idem.*	6	
		11.B. 690	Tube de verre avec bouchon en caoutchouc pour les bougies	*Idem.*	1	
			12° Cautérisation.			
		– 654	Thermo-cautère de trousse	*Idem.*	1	
		– 421	Peau pour nettoyer les instruments	*Idem.*	1	
		– 133	Caisse pour contenir ces instruments composée de plateaux en noyer découpé, renfermés dans une boîte en métal nickelée, à poignées. — Vide, sans la housse	*Idem.*	1	
		– 373	Housse en cuir fort pour la caisse n° 2	*Idem.*	1	

DÉNOMINATION ET CLASSIFICATION DES MATIÈRES ET OBJETS.				ESPÈCE des UNITÉS.	QUANTITÉS entrant dans la composition de la caisse.	OBSERVATIONS.
PAR UNITÉ SOMMAIRE.		PAR SUBDIVISION.				
Numéro et libellé.	Subdivision.	Numéros.	Dénominations.			
			CAISSE N° 3.			
			Caisse pour service régimentaire et postes médicaux.			
11 Outillage, instruments et appareils divers.	A Objets pour le service de santé en campagne. (Suite.)	11.B. 655	Thermomètre à maxima avec étui métallique	Nombre.	1	
		— 527	Rasoir à pansement	*Idem.*	1	
		— 190	Ciseaux coudés de Vézien	*Idem.*	1	
		— 60	Bande hémostatique (modèle de la Guerre) grande	*Idem.*	1	
		— 5	Aiguille à ligature de Cooper	*Idem.*	1	
		— 606	Sonde cannelée en acier	*Idem.*	1	
		— 637	Stylet cannelé en acier	*Idem.*	1	
		— 199	Ciseaux droits ordinaires moyens	*Idem.*	1	
		— 587	Soie plate tressée, bichlorurée, enroulée sur plaque de verre, par longueur de 10 mètres : Très fine	Plaque.	1	
		— 589	Moyenne	*Idem.*	2	
		— 590	Grosse	*Idem.*	2	
		— 591	Soie ronde, bichlorurée, enroulée sur plaque de verre, par longueur de 10 mètres : Très fine	*Idem.*	1	
		— 593	Moyenne	*Idem.*	2	
		— 594	Grosse	*Idem.*	2	
		— 331	Fil d'argent de 0 m/m 5 (rouleau de 2m 50)	Rouleau.	4	
		— 474	Pince hémostatique, à mors ordinaires, droite, longuette.	Nombre.	6	
		— 475	Pince hémostatique, à mors ordinaires, droite, ordinaire, pince clamps	*Idem.*	4	
		— 468	Pince hémostatique de Kocher, à griffes, de 0m 12, pince clamps	*Idem.*	2	
		— 447	Pince à torsion et à verrou	*Idem.*	1	
		— 19	Aiguille de Reverdin, demi-courbe	*Idem.*	1	
		— 14, 15, 16	Aiguilles à sutures, assorties, de Hagedorn	*Idem.*	12	
		— 112	Boîte en métal pour aiguilles	*Idem.*	1	
		— 317	Épingles à suture	*Idem.*	50	
		— 490	Pince porte-aiguilles grand modèle, à cran d'arrêt, pour aiguilles de Hagedorn	*Idem.*	1	
		— 67	Bistouri à manche fixe : droit, de Chassaignac	*Idem.*	2	
		— 65	Bistouri à manche fixe : convexe	*Idem.*	2	
		— 233	Couteau à amputation moyen, de 0m 16	*Idem.*	1	
		— 239	Couteau de Marcellin Duval	*Idem.*	1	
		— 551	Scie à amputation et résection à lame tournante	*Idem.*	1	
		— 381	Lame de rechange pour la scie : feuillet pour amputation	*Idem.*	2	
		— 381	Lame de rechange pour la scie : feuillet pour résection	*Idem.*	1	
		— 676	Tubes à drainage assortis (par longueur de 0m 50)	*Idem.*	5	
		— 151	Canule à trachéotomie de Krishaber pour adulte, n° 6	*Idem.*	1	
		— 212	Clef de Garengeot pour adulte	*Idem.*	1	
		— 280	Davier anglais pour incisives et canines supérieures	*Idem.*	1	
		— 497	Pince tire-balles	*Idem.*	1	
		11.C. 75	Sondes de Nélaton : n°s 12, 16, 19, 21, fabrication Rondeau	*Idem.*	4	
		— 26	Sondes en gomme coniques, n°s 9, 11, 13, 15, 18, fabrication Rondeau	*Idem.*	5	
		11.B. 690	Tube en verre avec bouchon en caoutchouc pour les sondes	*Idem.*	1	
		— 669	Série de 4 trocarts à emboîtement avec manche métallique.	Série.	1	
		— 559	Seringue à injection de 1 centimètre cube	Nombre.	1	

DÉNOMINATION ET CLASSIFICATION DES MATIÈRES ET OBJETS.				ESPÈCE des UNITÉS.	QUANTITÉS entrant dans la composition de la caisse.	OBSERVATIONS.
PAR UNITÉ SOMMAIRE.		PAR SUBDIVISION.				
Numéro et libellé.	Subdivision.	Numéros.	Dénominations.			
		11.B. 375	Housse en peau pour la seringue de 1 c. c.	Nombre.	1	
		— 85	Bouchons en liège	Les six.	6	
		— 584	Seringue pour injection de sérum artificiel de 50 centimètres cubes	Nombre.	1	
		10.I. 2	Chloroforme anesthésique Dumouthiers	1/2 tube.	2	
		11.B. 345	Flacon de 50 grammes, en verre, clissé en osier, pour contenir la solution de chlorhydrate de quinine à 1/10.	Nombre.	1	
		— 215	Comprimés pour injections médicamenteuses (en tube de verre) de chlorhydrate de cocaïne (comprimés de 1 centigramme)	Les vingt.	20	
		— 216	Comprimés pour injections médicamenteuses (en tube de verre) de chlorhydrate de morphine (comprimés de 1 centigramme)	*Idem.*	20	
		— 217	Comprimés pour injections médicamenteuses (en tube de verre) de chlorhydrate de quinine (comprimés de 25 centigrammes)	*Idem.*	20	
		— 421	Peau pour nettoyer les instruments	Nombre.	1	
		— 135	Boîte pour contenir tous ces instruments composée de plateaux en noyer découpé, renfermés dans une boîte en métal nickelé, à poignées. — Vide, sans la housse	*Idem.*	1	
		— 374	Housse en cuir fort pour la caisse n° 3	*Idem.*	1	
11 **Outillage, instruments et appareils divers.**	A OBJETS POUR LE SERVICE DE SANTÉ EN CAMPAGNE. (Suite.)		**CAISSE N° 4.**			
			Caisse pour opérations spéciales (œil, oreille, pharynx, larynx, abdomen, anus) pour grand hôpital.			
			1° Œil.			
		11.B. 83	Blépharostat en argent, à vis de pression : angle externe.	Nombre.	1	
		— 84	Blépharostat en argent, à vis de pression : angle interne.	*Idem.*	1	
		— 529	Releveur des paupières, en argent	*Idem.*	2	
		— 439	Pince à ressort pour fixer le globe oculaire de Graefe.	*Idem.*	1	
		— 228	Couteau de Graefe, large	*Idem.*	2	
		— 227	Couteau de Graefe, étroit	*Idem.*	2	
		— 241	Couteau lancéolaire, droit	*Idem.*	1	
		— 240	Couteau lancéolaire, coudé	*Idem.*	1	
		— 378	Kystitome flexible avec curette en argent	*Idem.*	1	
		— 254	Curette en écaille avec kystitome	*Idem.*	1	
		— 451	Pince courbe pour nettoyer la plaie (iridectomie)	*Idem.*	1	
		— 26	Aiguille à discision de Bowmann	*Idem.*	1	
		— 40	Aiguille pour corps étrangers de la cornée	*Idem.*	1	
		— 441	Pince à iridectomie, droite	*Idem.*	1	
		— 440	Pince à iridectomie, courbe	*Idem.*	1	
		— 206	Ciseaux à iridectomie, droits	*Idem.*	1	
		— 205	Ciseaux à iridectomie, courbes sur le plat	*Idem.*	1	
		— 209	Ciseaux-pince de Wecker mousses	*Idem.*	1	
		— 41	Aiguille à paracentèse avec stylet	*Idem.*	1	
		— 639	Stylet conique pour dilatation du point lacrymal	*Idem.*	1	
		— 235	Couteau boutonné demi-courbe de Weber	*Idem.*	1	

DÉNOMINATION ET CLASSIFICATION DES MATIÈRES ET OBJETS.				ESPÈCE des UNITÉS.	QUANTITÉS entrant dans la composition de la caisse.	OBSERVATIONS.
PAR UNITÉ SOMMAIRE.		PAR SUBDIVISION.				
Numéro et libellé.	Subdivision.	Numéros.	Dénominations.			
11 Outillage, instruments et appareils divers.	A Objets pour le service de santé en campagne. (Suite.)	11 f B. 640	Stylet double cylindrique de Bowmann en argent, série de 3	Série.	1	
		— 572	Seringue d'Anel	Nombre.	1	
		— 80	Bistouri fin, droit, petit, pour les paupières, convexe	Idem.	1	
		— 453	Pince de Desmares	Idem.	1	
		— 436	Pince à épiler	Idem.	1	
		— 20	Aiguille de Reverdin, très fine, demi-courbe	Idem.	1	
		— 36	Aiguille à suture, très fine, demi-courbe	Idem.	12	
		— 514	Porte-aiguilles de De Wecker	Idem.	1	
		— 595	Soie très fine à suture, phéniquée, sur plaque de verre (par longueurs de 10 mètres)	Plaque.	3	
		— 334	Fil d'argent de 0mm2	Rouleau.	2	
		— 243	Crochet à strabisme d'Abadie	Nombre.	1	
		— 207	Ciseaux droits pour strabisme	Idem.	1	
		— 203	Ciseaux courbes pour strabisme	Idem.	1	
		— 202	Ciseaux pour énucléation	Idem.	1	
		— 324	Figure de thermo-cautère à pointe aiguë, très fine	Idem.	1	
		— 410	Ophtalmoscope de Follin	Idem.	1	
		— 116	Boîte en métal pour contenir ces instruments	Idem.	1	
			2° Oreille.			
		— 410	Miroir frontal avec bandeau et manche	Idem.	1	
		— 630	Speculum de Toynbee (série de 3) en argent	Série.	1	
		— 641	Stylet double en argent, petit	Nombre.	3	
		— 643	Stylet porte-coton en argent, petit	Idem.	3	
		— 444	Pince à pansement à mors étroits	Idem.	1	
		— 431	Pince articulée pour corps étrangers (mors à curette)	Idem.	1	
		— 618	Sonde d'Itard, en argent, n° 3	Idem.	1	
		— 509	Poire à air de Politzer avec bout olivaire	Idem.	1	
		— 63	Bistouri droit à lame fixe et flexible	Idem.	1	
		— 370	Gouge de Stacke pour l'apophyse mastoïde, série de trois.	Série.	1	
		— 256	Curette pour l'apophyse mastoïde	Nombre.	1	
			3° Nez.			
		— 627	Speculum de Duplay	Idem.	1	
		— 645	Stylet pour le nez, en acier nickelé	Idem.	1	
		— 520	Porte-caustique, manche en métal	Idem.	1	
		— 454	Pince à polype, de Duplay, courbe	Idem.	1	
		— 248	Cuillère mousse pour corps étrangers	Idem.	1	
		— 154	Canule rétro-nasale pour irrigations, en métal	Idem.	1	
			4° Pharynx et larynx.			
		— 496	Pince pour végétations adénoïdes, moyenne	Idem.	1	
		— 1	Abaisse-langue pliant, en acier nickelé	Idem.	1	
		— 500	Pinceau pour le pharynx, monté sur manche en métal	Idem.	2	
		— 499	Pinceau pour le larynx, monté sur manche en métal	Idem.	2	
		— 45	Amygdalotome	Idem.	1	
		— 151	Canule en argent de Krishaber, pour adulte, n° 6	Idem.	1	
		— 147	Canule en argent de Krishaber, pour enfant, n° 2	Idem.	1	
		— 294	Dilatateur de Laborde	Idem.	1	

DÉNOMINATION ET CLASSIFICATION DES MATIÈRES ET OBJETS.				ESPÈCE des UNITÉS.	QUANTITÉS entrant dans la composition de la caisse.	OBSERVATIONS.
PAR UNITÉ SOMMAIRE.		PAR SUBDIVISION.				
Numéro et libellé.	Subdivision.	Numéros.	Dénominations.			
11 Outillage, instruments et appareils divers.	A Objets pour le service de santé en campagne. (Suite.)	11.B.413	Miroir laryngien inoxydable, monté sur manche métal, rond, n° 2	Nombre.	1	
		— 414	Miroir laryngien inoxydable, monté sur manche métal, rond, n° 4	Idem.	1	
		— 480	Pince laryngienne de Fauvel	Idem.	1	
		— 245	Crochet de Graefe	Idem.	1	
			5° Abdomen.			
		— 66	Bistouri de Cooper, à manche fixe	Idem.	1	
		— 443	Pince à mors parallèles pour entérotomie, pince clamps	Idem.	1	
		— 482	Pince à forcipressure à mors plats en T	Idem.	2	
		— 446	Pince à suture, en fourche, de Lucas-Championnière	Idem.	1	
		— 585	Serre-fines en argent	Idem.	12	
			6° Anus.			
		— 448	Pince-cautère écrasante, à anneaux en buis, de Richet, pour hémorrhoïdes	Idem.	1	
		— 631	Speculum dilatateur de Trélat	Idem.	1	
		— 315	Gorgeret en ébène	Idem.	1	
		11.C. 58	Canule rectale en gomme noire, de 13 à 14 $^{m}/_{m}$ (fabrication Rondeau)	Idem.	1	
		11.B.604	Sonde cannelée en argent, avec stylet	Idem.	1	
		— 421	Peau pour nettoyer les instruments	Idem.	1	
		— 137	Caisse pour contenir ces instruments, composée de plateaux en noyer découpés, renfermés dans une boîte en métal nickelé, à poignées, vide	Idem.	1	
			CAISSE N° 5.			
			Caisse pour opérations sur les dents. (Grand hôpital.)			
		11.B.101	Brunissoir	Idem.	1	
		— 102	Burin droit	Idem.	1	
		— 320	Excavateur courbe (série de 12)	Série.	1	
		— 371	Grattoir courbe	Nombre.	1	
		— 356	Fraises variées (série de 12) pour pièces à main n° 7	Série.	1	
		— 357	Fraises variées (série de 12) pour angle droit n° 2	Idem.	1	
		— 409	Miroir buccal petit à manche articulé	Nombre.	1	
		— 600	Sonde à manche pour carie	Idem.	1	
		— 624	Spatule double pour mélange obturateur	Idem.	1	
		— 625	Spatule fouloir coudée	Idem.	1	
		— 311	Élévateur coudé langue de carpe	Idem.	1	
		— 341	Fil de platine (rouleau de 0m50)	Rouleau.	1	
		— 391	Lime à main 1/2 cylindrique droite	Nombre.	1	
		— 390	Lime à main 1/2 cylindrique courbe	Idem.	1	
		— 392	Lime à main plate	Idem.	1	
		— 463	Pince à pansement	Idem.	1	
		— 523	Porte-limes	Idem.	1	

DÉNOMINATION ET CLASSIFICATION DES MATIÈRES ET OBJETS.				ESPÈCE des UNITÉS.	QUANTITÉS entrant dans la composition de la caisse.	OBSERVATIONS.
PAR UNITÉ SOMMAIRE.		PAR SUBDIVISION.				
Numéro et libellé.	Subdivision.	Numéros.	Dénominations.			
		11.B. 372	Gutta-percha en cylindre pour obturation	Cylindre.	1	
		— 512	Poire en caoutchouc pour dessécher avec canule	Nombre.	1	
		— 212	Clef de Garengeot avec quatre crochets pour adulte	*Idem.*	1	
		— 282	Davier anglais pour molaires supérieures droites	*Idem.*	1	
		— 283	Davier anglais pour molaires supérieures gauches	*Idem.*	1	
		— 281	Davier anglais pour molaires inférieures	*Idem.*	1	
		— 280	Davier anglais pour incisives et canines supérieures	*Idem.*	1	
		— 279	Davier anglais pour incisives et canines inférieures	*Idem.*	1	
		— 285	Davier anglais pour racines supérieures	*Idem.*	1	
		— 284	Davier anglais pour racines inférieures	*Idem.*	1	
		— 278	Davier anglais pour dents de sagesse	*Idem.*	1	
		— 139	Boîte pour renfermer ces instruments	*Idem.*	1	
			CAISSE N° 5 BIS.			
		11.B. 658	Tour à fraiser complet avec pièce à main n° 7	*Idem.*	1	
		— 46	Angle droit n° 2	*Idem.*	1	
		— 358	Forets pour pièce à main n° 7	Douzaine.	2	
		— 359	Forets pour angle droit n° 2	*Idem.*	2	
		— 356	Fraises pour tour à fraiser pour pièce à main n° 7	*Idem.*	2	
		— 357	Fraises pour tour à fraiser pour angle droit n° 2	*Idem.*	2	
		— 139 *bis*	Caisse n° 5 *bis* vide	Nombre.	1	
11 **Outillage, instruments et appareils divers.**	**A** OBJETS POUR LE SERVICE DE SANTÉ EN CAMPAGNE. (Suite.)		**CAISSE N° 6.**			
			Caisse pour l'exploration des organes de la vision. (Grand hôpital.)			
		11.B. 309	Échelle typographique, modèle de la Guerre	*Idem.*	1	
		— 308	Échelle typographique, modèle de la Marine	*Idem.*	1	
		— 307	Échelle des couleurs, modèle de la Guerre	*Idem.*	1	
		— 379	Kératoscope de Chauvel	*Idem.*	1	
		— 398	Lunettes d'essai simples (Paire de)	*Idem.*	2	
		— 670	Trou sténopéique monté en bague à queue	*Idem.*	1	
		— 701	Verre coloré rouge monté en bague à queue	*Idem.*	1	
		— 702	Verre coloré vert monté en bague à queue	*Idem.*	1	
		— 703	Verre dépoli	*Idem.*	1	
		— 704	Verres prismatiques carrés : prismes de 2°, 5°, 10°, 15°	*Idem.*	4	
		— 705	Verres sphériques montés en bague à queue, *concaves :* double série des n^{os} $0^{d}50$, 1^{d}, $1^{d}50$, 2^{d}, $2^{d}50$, 3^{d}, $3^{d}50$, 4^{d}, $4^{d}50$, 5^{d}, 6^{d}, 7^{d}, 8^{d}, 9^{d}	*Idem.*	28	
		— 706	Verres sphériques montés en bague à queue, *convexes :* double série des n^{os} $0^{d}50$, 1^{d}, $1^{d}50$, 2^{d}, $2^{d}50$, 3^{d}, $3^{d}50$, 4^{d}, $4^{d}50$, 5^{d}, 6^{d}	*Idem.*	22	
		— 707	Verres cylindriques (astigmatisme) : double série des n^{os} $0^{d}50$, 1^{d}, $1^{d}50$, 2", 2 50, 3^{d}, $3^{d}50$, 4^{d}, $4^{d}50$, 5^{d}, 6, 7^{d}, 8^{d}, 9^{d}	*Idem.*	28	
		— 418	Optomètre de Badal en boîte	*Idem.*	1	
		— 141	Caisse pour renfermer ces instruments	*Idem.*	1	
		— 546	Réglette à skiascopie de Parent, de 0.50 à 19 dioptries	*Idem.*	1	

DÉNOMINATION ET CLASSIFICATION DES MATIÈRES ET OBJETS.				ESPÈCE des UNITÉS.	QUANTITÉS entrant dans la composition de la caisse.	OBSERVATIONS.
PAR UNITÉ SOMMAIRE.		PAR SUBDIVISION.				
Numéro et libellé.	Subdivision.	Numéros.	Dénominations.			
			CAISSE N° 7.			
			Caisse pour autopsie et anatomie. (Grand hôpital.)			
11 Outillage, instruments et appareils divers.	A Objets pour le service de santé en campagne. (Suite.)	11.B. 548	Scalpel fin	Nombre.	4	
		— 550	Scalpel pointu fort	Idem.	3	
		— 549	Scalpel convexe fort	Idem.	2	
		— 237	Couteau à autopsie : pointe au milieu	Idem.	2	
		— 236	Couteau à autopsie : convexe	Idem.	1	
		— 226	Couteau à cartilage	Idem.	1	
		— 230	Couteau à cerveau	Idem.	1	
		— 554	Scie à dos mobile, grande	Idem.	1	
		— 555	Scie à curseur gradué	Idem.	1	
		— 408	Marteau à crochet	Idem.	1	
		— 222	Costotome	Idem.	1	
		— 526	Rachitome d'Amussat	Idem.	1	
		— 182	Ciseaux droits ordinaires	Idem.	2	
		— 181	Ciseaux droits fins	Idem.	1	
		— 180	Ciseaux courbes	Idem.	1	
		— 189	Ciseaux entérotomes	Idem.	1	
		— 171	Cisaille coudée	Idem.	1	
		— 178	Ciseau burin de 13 m/m de largeur	Idem.	1	
		— 368	Gouge ordinaire de 10 m/m	Idem.	1	
		— 434	Pince à disséquer ordinaire	Idem.	1	
		— 435	Pince à disséquer forte	Idem.	1	
		— 318	Érigne à chaîne	Idem.	1	
		— 678	Tube insufflateur à robinets avec 2 bouts de rechange	Idem.	1	
		— 608	Sonde cannelée en acier	Idem.	1	
		— 11	Aiguille à sutures cadavériques	Idem.	6	
		— 143	Caisse pour contenir ces instruments	Idem.	1	
			CAISSE N° 8.			
			Petite caisse pour autopsie et anatomie. (Ambulance.)			
		11.B. 550	Scalpel fort pointu	Idem.	2	
		— 549	Scalpel fort convexe	Idem.	1	
		— 226	Couteau à cartilage	Idem.	1	
		— 554	Scie à dos mobile grande	Idem.	1	
		— 408	Marteau à crochet	Idem.	1	
		— 526	Rachitome	Idem.	1	
		— 182	Ciseaux droits ordinaires	Idem.	1	
		— 189	Ciseaux entérotomes	Idem.	1	
		— 435	Pince à dissection forte	Idem.	1	
		— 11	Aiguille pour sutures cadavériques	Idem.	6	
		— 145	Caisse pour contenir ces instruments	Idem.	1	

DÉNOMINATION ET CLASSIFICATION DES MATIÈRES ET OBJETS.				ESPÈCE des UNITÉS.	QUANTITÉS entrant dans la composition de la caisse.	OBSERVATIONS.
PAR UNITÉ SOMMAIRE.		PAR SUBDIVISION.				
Numéro et libellé.	Subdivision.	Numéros.	Dénominations.			
			TROUSSE N° 9.			
			Trousse pour médecins des colonies.			
11 Outillage, instruments et appareils divers.	A Objets pour le service de santé en campagne. (Suite.)	11.B. 527	Rasoir à pansement	Nombre.	1	
		— 76	Bistouri fermant convexe	Idem.	1	
		— 78	Bistouri fermant pointu ordinaire	Idem.	1	
		— 77	Bistouri fermant pointu étroit	Idem.	1	
		— 75	Bistouri fermant boutonné	Idem.	1	
		— 199	Ciseaux droits ordinaires moyens	Idem.	1	
		— 198	Ciseaux courbes ordinaires moyens	Idem.	1	
		— 603	Sonde cannelée avec aiguille de Cooper en argent	Idem.	1	
		— 615	Sonde d'homme, femme et enfant en argent	Idem.	1	
		— 23	Aiguille de Moy demi-courbe	Idem.	1	
		— 481	Pince hémostatique à mors plats, droite ordinaire	Idem.	1	
		— 447	Pince à verrou	Idem.	1	
		— 638	Stylet cannelé en argent	Idem.	1	
		— 655	Thermomètre à maxima avec étui métallique	Idem.	1	
		— 669	Série de 4 trocarts explorateurs avec manche métallique	Série	1	
		— 388	Lancette à vaccin	Nombre.	1	
		— 387	Lancette à saignée	Idem.	1	
		— 14, 15, 16	Aiguilles de Hagedorn assorties	Idem.	12	
		— 519	Porte-nitrate avec pince en argent	Idem.	1	
		— 588	Soie plate tressée à ligature : fine	Plaque.	1	
		— 589	Soie plate tressée à ligature : moyenne	Idem.	1	
		— 593	Soie ronde à sutures, moyenne	Idem.	1	
		— 559	Seringue à injection de 1 centimètre cube	Nombre.	1	
		— 671	Boîte-trousse en métal nickelé pour contenir ces instruments	Idem.	1	
		— 376	Housse en peau à fermoir pour la trousse	Idem.	1	
			TROUSSE N° 10.			
			Trousse pour infirmier.			
		11.B. 527	Rasoir à pansements	Idem.	1	
		— 190	Ciseaux dits de Vezien	Idem.	1	
		— 194	Ciseaux droits forts, de 0m 16	Idem.	1	
		— 473	Pince hémostatique à mors ordinaires, droite, longue	Idem.	1	
		— 623	Spatule cure-ongles acier	Idem.	1	
		— 674	Trousse en toile à voile pour contenir ces instruments	Idem.	1	
		— 78	Bistouri fermant lame pointue ordinaire	Idem.	1	
			CAISSE N° 11.			
			Caisse de chirurgie vétérinaire.			
	AA Caisses et trousses pour la chirurgie vétérinaire.	11.H. 46	Renette cintrée à droite dite « renette anglaise »	Idem.	1	
		— 24	Feuille de sauge à gauche	Idem.	3	
		— 23	Feuille de sauge à droite	Idem.	3	
		— 25	Feuille de sauge double	Idem.	3	
		— 44	Renette à clous de rue	Idem.	3	
		— 45	Renette à javart (renette ordinaire modifiée)	Idem.	3	

DÉNOMINATION ET CLASSIFICATION DES MATIÈRES ET OBJETS.				ESPÈCE des UNITÉS.	QUANTITÉS entrant dans la composition de la caisse.	OBSERVATIONS.
PAR UNITÉ SOMMAIRE.		PAR SUBDIVISION.				
Numéro et libellé.	Subdivision.	Numéros.	Dénominations.			
11 Outillage, instruments et appareils divers.	AA CAISSES ET TROUSSES POUR LA CHIRURGIE VÉTÉRINAIRE. (Suite.)	11.H. 22	Érigne ordinaire	Nombre.	2	
		— 20	Érigne à javart, plate	*Idem.*	1	
		— 63	Trocart d'essai	*Idem.*	1	
		— 59	Trocart de Charlier, long, à anneaux	*Idem.*	1	
		— 2	Aiguille à séton en 3 pièces	*Idem.*	3	
		— 55	Sonde en S	*Idem.*	1	
		— 33	Pince à anneaux	*Idem.*	2	
		— 16	Ciseaux courbes sur le plat	*Idem.*	3	
		— 17	Ciseaux droits	*Idem.*	3	
		— 19	Entérotomes	*Idem.*	1	
		— 31	Lancette	*Idem.*	2	
		— 51	Sonde cannelée à spatule	*Idem.*	2	
		— 6	Bistouri droit	*Idem.*	3	
		— 5	Bistouri boutonné	*Idem.*	1	
		— 1	Aiguille à bourdonnets	*Idem.*	2	
		— 58	Trépan	*Idem.*	1	
		— 3	Aiguilles à sutures variées	Douzaine.	2	
		— 35	Pince à griffes	Nombre.	2	
		— 34	Pince à dents de souris	*Idem.*	2	
		— 26	Flamme à deux lames	*Idem.*	2	
		— 18	Couteau à autopsie	*Idem.*	2	
		— 49	Seringue avec sa canule en étain, grande	*Idem.*	1	
		— 50	Seringue avec sa canule en étain, petite	*Idem.*	1	
		— 48	Scie à dos mobile	*Idem.*	1	
		— 47	Rogne-queue	*Idem.*	1	
		— 30	Herniotome	*Idem.*	1	
		— 9	Brûle-queue	*Idem.*	1	
		— 56	Spéculum oris (pas d'âne)	*Idem.*	1	
		— 66	Tube à trachéotomie	*Idem.*	2	
		— 42	Rabot odontriteur	*Idem.*	1	
		— 54	Sonde en plomb	*Idem.*	4	
		— 10	Caisse pour contenir les instruments	*Idem.*	1	

CAISSE N° 12.

Caisse de zoocautère.

Numéro et libellé.	Subdivision.	Numéros.	Dénominations.	Espèce des unités.	Quantités.	Observations.
		11.H. 37	Boîte de zoocautère avec accessoires contenant : Pointe cône pour feux peu profonds	*Idem.*	1	
		— 39	Pointe fine courte	*Idem.*	1	
		— 40	Pointe fine longue avec guide de pénétration	*Idem.*	1	
		— 29	Foyer cutellaire pour feux en raies	*Idem.*	1	
		— 28	Foyer cutellaire forme bache, système anglais	*Idem.*	1	
		— 38	Pointe demi-fine pour feux pénétrants	*Idem.*	1	
		— 7	Boîte pour renfermer ces objets	*Idem.*	1	

DÉNOMINATION ET CLASSIFICATION DES MATIÈRES ET OBJETS.				ESPÈCE des UNITÉS.	QUANTITÉS entrant dans la composition de la caisse.	OBSERVATIONS.
PAR UNITÉ SOMMAIRE.		PAR SUBDIVISION.				
Numéro et libellé.	Subdivision.	Numéros.	Dénominations.			
			TROUSSE N° 13.			
			Trousse pour vétérinaire.			
11 **Outillage, instruments et appareils divers.**	**A A** CAISSES ET TROUSSES POUR LA CHIRURGIE VÉTÉRINAIRE. (Fin.)	11.H. 15	Ciseaux courbes forts	Nombre.	1	
		— 33	Pince à anneaux	*Idem.*	1	
		— 34	Pince à dents de souris	*Idem.*	1	
		— 2	Aiguille à séton en 3 pièces	*Idem.*	1	
		— 21	Érigne mousse, manche métal	*Idem.*	1	
		— 22	Érigne pointue, manche métal	*Idem.*	1	
		— 51	Sonde cannelée à spatule nickelée	*Idem.*	1	
		— 1	Aiguille à bourdonnets	*Idem.*	1	
		— 43	Renette à bourdonnets	*Idem.*	3	
		— 25	Feuille de sauge double	*Idem.*	3	
		— 5	Bistouri boutonné	*Idem.*	1	
		— 6	Bistouri droit	*Idem.*	2	
		— 4	Bistouri convexe	*Idem.*	2	
		— 27	Flamme à 3 lames	*Idem.*	1	
		— 41	Porte-nitrate en caoutchouc durci	*Idem.*	1	
		31	Lancette	*Idem.*	2	
		— 3	Aiguille à suture	Douzaine.	3	
		— 52	Sonde cannelée	Nombre.	1	
		— 54	Sonde en plomb	*Idem.*	1	
		— 30	Pince de Péan	*Idem.*	2	
		— 60	Trocart à plaque	*Idem.*	1	
		— 64	Trousse pour contenir ces instruments	*Idem.*	1	

RÉCAPITULATION.

DÉSIGNATION DES MODÈLES.	PRIX MINISTÉRIELS.
Caisse n° 1	1,750f 00c
Caisse n° 2	960 00
Caisse n° 3	460 00
Caisse n° 4	635 00
Caisse n° 5	175 00
Caisse n° 5 *bis*	235 00
Caisse n° 6	250 00
Caisse n° 7	135 00
Caisse n° 8	62 00
Trousse n° 9	115 00
Trousse n° 10	25 00
Caisse n° 11	387 00
Caisse n° 12	187 00
Trousse n° 13	112 00

DÉNOMINATION ET CLASSIFICATION DES MATIÈRES ET OBJETS.				ESPÈCE des UNITÉS.	PRIX MINISTÉRIELS.	OBSERVATIONS.
PAR UNITÉ SOMMAIRE.		PAR SUBDIVISION.				
Numéro et libellé.	Subdivision.	Numéros.	Dénominations.		fr. c.	
11 Outillage, instruments et appareils divers.	B Instruments de chirurgie isolés.	1	Abaisse-langue pliant en métal nickelé	Nombre.	3 20	
		2	Abaisse-langue de Trousseau, manche fixe	*Idem.*	5 60	
		3	Agrafes de Dujarrier pour sutures osseuses (15 m/m, 20 m/m, 25 m/m)	*Idem.*	0 70	
		4	Agrafes du Dr Michel	Cent.	2 00	
		5	Aiguille à ligature de Cooper, à manche fixe	Nombre.	3 20	
		6	Aiguille à ligature de Deschamps, courbée à droite	*Idem.*	3 60	
		7	Aiguille à ligature de Deschamps, courbée à gauche	*Idem.*	3 60	
		8	Aiguille à manche pour passer la scie à chaîne	*Idem.*	4 00	
		9	Aiguille à suture, à pointe ronde, pour l'intestin : courbe.	*Idem.*	0 20	
		10	Aiguille à suture, à pointe ronde, pour l'intestin : demi-courbe	*Idem.*	0 20	
		11	Aiguille à suture cadavérique	*Idem.*	0 25	
		12	Aiguille à suture, de Boyer : courbe	*Idem.*	0 15	
		13	Aiguille à suture, de Boyer : demi-courbe	*Idem.*	0 15	
		14	Aiguille à suture de Hagedorn : droite	*Idem.*	0 15	
		15	Aiguille à suture de Hagedorn : demi-courbe	*Idem.*	0 15	
		16	Aiguille à suture de Hagedorn : très courbe	*Idem.*	0 15	
		17	Aiguille à suture, demi-courbe, pour l'abdomen, de Péan	*Idem.*	4 00	
		18	Aiguille à suture, de Reverdin : courbe	*Idem.*	10 40	
		19	Aiguille à suture, de Reverdin : demi-courbe	*Idem.*	10 40	
		20	Aiguille à suture, de Reverdin : demi-courbe, très fine, pour les yeux et l'intestin	*Idem.*	10 40	
		21	Aiguille à suture, de Reverdin : droite	*Idem.*	10 40	
		22	Aiguille à suture, hollandaise, de Moy : courbe	*Idem.*	1 40	
		23	Aiguille à suture, hollandaise, de Moy : demi-courbe	*Idem.*	1 40	
		24	Aiguille à suture, hollandaise, de Moy : droite	*Idem.*	1 40	
		25	Aiguille-canule pour aspirateur de Potain	*Idem.*	1 60	
		26	Aiguille de Bowmann pour la discision de la cataracte	*Idem.*	2 80	
		27	Aiguille de Chambon pour vaccination animale	*Idem.*	2 80	
		28	Aiguille de Roux pour staphylorrhaphie	*Idem.*	0 15	
		29	Aiguille de Emmet pour périnéorrhaphie (série de 3, assorties)	*Idem.*	4 40	
		30	Aiguille de rechange pour seringue de 1 centimètre cube, en acier et canon argent	*Idem.*	0 80	
		31	Aiguille de rechange pour seringue de 1 centimètre cube, en platine iridié, canon doré	*Idem.*	1 60	
		32	Aiguille en acier, pour seringue à injection de sérum artificiel, de 0m 06 de longueur	*Idem.*	1 20	
		33	Aiguille en platine iridié, pour seringue de Roux de 0m 06 de longueur	*Idem.*	4 80	
		34	Aiguille de Tuffier en platine iridié, de 0m 07, pour ponction lombaire	*Idem.*	6 40	
		35	Aiguille très fine, pour suture des paupières : courbe	*Idem.*	0 25	
		36	Aiguille très fine, pour suture des paupières : demi-courbe	*Idem.*	0 25	
		37	Aiguille pour aspirateur de Dieulafoy, grand modèle : fine	*Idem.*	1 60	
		38	Aiguille pour aspirateur de Dieulafoy, grand modèle : moyenne	*Idem.*	1 80	
		39	Aiguille pour aspirateur de Dieulafoy, grand modèle : grosse	*Idem.*	2 00	
		40	Aiguille pour corps étrangers de la cornée	*Idem.*	2 80	
		41	Aiguille pour paracentèse de la cornée, avec stylet en argent	*Idem.*	4 80	

DÉNOMINATION ET CLASSIFICATION DES MATIÈRES ET OBJETS.				ESPÈCE des UNITÉS.	PRIX MINISTÉRIELS.	OBSERVATIONS.
PAR UNITÉ SOMMAIRE.		PAR SUBDIVISION.				
Numéro et libellé.	Subdivision.	Numéros.	Dénominations.			
11 Outillage, instruments et appareils divers.	B INSTRUMENTS DE CHIRURGIE ISOLÉS. (Suite.)	42	Aiguille tubulée, à manche avec chasse-fil, légèrement courbe, pour sutures métaliques	Nombre.	8 00	
		43	Aiguille cannelée de Suzor pour abcès des amygdales ou du foie	*Idem.*	2 80	
		44	Allonge pour thermo-cautère	*Idem.*	1 20	
		45	Amygdalotome, avec 3 lames de rechange (grande-moyenne-petite)	*Idem.*	31 60	
		46	Angle droit n° 2 pour machine à fraiser	*Idem.*	20 00	
		47	Aphyso-cautère de Déchery	*Idem.*	96 00	
		48	Appareil hémostatique d'Esmarck (bande et collier)	*Idem.*	12 00	
		49	Appareil hémostatique du Dr Lhomme	*Idem.*	72 00	
		50	Appareil pour intubation du larynx de Froin Composé de : 6 tubes en métal doré, un introducteur; un doigtier extracteur; un ouvre bouche; une boîte pour cet appareil et accessoires.	*Idem.*	71 80	
		51	Arbre à trépan uni	*Idem.*	27 20	
		52	Armature en métal, à double courant, à robinets, avec bouchon en caoutchouc pour aspirateur de Potain	*Idem.*	4 80	
		53	Aspirateur de Bigelow, modifié par Guyon, pour l'aspiration des graviers, avec deux sondes aspiratrices de Guyon et mandrins en spirale	*Idem.*	64 00	
		54	Aspirateur de Dieulafoy, grand modèle, se montant sur la boîte Comprenant : 3 robinets; 3 trocarts thoraciques; 3 trocarts hépatiques; 3 tubes en caoutchouc, avec ajutages métalliques, s'adaptant aux robinets pour l'aspiration, pour le refoulement et pour le lavage; 1 paquet de fils métalliques; 1 boîte pour renfermer l'aspirateur et les accessoires, et pouvant servir de support.	*Idem.*	112 00	
		55	Aspirateur de Potain pour aspirer et injecter Comprenant : 1 aiguille aspiratrice en acier; 1 armature en métal, à double courant, à robinets; 1 bouchon de rechange en caoutchouc; 1 paquet de fils métalliques; 1 corps de pompe pour l'aspiration; 1 robinet à 2 ajutages pour trocarts, 3 trocarts pour canules et mandrins; 1 tube en caoutchouc, recouvert en laine, pour l'aspiration; 1 tube en caoutchouc rouge avec index en verre; 1 boîte en chêne, à encastrements, pour renfermer l'aspirateur et les accessoires.	*Idem.*	37 60	

DÉNOMINATION ET CLASSIFICATION DES MATIÈRES ET OBJETS.				ESPÈCE des UNITÉS.	PRIX MINISTÉRIELS.	OBSERVATIONS.
PAR UNITÉ SOMMAIRE.		PAR SUBDIVISION.				
Numéro et libellé.	Subdivision.	Numéros.	Dénominations.		fr. c.	
11 Outillage, instruments et appareils divers.	B INSTRUMENTS DE CHIRURGIE ISOLÉS. (Suite.)	56	Bâillon avec pignon	Nombre.	19 20	
		57	Ballon de Champetier de Ribes : grand (0m 10 de diamètre)	Idem.	8 20	
		58	Ballon de Champetier de Ribes : moyen (0m 08 de diamètre)	Idem.	8 20	
		59	Ballon de Champetier de Ribes : petit (0m 06 de diamètre)	Idem.	4 00	
		60	Bande hémostatique, modèle de la guerre, dans une boîte en carton : grande, 5 mètres	Idem.	6 00	
		61	Bande hémostatique, modèle de la guerre, dans une boîte en carton : petite, 1 mètre	Idem.	1 40	
		62	Bistouri à lame fixe, pour la taille hypogastrique	Idem.	3 20	
		63	Bistouri à lame fixe, droit, à tige flexible, pour l'oreille	Idem.	2 80	
		64	Bistouris à manche fixe, lames de 50 à 60m/m : lame boutonnée	Idem.	3 00	
		65	lame convexe	Idem.	3 00	
		66	lame de Cooper pour la hernie	Idem.	3 40	
		67	lame droite de Chassaignac	Idem.	3 00	
		68	lame pointue étroite	Idem.	3 00	
		69	lame pointue large	Idem.	3 00	
		70	Bistouri à manche fixe, lame de 85m/m pour phalanges : convexe	Idem.	3 80	
		71	Bistouri à manche fixe, lame de 85m/m pour phalanges : droit	Idem.	3 80	
		72	Bistouri à résection, de Farabeuf (manche fixe) : à pointe au milieu	Idem.	3 40	
		73	Bistouri à résection, de Farabeuf (manche fixe) : à pointe rabattue	Idem.	3 40	
		74	Bistouri de Dubois, pour débridement du col utérin	Idem.	4 00	
		75	Bistouris fermant pour trousses, avec manches métalliques : lame boutonnée	Idem.	3 00	
		76	lame convexe	Idem.	3 00	
		77	lame pointue étroite	Idem.	3 00	
		78	lame pointue ordinaire	Idem.	3 00	
		79	Bistouri fin, droit, petit, pour les paupières : concave	Idem.	2 80	
		80	Bistouri fin, droit, petit, pour les paupières : convexe	Idem.	2 80	
		81	Bistouri long, boutonné, à lame fixe, pour amygdales	Idem.	4 40	
		82	Bistouri long, étroit, pour staphylorrhaphie	Idem.	3 20	
		83	Blépharostat à vis de pression, en argent : pour angle externe	Idem.	5 60	
		84	Blépharostat à vis de pression, en argent : pour angle interne	Idem.	5 60	
		85	Bouchons en liège très fins (6 petits) pour les flacons de la seringue n° 559	Idem.	0 10	
		86	Bougie conductrice ou fouet pour uréthrotome de Maisonneuve	Idem.	1 60	
		87	Bougie de Béniqué, en étain, du n° 25 au n° 55	Idem.	1 00	
		88	Bougies doubles d'Hégar, en boîte de bois	Série de six	32 00	
		89	Bougies rectales en caoutchouc durci (série de 6)	Série.	5 20	
		90	Boules dilatatrices de Trousseau, en ivoire, pour l'œsophage, se vissant sur la baleine du crochet de Graefe (série de 6)	Idem.	16 80	
		91	Bouton de Chaput n° 1	Nombre.	2 40	
		92	Bouton de Chaput n° 2	Idem.	2 40	
		93	Bouton de Chaput n° 3	Idem.	2 40	
		94	Bouton de Chaput n° 4	Idem.	2 40	
		95	Bouton de Chaput n° 5	Idem.	2 40	

DÉNOMINATION ET CLASSIFICATION DES MATIÈRES ET OBJETS.				ESPÈCE des UNITÉS.	PRIX MINISTÉRIELS.	OBSERVATIONS.
PAR UNITÉ SOMMAIRE.		PAR SUBDIVISION.				
Numéro et libellé.	Subdivision.	Numéros.	Dénominations.		fr. c.	
11 Outillage, instruments et appareils divers.	B Instruments de chirurgie isolés. (Suite.)	96	Bouton de Murphy : grand	Nombre.	7 20	
		97	Bouton de Murphy : moyen	Idem.	7 20	
		98	Bouton de Murphy : petit	Idem.	7 20	
		99	Brosse pour antisepsie pour les mains	Idem.	0 20	
		100	Brosse pour trépan	Idem.	3 20	
		101	Brunissoir en acier pour les dents	Idem.	1 20	
		102	Burin droit pour les dents	Idem.	1 20	
		103	Boîte en chêne, *garnie* de 30 bougies de Béniqué, du n° 25 au n° 55 (pour grands hôpitaux)	Idem.	52 00	
		104	Boîte en chêne, *vide*, pour contenir 30 bougies de Béniqué du n° 25 au n° 55	Idem.	21 60	
		105	Boîte en chêne, *garnie* de 12 bougies de Béniqué, des n°s 25, 27, 29, 31, 33, 35, 37, 39, 41, 43, 45, 47 (pour ambulances)	Idem.	29 20	
		106	Boîte en chêne, *vide*, pour contenir 12 bougies de Béniqué des n°s 25, 27, 29, 31, 33, 35, 37, 39, 41, 43, 45, 47	Idem.	16 00	
		107	Boîte en métal pour appareil à intubation de Froin	Idem.	9 60	
		108	Boîte en gainerie pour laryngoscope de Krishaber	Idem.	6 40	
		109	Boîte en gainerie pour otoscope de Brunton	Idem.	5 20	
		110	Boîte en gainerie pour thermo cautère ordinaire	Idem.	8 00	
		111	Boîte en gainerie pour uréthrotome de Maisonneuve	Idem.	6 40	
		112	Boîte en métal nickelé pour contenir les aiguilles de Hagedorn	Idem.	2 40	
		113	Boîte en métal nickelé pour contenir les couteaux et bistouris de la caisse n° 1	Idem.	24 00	
		114	Boîte en métal nickelé pour contenir les instruments pour les yeux de la caisse n° 1	Idem.	20 00	
		115	Boîte en métal nickelé, pour contenir les instruments pour les yeux de la caisse n° 2	Idem.	9 60	
		116	Boîte en métal nickelé, pour contenir les instruments pour les yeux de la caisse n° 4	Idem.	36 00	
		117	Boîte d'instruments pour les yeux de la caisse n° 1, complète	Idem.	87 20	
		118	Boîte d'instruments pour les yeux de la caisse n° 2, complète	Idem.	42 20	
		119	Boîte d'instruments pour les yeux de la caisse n° 4, complète	Idem.	224 00	
		120	Boîte en métal nickelé pour épingles à suture	Idem.	1 00	
		121	Boîte en métal nickelé pour seringue à injection hypodermique de 1 centimètre cube	Idem.	1 00	
		122	Boîte en métal nickelé pour seringue de 5 centimètres cubes	Idem.	4 00	
		123	Boîte en métal nickelé pour seringue de 20 centimètres cubes, de Roux	Idem.	7 20	
		124	Boîte en métal nickelé pour seringue de 50 centimètres cubes, pour sérum artificiel	Idem.	12 80	
		125	Boîte en métal nickelé pour seringue d'Anel	Idem.	4 00	
		126	Boîte en métal nickelé pour seringue à instillation de Guyon	Idem.	4 00	
		127	Boîte métallique pour contenir les fraises du trépan de Doyen	Idem.	4 40	
		128	Boîte en chêne, avec encastrements, pour l'aspirateur de Dieulafoy, grand modèle, pouvant servir de support	Idem.	20 00	
		129	Boîte en chêne avec encastrement, pour l'aspirateur de Potain	Idem.	9 60	

DÉNOMINATION ET CLASSIFICATION DES MATIÈRES ET OBJETS.				ESPÈCE des UNITÉS.	PRIX MINISTÉRIELS.	OBSERVATIONS.
PAR UNITÉ SOMMAIRE.		PAR SUBDIVISION.				
Numéro et libellé.	Subdivision.	Numéros.	Dénominations.			
					fr. c.	
11 Outillage, instruments et appareils divers.	B Instruments de chirurgie isolés. (Suite.)	130	Caisse n° 1 pour ambulances permanentes ou hôpitaux secondaires, vide	Nombre.	316 75	
		131	Caisse en chêne ciré, avec deux poignées, devant fermant à glissière, pour contenir la caisse n° 1	*Idem.*	114 00	
		132	Caisse n° 1, complète	*Idem.*	1,744 60	
		133	Caisse n° 2 pour ambulances de campagne, vide, sans la housse	*Idem.*	204 75	
		134	Caisse n° 2, complète	*Idem.*	960 25	
		135	Caisse n° 3 pour service régimentaire, vide, sans la housse	*Idem.*	119 00	
		136	Caisse n° 3, complète	*Idem.*	459 56	
		137	Caisse n° 4 pour opérations spéciales, vide	*Idem.*	133 30	
		138	Caisse n° 4, complète	*Idem.*	631 50	
		139	Caisse n° 5, en chêne, avec encastrements, pour les instruments dentaires, vide	*Idem.*	50 20	
		139 *bis*	Caisse n° 5 *bis*, en chêne, avec encastrements pour le tour à fraiser et angle droit, vide	*Idem.*	64 00	
		140	Caisse n° 5, complète	*Idem.*	177 00	
		140 *bis*	Caisse n° 5 *bis*, complète	*Idem.*	235 20	
		141	Caisse n° 6, en chêne, avec encastrements, pour les instruments destinés à l'examen de la vision, vide	*Idem.*	38 95	
		142	Caisse n° 6, complète	*Idem.*	250 00	
		143	Caisse n° 7, en chêne, avec encastrements, pour autopsie, grand modèle, vide	*Idem.*	42 55	
		144	Caisse n° 7, complète	*Idem.*	135 00	
		145	Caisse n° 8, en chêne, avec encastrements, pour autopsie, petit modèle, vide	*Idem.*	27 00	
		146	Caisse n° 8, complète	*Idem.*	61 70	
		147	Canule double à trachéotomie de Krishaber, en argent, avec mandrin conducteur : pour enfant, n° 2	*Idem.*	11 20	
		148	pour enfant, n° 3	*Idem.*	12 00	
		149	pour adolescent, n° 4	*Idem.*	13 20	
		150	pour adolescent, n° 5	*Idem.*	14 80	
		151	pour adulte, n° 6	*Idem.*	20 00	
		152	pour adulte, n° 7	*Idem.*	24 00	
		153	Canule de Budin à double courant, en métal nickelé, pour irrigation vaginale	*Idem.*	8 00	
		154	Canule rétro-nasale pour irrigation, en métal nickelé	*Idem.*	2 00	
		155	Canule vaginale métallique d'Auvard	*Idem.*	2 40	
		156	Canules variées en argent, pour seringue d'Anel	*Idem.*	2 20	
		157	Canules variées en argent, d'Anel, pouvant s'adapter sur la seringue de Roux (droites et coudées à angle droit)	*Idem.*	2 20	
		158	Canule en verre, conique, pour injections uréthrales (Dr Janet)	*Idem.*	0 25	
		159	Canule en verre, petite, à bout olivaire, pour seringue à hydrocèle, stérilisable	*Idem.*	0 50	
		160	Catgut en flacon stérilisé. (Procédé Répin.)	*Idem.*	1 00	
		161	Cathéter cannelé pour enfant	*Idem.*	2 80	
		162	Cathéter cannelé, pour la taille, en acier nickelé, gros, n° 6	*Idem.*	2 80	
		163	Cathéter cannelé, pour la taille, en acier nickelé, moyen, n° 4	*Idem.*	2 80	
		164	Cathéter cannelé, pour la taille, en acier nickelé, petit, n° 2	*Idem.*	2 80	
		165	Cathéters nickelés du Dr Guyon, gradués au 1/6 de millimètre, n° 24 au n° 60	*Idem.*	2 40	

DÉNOMINATION ET CLASSIFICATION DES MATIÈRES ET OBJETS.				ESPÈCE des UNITÉS.	PRIX MINISTÉRIELS.	OBSERVATIONS.
PAR UNITÉ SOMMAIRE.		PAR SUBDIVISION.				
Numéro et libellé.	Subdivision.	Numéros.	Dénominations.		fr. c.	
11 **Outillage, instruments et appareils divers.**	**B** INSTRUMENTS DE CHIRURGIE ISOLÉS, (Suite.)	166	Cautère conique, pour les dents	Nombre.	1 00	
		167	Céphalotribe fenêtré de Tarnier	*Idem.*	52 80	
		168	Cisaille à résection : coudée	*Idem.*	12 00	
		169	Cisaille à résection : droite	*Idem.*	11 20	
		170	Cisaille à tranchant unique, courbe, pour esquilles	*Idem.*	4 80	
		171	Cisaille coudée pour autopsie	*Idem.*	8 20	
		172	Cisaille de ferblantier pour couper le zinc et la toile métallique	*Idem.*	5 60	
		173	Cisaille de Liston, droite, grandeur moyenne	*Idem.*	11 20	
		174	Cisaille à point d'appui pour couper les appareils plâtrés.	*Idem.*	12 00	
		175	Cisaille très courte pour section des côtes (opération d'Estlander)	*Idem.*	11 60	
		176	Ciseaux burins ordinaires, pour résection, de 7 m/m de largeur	*Idem.*	2 40	
		177	Ciseaux burins ordinaires, pour résection, de 10 m/m de largeur	*Idem.*	2 80	
		178	Ciseaux burins ordinaires, pour résection, de 13 m/m de largeur	*Idem.*	3 20	
		179	Ciseaux à dissection et autopsie : courbes fins	*Idem.*	1 80	
		180	Ciseaux à dissection et autopsie : courbes ordinaires	*Idem.*	1 80	
		181	Ciseaux à dissection et autopsie : droits fins	*Idem.*	2 30	
		182	Ciseaux à dissection et autopsie : droits ordinaires	*Idem.*	1 80	
		183	Ciseaux à épaulement pour achever la section cranienne.	*Idem.*	8 40	
		184	Ciseaux à lame mince et large pour résection articulaire (25 m/m, 30 m/m)	*Idem.*	8 40	
		185	Ciseaux coudés sur le champ, de 0^m 18	*Idem.*	6 00	
		186	Ciseaux de Politzer pour l'apophyse mastoïde	*Idem.*	2 80	
		187	Ciseaux droits, forts, pour vêtements	*Idem.*	4 80	
		188	Ciseaux embryotomes de Pinard	*Idem.*	13 60	
		189	Ciseaux entérotomes	*Idem.*	3 80	
		190	Ciseaux forts, coudés, de Vézien	*Idem.*	4 80	
		191	Ciseaux longs, droits ou courbes, pour avivement	*Idem.*	6 20	
		192	Ciseaux de Mac Even pour ostéotomie (n° 1, n° 2, n° 3).	*Idem.*	8 40	
		193	Ciseaux mousses, courbes sur le plat, de 0^m 16	*Idem.*	4 80	
		194	Ciseaux mousses, droits, de 0^m 16	*Idem.*	4 80	
		195	Ciseaux pour bec de lièvre	*Idem.*	4 80	
		196	Ciseaux ordinaires, grands, courbes sur le plat	*Idem.*	4 00	
		197	Ciseaux ordinaires, grands, droits	*Idem.*	4 00	
		198	Ciseaux ordinaires, moyens, courbes sur le plat	*Idem.*	3 40	
		199	Ciseaux ordinaires, moyens, droits	*Idem.*	3 40	
		200	Ciseaux ordinaires, petits, courbes sur le plat	*Idem.*	3 20	
		201	Ciseaux ordinaires, petits, droits	*Idem.*	3 00	
		202	Ciseaux pour les yeux, courbes, pour énucléation	*Idem.*	3 20	
		203	Ciseaux pour les yeux, courbes, pour le strabisme	*Idem.*	3 20	
		204	Ciseaux pour les yeux, courbes sur le côté, pour iridectomie	*Idem.*	3 20	
		205	Ciseaux pour les yeux, courbes sur le plat, pour iridectomie	*Idem.*	3 20	
		206	Ciseaux pour les yeux, droits, pour iridectomie	*Idem.*	3 00	
		207	Ciseaux pour les yeux, droits, pour le strabisme	*Idem.*	3 00	
		208	Ciseaux utérins, courbes	*Idem.*	9 60	
		209	Ciseaux-pinces, de De Wecker, pour iridectomie, à pointe mousse	*Idem.*	13 60	

DÉNOMINATION ET CLASSIFICATION DES MATIÈRES ET OBJETS.				ESPÈCE des UNITÉS.	PRIX MINISTÉRIELS.	OBSERVATIONS.
PAR UNITÉ SOMMAIRE.		PAR SUBDIVISION.				
Numéro et libellé.	Subdivision.	Numéros.	Dénominations.		fr. c.	
II Outillage, instruments et appareils divers.	B Instruments de chirurgie isolés. (Suite.)	210	Ciseaux-pinces, de De Wecker, pour iridectomie, avec une seule pointe	Nombre.	13 60	
		211	Ciseaux à émail pour les dents	Idem.	1 00	
		212	Clef de Garengeot, manche métal, à vis, avec 4 crochets, pour adultes	Idem.	5 80	
		213	Clef de Garengeot, manche métal, à vis, avec 4 crochets, pour enfants	Idem.	5 80	
		214	Compas d'épaisseur de Broca	Idem.	20 80	
		215	Comprimés de chlorhydrate de cocaïne à 1 centigramme	Tube de 20.	0 85	
		216	Comprimés de chlorhydrate de morphine à 1 centigramme	Idem.	0 85	
		217	Comprimés de chlorhydrate de quinine à 25 centigrammes	Idem.	0 85	
		218	Conducteur pour uréthrotome de Maisonneuve concave	Nombre.	3 00	
		219	Conducteur pour uréthrotome de Maisonneuve convexe	Idem.	3 00	
		220	Conducteur armé pour cathéter de Guyon	Idem.	1 80	
		221	Cornet à chloroforme de Raynaud	Idem.	3 40	
		222	Costotome pour autopsie	Idem.	5 60	
		223	Couronne de trépan avec curseur : forte	Idem.	8 80	
		224	Couronne de trépan avec curseur : petite	Idem.	6 40	
		225	Couronne de trépan avec curseur : pour apophyse mastoïde	Idem.	5 60	
		226	Couteau à cartilage, convexe, pour autopsie, manche en bois	Idem.	2 40	
		227	Couteau à cataracte de Graefe, étroit	Idem.	2 80	
		228	Couteau à cataracte de Graefe, large	Idem.	2 80	
		229	Couteau à cataracte de Richter	Idem.	2 80	
		230	Couteau à cerveau, manche en bois	Idem.	4 00	
		231	Couteau à désarticulation de 0m,07	Idem.	4 80	
		232	Couteaux à manche fixe pour amputation : grand, 0m,205	Idem.	5 20	
		233	Couteaux à manche fixe pour amputation : moyen, 0m,16	Idem.	4 80	
		234	Couteaux à manche fixe pour amputation : petit, 0m,115	Idem.	4 80	
		235	Couteau boutonné, demi-courbe, de Weber, pour les conduits lacrymaux	Idem.	2 80	
		236	Couteau court et fort pour autopsie, manche en bois : convexe	Idem.	2 40	
		237	Couteau court et fort pour autopsie, manche en bois : droit, pointe au milieu	Idem.	2 40	
		238	Couteau de Wecker pour les yeux	Idem.	2 80	
		239	Couteau de Marcellin Duval (petit)	Idem.	4 00	
		240	Couteau lancéolaire pour les yeux : coudé	Idem.	2 80	
		241	Couteau lancéolaire pour les yeux : droit	Idem.	2 80	
		242	Couteau pour les paupières, de Stilling	Idem.	2 80	
		243	Crochet à strabisme d'Abadie	Idem.	2 80	
		244	Crochet à tige coudée pour l'oreille	Idem.	2 00	
		245	Crochet œsophagien de Graefe, terminé par une éponge et pouvant recevoir les boules dilatatrices, en ivoire, de Trousseau	Idem.	5 60	
		246	Crochets pour clef de Garengeot (grand, moyen, petit, pointu)	Idem.	1 00	
		247	Crochet tranchant du Dr Ruault	Idem.	4 00	
		248	Cuillère mousse pour corps étranger du nez	Idem.	5 60	
		249	Cuir à rasoir, avec pierre et bâton de pâte	Idem.	8 00	
		250	Curette de Behag pour tumeurs adénoïdes : grande	Idem.	8 00	

DÉNOMINATION ET CLASSIFICATION DES MATIÈRES ET OBJETS.				ESPÈCE des UNITÉS.	PRIX MINISTÉRIELS.	OBSERVATIONS.
PAR UNITÉ SOMMAIRE.		PAR SUBDIVISION.				
Numéro et libellé.	Subdivision.	Numéros.	Dénominations.		fr. c.	
11 **Outillage, instruments et appareils divers.**	**B** INSTRUMENTS DE CHIRURGIE ISOLÉS. (Suite.)	251	Curette de Behag pour tumeurs adénoïdes : moyenne...	Nombre.	8 00	
		252	Curette de Behag pour tumeurs adénoïdes : petite......	*Idem.*	8 00	
		253	Curette double de Critchett et Bowmann en argent.....	*Idem.*	5 80	
		254	Curette en écaille de Graefe avec kystitome...........	*Idem.*	6 00	
		255	Curette mousse pour l'oreille........................	*Idem.*	3 60	
		256	Curette pour l'apophyse mastoïde..................	*Idem.*	5 20	
		257	Curettes tranchantes de Wolkmann : grandes n°s 5 et 6.	*Idem.*	6 00	
		258	Curettes tranchantes de Wolkmann : moyennes n°s 3 et 4	*Idem.*	5 60	
		259	Curettes tranchantes de Wolkmann : petites n°s 1 et 2..	*Idem.*	5 20	
		260	Curette tranchante pour l'oreille....................	*Idem.*	3 80	
		261	Curette utérine, double, de Pozzi..................	*Idem.*	8 80	
		262	Curette utérine, simple, tranchante, à injection, d'Auvard	*Idem.*	10 20	
		263	Curette utérine, simple, tranchante, en cuillère, de Simon, quatre grandeurs........................	*Idem.*	7 20	
		264	Curette utérine, simple, tranchante, fenêtrée, de Sims, quatre grandeurs..........................	*Idem.*	7 20	
		265	Curettes en acier ou excavateurs pour les dents. — Coudée à droite.................	*Idem.*	1 00	
		266	Curettes en acier ou excavateurs pour les dents. — Coudée à gauche................	*Idem.*	1 00	
		267	Curettes en acier ou excavateurs pour les dents. — Droite........................	*Idem.*	1 00	
		268	Cylindre en cristal, *de rechange*, pour seringue de 1 centimètre cube..............................	*Idem.*	0 35	
		269	Cylindre en cristal, *de rechange*, pour seringue de 5 centimètres cubes............................	*Idem.*	0 35	
		270	Cylindre en cristal, *de rechange*, pour seringue de 20 centimètres cubes............................	*Idem.*	0 60	
		271	Cylindre en cristal, *de rechange*, pour seringue de 50 centimètres cubes............................	*Idem.*	1 40	
		272	Cylindre en cristal, *de rechange*, pour seringue d'Anel...	*Idem.*	0 80	
		273	Cylindre en cristal, *de rechange*, pour seringue de Guyon.	*Idem.*	0 80	
		274	Cylindre en cristal, *de rechange*, pour seringue à hydrocèle stérilisable.. — de 50 grammes..	*Idem.*	1 40	
		275	Cylindre en cristal, *de rechange*, pour seringue à hydrocèle stérilisable.. — de 100 grammes.	*Idem.*	1 80	
		276	Cylindre en cristal, *de rechange*, pour seringue à hydrocèle stérilisable.. — de 150 grammes.	*Idem.*	1 20	
		277	Cystoscope de Luys..............................	*Idem.*	70 40	
		278	Daviers anglais à articulation démontante — pour dents de sagesse	*Idem.*	7 60	
		279	Daviers anglais à articulation démontante — pour incisives et canines inférieures...	*Idem.*	7 60	
		280	Daviers anglais à articulation démontante — pour incisives et canines supérieures	*Idem.*	7 60	
		281	Daviers anglais à articulation démontante — pour molaires inférieures..........	*Idem.*	7 60	
		282	Daviers anglais à articulation démontante — pour molaires supérieures droites	*Idem.*	7 60	
		283	Daviers anglais à articulation démontante — pour molaires supérieures gauches ...	*Idem.*	7 60	
		284	Daviers anglais à articulation démontante — pour racines inférieures...........	*Idem.*	7 60	
		285	Daviers anglais à articulation démontante — pour racines supérieures..........	*Idem.*	7 60	
		286	Davier à résection de Farabeuf, articulation double......	*Idem.*	17 00	
		287	Davier à séquestre, à mors longs, courbes	*Idem.*	8 00	
		288	Davier à séquestre, à mors longs, droits.............	*Idem.*	8 00	
		289	Davier français, courbe sur le plat................	*Idem.*	3 20	
		290	Davier français, demi-courbe fin, pour racines.........	*Idem.*	3 20	
		291	Davier français, droit	*Idem.*	3 20	
		292	Déchaussoir en acier pour les dents................	*Idem.*	1 20	
		293	Diapason avec archet..........................	*Idem.*	11 60	
		294	Dilatateur de Laborde pour trachéotomie............	*Idem.*	9 60	
		295	Dilatateur utérin trivalve de Scanzoni	*Idem.*	17 60	
		296	Dilatateur rectal de Trélat........................	*Idem.*	20 40	

DÉNOMINATION ET CLASSIFICATION DES MATIÈRES ET OBJETS.				ESPÈCE des UNITÉS.	PRIX MINISTÉRIELS.	OBSERVATIONS.
PAR UNITÉ SOMMAIRE.		PAR SUBDIVISION.				
Numéro et libellé.	Subdivision.	Numéros.	Dénominations.		fr. c.	
		297	Diviseur des urines (Luys)	Nombre.	72 00	
		298	Doigtier-extracteur pour l'appareil de Froin	*Idem.*	2 40	
		299	Double-courant pour thermo-cautère avec robinet	*Idem.*	3 20	
		300	Drains en verre de Doyen, assortis	*Idem.*	0 35	
		301	Dynamomètre à deux aiguilles	*Idem.*	24 00	
		302	Écarteur à manche de Wolkmann, de $21^m/^m$ de largeur	La paire.	7 80	
		303	Écarteur à manche de Wolkmann, de $18^m/^m$ de largeur	*Idem.*	7 80	
		304	Écarteurs doubles de Farabeuf, la paire	*Idem.*	4 40	
		305	Écarteur des côtes pour passer la cisaille	Nombre.	7 40	
		306	Écarteur des parois du ventre de Péan (moyen)	La paire.	9 20	
		307	Échelle des couleurs	Nombre.	5 60	
		308	Échelle typographique de Monoyer	*Idem.*	2 40	
		309	Échelle typographique	*Idem.*	3 20	
		310	Écouvillon pour nettoyer les canules à trachéotomie	*Idem.*	0 25	
		311	Élévateur coudé, langue de carpe, pour les dents	*Idem.*	3 40	
		312	Élévatoire double	*Idem.*	3 40	
		313	Emporte-pièce à tranchant unique grand	*Idem.*	16 80	
		314	Emporte-pièce à tranchant unique moyen	*Idem.*	17 00	
		315	Emporte-pièce à tranchant unique petit	*Idem.*	14 40	
		316	Entérotome de Panas	*Idem.*	11 20	
		317	Épingles à suture	Cent.	0 35	
		318	Érigne à chaîne triple	Nombre.	0 60	
11 **Outillage, instruments et appareils divers.**	**B** INSTRUMENTS DE CHIRURGIE ISOLÉS. (Suite.)	319	Érigne à manche d'ébène, simple	*Idem.*	0 80	
		320	Excavateurs courbes pour les dents, série de 12	Série.	12 80	
		321	Figures en platine pour thermo-cautère en forme de couteau	Nombre.	22 40	
		322	Figures en platine pour thermo-cautère en pointe courbe, très fine pour les dents	*Idem.*	9 60	
		323	Figures en platine pour thermo-cautère en pointe mousse et courte pour pointes de feu	*Idem.*	20 00	
		324	Figures en platine pour thermo-cautère en pointe très fine, aiguë, pour la cornée	*Idem.*	9 60	
		325	Figures en platine pour thermo-cautère olivaire pour l'utérus	*Idem.*	25 60	
		326	Fil d'argent pour sutures de $1^m/^m$ 8 gr. en rouleau de 1^m00.	Rouleau.	1 90	
		327	Fil d'argent pour sutures de $0^m/^m9$ 7 gr. en rouleau de 1^m00.	*Idem.*	1 70	
		328	Fil d'argent pour sutures de $0^m/^m8$ 6 gr. en rouleau de 1^m00.	*Idem.*	1 45	
		329	Fil d'argent pour sutures de $0^m/^m7$ 5 gr. en rouleau de 1^m00.	*Idem.*	1 20	
		330	Fil d'argent pour sutures de $0^m/^m6$ 7 gr. en rouleau de 2^m50.	*Idem.*	1 65	
		331	Fil d'argent pour sutures de $0^m/^m5$ 5 gr. en rouleau de 2^m50.	*Idem.*	1 20	
		332	Fil d'argent pour sutures de $0^m/^m4$ 3 gr. en rouleau de 2^m50.	*Idem.*	0 75	
		333	Fil d'argent pour sutures de $0^m/^m3$ 2 gr. en rouleau de 2^m50.	*Idem.*	0 50	
		334	Fil d'argent pour sutures de $0^m/^m2$ 1 gr. en rouleau de 2^m50.	*Idem.*	0 25	
		335	Fils d'argent câblé pour sutures n° 1 en rouleau de 2^m50.	*Idem.*	5 60	
		336	Fils d'argent câblé pour sutures n° 2 en rouleau de 2^m50.	*Idem.*	6 40	
		337	Fils d'argent câblé pour sutures n° 3 en rouleau de 2^m50.	*Idem.*	7 20	
		338	Fil de fer recuit pour sutures osseuses	Mètre.	0 10	
		339	Fils métalliques, pour aiguilles d'aspirateur, en tubes de verre, contenant chacun 20 fils	Tube.	0 20	
		340	Fils métalliques, pour aiguilles de seringue, en paquets de 20 fils	Paquet.	0 10	
		341	Fil de platine, en rouleau de 0^m50, pour les dents	Rouleau.	7 20	
		342	Fil scie de Gigli, la douzaine	Douzaine.	6 00	
		343	Fil scie de Gigli (2 manches pour)	Nombre.	4 00	

DÉNOMINATION ET CLASSIFICATION DES MATIÈRES ET OBJETS.				ESPÈCE des UNITÉS.	PRIX MINISTÉRIELS.	OBSERVATIONS.
PAR UNITÉ SOMMAIRE.		PAR SUBDIVISION.				
Numéro et libellé.	Subdivision.	Numéros.	Dénominations.		fr. c.	
11 Outillage, instruments et appareils divers.	B INSTRUMENTS DE CHIRURGIE ISOLÉS. (Suite.)	344	Filière en maillechort de Charrière pour sondes et bougies.	Nombre.	1 80	
		345	Flacon en verre, de 50 grammes, clissé en osier, pour solution de chlorhydrate de quinine à 1/10 (caisse n° 3).	*Idem.*	3 35	
		346	Flacon en verre pour thermo-cautère, avec bouchon à vis	*Idem.*	3 35	
		347	Forceps à branches tractantes de Tarnier	*Idem.*	53 60	
		348	Forceps brisé de Pajot, détroit supérieur	*Idem.*	25 60	
		349	Forceps de Pajot, détroit inférieur	*Idem.*	24 00	
		350	Fouloir pour les dents avec brunissoir	*Idem.*	2 20	
		351	Fraises de Doyen pour les os se montant sur le trépan, de 4 m/m	*Idem.*	4 40	
		352	Fraises de Doyen pour les os se montant sur le trépan, de 8 m/m	*Idem.*	5 00	
		353	Fraises de Doyen pour les os se montant sur le trépan, de 12 m/m	*Idem.*	5 60	
		354	Fraises de Doyen pour les os se montant sur le trépan, de 16 m/m	*Idem.*	6 00	
		355	Fraises pour les dents (série de 12)	Série.	12 00	
		356	Fraises pour tour à fraiser, pour tour à main, n° 7	Douzaine.	6 40	
		357	Fraises pour tour à fraiser, pour angle droit, n° 2	*Idem.*	6 40	
		358	Foret pour les dents, pour pièce à main, n° 7	*Idem.*	6 40	
		359	Foret pour les dents, pour angle droit, n° 2	*Idem.*	6 40	
		360	Glaces de rechange pour la caisse n° 1. Glace de dessus, 0m 54 × 0m 30	Nombre.	4 80	
		361	Glaces de rechange pour la caisse n° 1. Glace de face, 0m 96 × 0m 51	*Idem.*	18 30	
		362	Glaces de rechange pour la caisse n° 1. Glace de fond, 0m 96 × 0m 54	*Idem.*	19 95	
		363	Glaces de rechange pour la caisse n° 1. Glace étamée pour le bas, 0m 54 × 0m 33	*Idem.*	6 45	
		364	Glaces de rechange pour la caisse n° 1. Glace de côté, 0m 96 × 0m 33	*Idem.*	11 25	
		365	Gorgeret en ébène	*Idem.*	2 40	
		366	Gouge à manche, de Legouest	*Idem.*	6 80	
		367	Gouge ordinaire de 7 m/m de largeur	*Idem.*	2 80	
		368	Gouge ordinaire de 10 m/m de largeur	*Idem.*	2 80	
		369	Gouge ordinaire de 13 m/m de largeur	*Idem.*	3 20	
		370	Gouge de Stacke pour apophyse mastoïde (série de 3)	Série.	6 00	
		371	Grattoir pour les dents, courbe	Nombre.	1 00	
		372	Gutta-percha en petits cylindres pour obturer les dents (cylindres de 20 grammes)	Cylindre.	2 00	
		373	Housse en cuir fort pour la caisse n° 2	Nombre.	20 90	
		374	Housse en cuir fort pour la caisse n° 3	*Idem.*	17 60	
		375	Housse en peau à fermoir pour la seringue n° 559	*Idem.*	1 95	
		376	Housse en peau à fermoir pour la trousse n° 9	*Idem.*	3 60	
		377	Hystéromètre à tige graduée	*Idem.*	3 60	
		378	Kystitome à tige flexible et à curette en argent	*Idem.*	4 40	
		379	Kératoscope du docteur Chauvel	*Idem.*	8 00	
		380	Lame de rechange pour amygdalotome : grande, moyenne, petite	*Idem.*	6 40	
		381	Lame de rechange pour scie à amputation et résection : feuillets pour amputation (grands, moyens et petits) et feuillets pour résection	*Idem.*	1 40	
		382	Lame de rechange pour uréthrotome, de Maisonneuve, concave	*Idem.*	3 40	
		383	Lame de rechange pour uréthrotome, de Maisonneuve, convexe	*Idem.*	3 40	
		384	Lampe à alcool, pour thermo-cautère de trousse, en métal nickelé	*Idem.*	2 40	
		385	Lampe à alcool, pour thermo-cautère ordinaire, en verre	*Idem.*	3 60	

DÉNOMINATION ET CLASSIFICATION DES MATIÈRES ET OBJETS.				ESPÈCE des UNITÉS.	PRIX MINISTÉRIELS.	OBSERVATIONS.
PAR UNITÉ SOMMAIRE.		PAR SUBDIVISION.				
Numéro et libellé.	Subdivision.	Numéros.	Dénominations.		fr. c.	
11 Outillage, instruments et appareils divers.	B Instruments de chirurgie isolés. (Suite.)	386	Lancette avec châsse en métal à abcès	Nombre.	1 80	
		387	Lancette avec châsse en métal à saignée	Idem.	1 20	
		388	Lancette avec châsse en métal à vaccination	Idem.	1 20	
		389	Laryngoscope de Krishaber, en boîte, complet	Idem.	27 20	
		390	Lime demi-cylindrique pour les dents, courbe	Idem.	0 60	
		391	Lime demi-cylindrique pour les dents, droite	Idem.	0 60	
		392	Lime plate, petite, double, pour les dents	Idem.	0 40	
		393	Lime taillée sur toutes les faces pour les dents	Idem.	0 80	
		394	Lithotome double	Idem.	37 60	
		395	Lithotome simple	Idem.	18 00	
		396	Lithotriteur à bascule et à bec plat, n°s 0, 1, 1 1/2	Idem.	52 00	
		397	Lithotriteur à pignon fenêtré et à dents alternes, n° 2	Idem.	55 60	
		398	Lunettes d'essai simples (Paire de)	Idem.	4 80	
		399	Magasin-chevalet pour agrafes du Dr Michel	Idem.	4 80	
		400	Maillet en plomb enveloppé de maillechort	Idem.	6 80	
		401	Manche carburateur pour thermo-cautère de trousse	Idem.	3 60	
		402	Masque à chloroforme en fil métallique	Idem.	4 00	
		403	Manche métallique nickelé pour les trocarts à emboîtement.	Idem.	2 00	
		404	Manche métallique nickelé pour clef de Garengeot	Idem.	2 00	
		405	Manche métallique nickelé pour miroir laryngien	Idem.	2 00	
		406	Manche pour thermo-cautère ordinaire	Idem.	3 20	
		407	Mandrin en maillechort pour sondes	Idem.	0 15	
		408	Marteau à crochet pour autopsie	Idem.	5 40	
		409	Miroir buccal petit, à manche articulé	Idem.	4 00	
		410	Miroir frontal, avec bandeau et manche, pour l'examen de l'oreille	Idem.	8 80	
		411	Miroir laryngien carré, inoxydable, n° 4	Idem.	1 60	
		412	Miroir laryngien carré, inoxydable, n° 3	Idem.	1 60	
		413	Miroir laryngien rond, inoxydable, n° 2	Idem.	1 60	
		414	Miroir laryngien rond, inoxydable, n° 4	Idem.	1 60	
		415	Olive en cristal pour la seringue de Guyon	Idem.	0 60	
		416	Ophtalmoscope de Follin, avec lentille, en boîte bois	Idem.	10 40	
		417	Ophtalmoscope de Pareut, à réfraction	Idem.	40 00	
		418	Optomètre de Badal	Idem.	64 00	
		419	Otoscope de Brunton, en boîte	Idem.	24 00	
		420	Ouvre-bouche pour l'appareil à intubation de Froin	Idem.	14 40	
		421	Peau rouge pour nettoyer les instruments (morceau de 0m 50 × 0m 30)	Idem.	1 80	
		422	Pelvimètre à cadran de Budin	Idem.	24 80	
		423	Perforateur à main (avec 3 forets)	Idem.	8 80	
		424	Perforateur à colonne torse (avec 3 forets)	Idem.	16 00	
		425	Perforateur à manivelle avec foret	Idem.	29 60	
		426	Pied-de-biche	Idem.	2 00	
		427	Pince à abaissement de l'utérus de Doléris à 2 griffes	Idem.	6 00	
		428	Pince à abaissement de l'utérus de Doléris à 4 griffes	Idem.	6 00	
		429	Pince à avivement longue, pour staphylorrhaphie, droite.	Idem.	4 80	
		430	Pince à avivement longue, pour staphylorrhaphie, courbe	Idem.	4 80	
		431	Pince articulée, mors à curette, pour corps étrangers de l'oreille	Idem.	9 60	
		432	Pince à dents de souris : fine	Idem.	1 80	
		433	Pince à dents de souris : forte	Idem.	2 00	
		434	Pince à dissection : fine	Idem.	1 40	

DÉNOMINATION ET CLASSIFICATION DES MATIÈRES ET OBJETS.				ESPÈCE des UNITÉS.	PRIX MINISTÉRIELS.	OBSERVATIONS.
PAR UNITÉ SOMMAIRE.		PAR SUBDIVISION.				
Numéro et libellé.	Subdivision.	Numéros.	Dénominations.		fr. c.	
II Outillage, instruments et appareils divers.	B Instruments de chirurgie isolés. (Suite.)	435	Pince à dissection : forte	Nombre.	1 60	
		436	Pince à épiler les cils	Idem.	2 00	
		437	Pince à érignes pour fixer la langue (anesthésie)	Idem.	6 00	
		438	Pince à érignes pour l'intestin	Idem.	4 40	
		439	Pince à fixer le globe de l'œil, de Graefe	Idem.	4 00	
		440	Pince à iridectomie : courbe	Idem.	2 40	
		441	Pince à iridectomie : droite	Idem.	2 40	
		442	Pince à langue de Laborde pour tractions continues	Idem.	4 00	
		443	Pince à mors parallèle pour entérotomie	Idem.	7 40	
		444	Pince à pansement, à mors étroits, pour l'oreille	Idem.	5 20	
		445	Pince à phimosis de Ricord, à crémaillère	Idem.	6 00	
		446	Pince à suture en fourche, de Lucas-Championnière	Idem.	3 40	
		447	Pince à torsion et à verrou	Idem.	4 00	
		448	Pince-cautère écrasante, à anneaux de buis, de Richet, pour hémorrhoïdes	Idem.	10 80	
		449	Pince courbe à iris	Idem.	2 40	
		450	Pince courbe ordinaire pour l'oreille	Idem.	3 00	
		451	Pince courbe pour nettoyer la plaie (iridectomie)	Idem.	2 40	
		452	Pince de Chambon pour vaccination animale	Idem.	3 80	
		453	Pince de Desmares pour les paupières	Idem.	4 80	
		454	Pince de Duplay pour polype du nez : courbe	Idem.	4 80	
		455	Pince de Duplay pour polype du nez : droite	Idem.	4 80	
		456	Pince de Doyen, articulation à doigt, 12 centimètres	Idem.	4 80	
		457	Pince de Museux, à érignes cachées, courbe	Idem.	8 00	
		458	Pince de Museux, à érignes cachées, droite	Idem.	8 00	
		459	Pince de Roux pour staphylorrhaphie	Idem.	4 00	
		460	Pince de Snellen pour les paupières : droite	Idem.	6 00	
		461	Pince de Snellen pour les paupières : gauche	Idem.	6 00	
		462	Pince à coprostase de Doyen	Idem.	6 80	
		463	Pince à pansement pour les dents	Idem.	1 25	
		464	Pince emporte-pièce pour la paroi crânienne	Idem.	14 00	
		465	Pince trépan	Idem.	30 40	
		466	Pince gouge moyenne pour résection : courbe	Idem.	9 60	
		467	Pince gouge moyenne pour résection : droite	Idem.	9 60	
		468	Pince hémostatique à griffes, de Kocher, de 0m12	Idem.	6 60	
		469	Pince hémostatique à griffes, de Kocher, de 0m14	Idem.	4 00	
		470	Pince hémostatique à griffes, de Kocher, de 0m18	Idem.	5 20	
		471	Pinces hémostatiques démontables. Pinces clamps avec articulation à doigts, — à mors ordinaires, courbes — longues ou utérines	Idem.	5 40	
		472	longuettes	Idem.	5 00	
		473	à mors ordinaires, droites — longues ou utérines	Idem.	5 40	
		474	longuettes	Idem.	5 00	
		475	ordinaires	Idem.	3 40	
		476	à mors plats, courbes sur le plat — longues ou utérines	Idem.	6 80	
		477	longuettes	Idem.	5 60	
		478	ordinaires	Idem.	4 00	
		479	à mors plats, droites — longues ou utérines	Idem.	6 80	
		480	longuettes	Idem.	5 60	
		481	ordinaires	Idem.	4 00	
		482	à mors plats spéciaux — en T	Idem.	4 80	
		483	en ┌	Idem.	4 80	
		484	en Δ	Idem.	4 80	
		485	en O	Idem.	4 80	

DÉNOMINATION ET CLASSIFICATION DES MATIÈRES ET OBJETS.				ESPÈCE des UNITÉS.	PRIX MINISTÉRIELS.	OBSERVATIONS.
PAR UNITÉ SOMMAIRE.		PAR SUBDIVISION.				
Numéro et libellé.	Subdivision.	Numéros.	Dénominations.		fr. c.	
11 Outillage, instruments et appareils divers.	B Instruments de chirurgie isolés. (Suite.)	486	Pince laryngienne de Fauvel	Nombre.	8 80	
		487	Pince longue à griffes latérales pour amygdales	Idem.	5 40	
		488	Pince emporte-pièce pour amygdales du Dr Ruault	Idem.	17 20	
		489	Pince porte-agrafes simple pour agrafes du Dr Michel	Idem.	3 20	
		490	Pince porte-aiguille, pour aiguilles de Hagedorn, à cran d'arrêt (grand modèle)	Idem.	11 60	
		491	Pince porte-aiguille, pour aiguilles de Hagedorn, à cran d'arrêt (petit modèle)	Idem.	11 60	
		492	Pince pour l'introduction des tiges de laminaria	Idem.	6 00	
		493	Pince pour porter le ballon de Champetier de Ribes : grande	Idem.	10 80	
		494	Pince pour porter le ballon de Champetier de Ribes : moyenne	Idem.	7 40	
		495	Pince pour réduction des phalanges	Idem.	10 00	
		496	Pince pour végétations adénoïdes, moyenne	Idem.	13 60	
		497	Pince tire-balle, à crémaillère, à triple dent	Idem.	6 00	
		498	Pince trocart de Wolfler	Idem.	9 60	
		499	Pinceau pour le larynx, monté sur manche en métal	Idem.	2 40	
		500	Pinceau pour le pharynx, monté sur manche en métal	Idem.	2 40	
		501	Piston de rechange pour seringue de 1 centimètre cube	Idem.	0 15	
		502	Piston de rechange pour seringue de 5 centimètres cubes	Idem.	0 40	
		503	Piston de rechange pour seringue de 20 centimètres cubes	Idem.	0 60	
		504	Piston de rechange pour seringue de 50 centimètres cubes	Idem.	1 20	
		505	Piston de rechange pour seringue d'Anel	Idem.	0 60	
		506	Piston de rechange pour seringue à hydrocèle, stérilisable, de 50 grammes	Idem.	1 20	
		507	Piston de rechange pour seringue à hydrocèle, stérilisable, de 100 grammes	Idem.	1 60	
		508	Piston de rechange pour seringue à hydrocèle, stérilisable, de 150 grammes	Idem.	2 00	
		509	Poire à air de Politzer, avec tube en caoutchouc et canule conique pour l'oreille	Idem.	7 60	
		510	Poire double pour thermo-cautère de trousse	Idem.	4 00	
		511	Poire double pour thermo-cautère ordinaire	Idem.	5 80	
		512	Poire en caoutchouc avec canule pour dessécher les dents	Idem.	3 20	
		513	Poire en caoutchouc avec monture métallique pour tube de Ribemont	Idem.	3 20	
		514	Porte-aiguille de De Wecker pour les yeux	Idem.	10 80	
		515	Porte-aiguille double pour aiguilles à injection de 0m06	Idem.	0 35	
		516	Porte-caustique de Lallemand, courbe, avec chaînon en argent	Idem.	12 00	
		517	Porte-caustique de Lallemand, droit, avec chaînon en argent	Idem.	12 00	
		518	Porte-caustique laryngien de Fauvel, en argent	Idem.	6 40	
		519	Porte-caustique ordinaire pour trousse, en caoutchouc durci	Idem.	2 40	
		520	Porte-caustique, manche métal, avec pince en argent, et coulant à vis, pour l'oreille et le nez	Idem.	6 60	
		521	Porte-coton intra-utérin	Idem.	1 20	
		522	Porte-fraises pour les dents, à colonne torse	Idem.	8 00	
		523	Porte-limes pour les dents	Idem.	4 00	
		524	Pulvérisateur de Lucas-Championnière à deux becs	Idem.	68 00	
		525	Bec de rechange pour ledit pulvérisateur	Idem.	8 00	
		526	Rachitome d'Amussat	Idem.	4 80	

DÉNOMINATION ET CLASSIFICATION DES MATIÈRES ET OBJETS.				ESPÈCE des UNITÉS.	PRIX MINISTÉRIELS.	OBSERVATIONS.
PAR UNITÉ SOMMAIRE.		PAR SUBDIVISION.				
Numéro et libellé.	Subdivision.	Numéros.	Dénominations.		fr. c.	
11 Outillage, instruments et appareils divers.	B Instruments de chirurgie isolés. (Suite.)	527	Rasoir à pansement	Nombre.	4 00	
		528	Rasoir pour la barbe	Idem.	4 00	
		529	Releveur des paupières en argent	Idem.	4 40	
		530	Releveur irrigateur des paupières du Dr Osco	Idem.	10 20	
		531	Réservoir à essence, en métal nickelé, pour le thermocautère de trousse	Idem.	2 40	
		532	Rhinoscope de Duplay	Idem.	12 80	
		533	Rondelle-joint de rechange pour seringue de 1 centimètre cube (deux)	Idem.	0 10	
		534	Rondelle-joint de rechange pour seringue de 5 centimètres cubes (deux)	Idem.	0 15	
		535	Rondelle-joint de rechange pour seringue de 20 centimètres cubes (deux)	Idem.	0 20	
		536	Rondelle-joint de rechange pour seringue de 50 centimètres cubes (deux)	Idem.	0 30	
		537	Rondelle-joint de rechange pour seringue d'Anel (deux)	Idem.	0 15	
		538	Rondelle-joint de rechange pour seringue à hydrocèle stérilisable de 50 grammes (deux)	Idem.	0 40	
		539	Rondelle-joint de rechange pour seringue à hydrocèle stérilisable de 100 grammes (deux)	Idem.	0 50	
		540	Rondelle-joint de rechange pour seringue à hydrocèle stérilisable de 150 grammes (deux)	Idem.	0 60	
		541	Rugine courbe à manche	Idem.	5 00	
		542	Rugine de Farabeuf : courbe	Idem.	5 00	
		543	Rugine de Farabeuf : droite	Idem.	5 00	
		544	Rugine détache-tendons d'Ollier	Idem.	5 00	
		545	Rugines de toutes formes pour nettoyer les dents	Idem.	1 00	
		546	Règle à skiascopie, combinaison de 0,50 à 19 dioptries	Idem.	28 80	
		547	Rétracteur de Dujardin-Baumetz	Idem.	32 00	
		548	Scalpel fin (manche bois)	Idem.	0 80	
		549	Scalpel fort à autopsie, manche bois : convexe	Idem.	2 00	
		550	Scalpel fort à autopsie, manche bois : pointu	Idem.	2 00	
		551	Scie à amputation et résection, à lames tournantes	Idem.	36 00	
		552	Scie à chaîne, avec crochets, étau, aiguille et deux manches, métal nickelé	Idem.	16 00	
		553	Scie à curseur gradué, pour autopsie	Idem.	14 80	
		554	Scie à dos mobile, pour autopsie : grande	Idem.	7 40	
		555	Scie à dos mobile pour autopsie : petite	Idem.	5 40	
		556	Seringue à injections cadavériques, grande, de 1,200 gr., avec collier, 2 manchons, 3 robinets, 3 canules	Idem.	68 00	
		557	Seringue à injection cadavérique, moyenne, de 180 grammes, avec 2 robinets et 2 canules	Idem.	22 40	
		558	Seringue à injection cadavérique, petite, de 30 grammes, avec 2 robinets et 2 canules	Idem.	12 00	
		559	Seringue à injection hypodermique de 1 centimètre cube, en métal nickelé, stérilisable en boîte métallique nickelée, avec 3 aiguilles dont 1 en platine iridié, 3 pistons de rechange, 3 jeux de rondelles-joints de rechange, un paquet de fils métalliques, et 3 petits flacons de verre bouchés à l'émeri	Idem.	12 00	
		560	Seringue à injections hypodermiques en argent, de 1 centimètre cube, dans un étui en métal nickelé, avec 2 aiguilles dont une en platine iridié pour la trousse de médecin	Idem.	12 00	

DÉNOMINATION ET CLASSIFICATION DES MATIÈRES ET OBJETS.				ESPÈCE des UNITÉS.	PRIX MINISTÉRIELS.	OBSERVATIONS.
PAR UNITÉ SOMMAIRE.		PAR SUBDIVISION.				
Numéro et libellé.	Subdivision.	Numéros.	Dénominations.			
					fr. c.	
11 Outillage, instruments et appareils divers.	B INSTRUMENTS DE CHIRURGIE ISOLÉS. (Suite.)	561	Seringues stérilisables en cristal à cylindre et piston interchangeable, logés séparément dans une boîte métallique avec 2 aiguilles d'acier de .... de 1 gramme. .	Nombre.	3 20	
		562	de 2 grammes.	*Idem.*	3 20	
		563	de 5 grammes.	*Idem.*	4 80	
			Rechanges pour la seringue ci-dessus :			
		564	Cylindres de rechange pour la seringue .... de 1 gramme. .	*Idem.*	0 80	
		565	de 2 grammes.	*Idem.*	0 80	
		566	de 5 grammes.	*Idem.*	0 80	
		567	Pistons de rechange pour la seringue .... de 1 gramme. .	*Idem.*	0 80	
		568	de 2 grammes.	*Idem.*	0 80	
		569	de 5 grammes.	*Idem.*	1 20	
		570	Seringue de 5 centimètres cubes nickelée, stérilisable, en boîte métallique nickelée........................	*Idem.*	12 80	
			avec :			
			2 aiguilles de 0m06;			
			1 porte-aiguilles;			
			3 pistons de rechange;			
			3 jeux de rondelles-joints de rechange;			
			1 cylindre cristal de rechange;			
			1 paquet de fils métalliques;			
			1 tube de raccord garni de 2 ajutages métalliques;			
			1 tube de raccord non garni.			
		571	Seringue à injection intra-utérine de Leblond..........	*Idem.*	8 00	
		572	Seringue d'Anel, en argent, stérilisable, avec boîte en métal nickelé................................	*Idem.*	20 40	
			Comprenant :			
			3 canules en argent;			
			3 pistons de rechange;			
			3 jeux de rondelles-joints de rechange;			
			1 cylindre en cristal de rechange;			
			1 paquet de fils métalliques.			
		573	Seringue de Guyon, en métal argenté, pour injections caustiques, dans une boîte en métal nickelé, avec une sonde pour instillations..........................	*Idem.*	13 60	
		574	Seringue de Guyon, en métal argenté, de 160 centimètres cubes, avec deux canules coniques et deux olives en cristal pour injections vésicales sans sondes.........	*Idem.*	26 40	
		575	Seringues à hydrocèle, en caoutchouc durci, de 70 grammes....................................	*Idem.*	10 80	
		576	Seringues à hydrocèle, en caoutchouc durci, de 100 grammes...................................	*Idem.*	13 60	
			Seringues à hydrocèle en maillechort, avec piston en cuir :			
		577	de 100 grammes..........................	*Idem.*	14 60	
		578	de 200 grammes..........................	*Idem.*	21 60	
			Seringues à hydrocèle stérilisable, avec un tube en cristal de rechange :			
		579	de 50 grammes...........................	*Idem.*	12 40	
		580	de 100 grammes..........................	*Idem.*	15 20	
		581	de 150 grammes..........................	*Idem.*	16 80	

DÉNOMINATION ET CLASSIFICATION DES MATIÈRES ET OBJETS.				ESPÈCE des UNITÉS.	PRIX MINISTÉRIELS.	OBSERVATIONS.
PAR UNITÉ SOMMAIRE.		PAR SUBDIVISION.				
Numéro et libellé.	Subdivision.	Numéros.	Dénominations.		fr. c.	
11 Outillage, instruments et appareils divers.	B Instruments de chirurgie isolés. (Suite.)	582	Seringue de Roux, de 20 centimètres cubes, nickelée, stérilisable, en boîte métallique nickelée............	Nombre.	16 80	
			Contenant :			
			2 aiguilles de 0^m 06;			
			1 porte-aiguilles;			
			6 pistons de rechange;			
			6 jeux de rondelles-joints de rechange;			
			1 cylindre en cristal de rechange;			
			1 tube de raccord, garni de deux ajutages métalliques;			
			1 tube de raccord non garni;			
			1 paquet de fils métalliques.			
		583	Seringue en caoutchouc durci, de 1 centimètre cube, en boîte gainée, avec piston cuir, et 2 aiguilles en acier...	*Idem.*	4 00	
		584	Seringue pour injections de sérum artificiel, de 50 centimètres cubes, nickelée, stérilisable, en boîte métallique nickelée..................................	*Idem.*	43 20	
			Contenant :			
			4 aiguilles (2 de 6 c/m et 2 de 10 c/m);			
			2 porte-aiguilles;			
			6 pistons et 6 jeux de rondelles-joints de rechange;			
			1 cylindre en verre de rechange;			
			1 tube de raccord garni de deux ajutages métalliques;			
			1 tube de raccord non garni et un paquet de fils métalliques.			
		585	Serre-fines de Vidal en argent.....................	*Idem.*	0 50	
		586	Serre-nœud à vis, courbe.........................	*Idem.*	6 80	
			Soie plate tressée, à ligature, bichlorurée, enroulée sur plaques de verre, par longueur de 10 mètres:			
		587	très fine.................................	Plaque.	1 00	
		588	fine......................................	*Idem.*	1 00	
		589	moyenne..................................	*Idem.*	1 00	
		590	grosse....................................	*Idem.*	1 00	
			Soie ronde pour suture, bichlorurée, sur plaques de verre, par longueur de 10 mètres:			
		591	très fine.................................	*Idem.*	1 00	
		592	fine......................................	*Idem.*	1 00	
		593	moyenne..................................	*Idem.*	1 00	
		594	grosse....................................	*Idem.*	1 20	
		595	Soie ronde pour suture, phéniquée, *très fine*, pour les yeux, enroulée sur plaques de verre, par longueur de 10 mètres................................	*Idem.*	1 00	
		596	Sonde à béquille, en argent, n°s 17 et 19 de la filière Charrière................................	Nombre.	5 40	
		597	Sonde exploratrice de Guyon, avec série de bouts olivaires en métal................................	*Idem.*	13 60	
		598	Sonde à boule de Guyon, s'adaptant à la seringue, pour injections caustiques..........................	*Idem.*	1 20	
		599	Sonde à double courant, en argent, pour la vessie......	*Idem.*	8 20	
		600	Sonde à manche pour carie dentaire.................	*Idem.*	1 00	

DÉNOMINATION ET CLASSIFICATION DES MATIÈRES ET OBJETS.				ESPÈCE des UNITÉS.	PRIX MINISTÉRIELS.	OBSERVATIONS.
PAR UNITÉ SOMMAIRE.		PAR SUBDIVISION.				
Numéro et libellé.	Subdivision.	Numéros.	Dénominations.			
					fr. c.	
11 Outillage, instruments et appareils divers.	B Instruments de chirurgie isolés. (Suite.)	601	Sonde de Blandin, démontante, avec 2 forets pour sutures osseuses	Nombre.	15 20	
		602	Sonde aspiratrice de Guyon, pour l'aspiration des graviers, avec mandrin en spirale	Idem.	13 60	
		603	Sonde cannelée avec aiguille de Cooper en argent	Idem.	4 00	
		604	Sonde cannelée en argent à stylet	Idem.	3 40	
		605	Sonde cannelée en argent ordinaire	Idem.	3 00	
		606	Sonde cannelée en acier nickelé forte	Idem.	1 60	
		607	Sonde cannelée en acier nickelé forte avec chas	Idem.	1 60	
		608	Sonde cannelée en acier nickelé ordinaire	Idem.	1 00	
		609	Sonde de femme, en argent	Idem.	2 40	
		610	Sonde d'homme, en argent, n° 14, filière Charrière	Idem.	4 00	
		611	Sonde d'homme, en argent, n° 16, filière Charrière	Idem.	4 00	
		612	Sonde d'homme, en argent, n° 18, filière Charrière	Idem.	4 00	
		613	Sonde d'homme, en argent, à grande courbure, n°s 15 à 20, de la filière Charrière	Idem.	5 40	
		614	Sonde d'homme et de femme, en argent, pour trousse	Idem.	6 80	
		615	Sonde d'homme, femme et enfant, en argent, pour trousse	Idem.	10 20	
		616	Sonde dilatatrice de Doléris	Idem.	12 40	
		617	Sonde en métal nickelé à double courant, de Budin, pour injections intra-utérines	Idem.	8 20	
		618	Sonde en argent, d'Itard, pour la trompe d'Eustache, n°s 2, 3, 4	Idem.	3 40	
		619	Sonde pour enfant, en argent, n° 10, de la filière Charrière	Idem.	3 40	
		620	Sonde utéromètre flexible, de Sims, pour hystérométrie	Idem.	2 80	
		621	Soufflerie pour la sonde d'Itard	Idem.	4 80	
		622	Spatule en acier à manche	Idem.	4 20	
		623	Spatule en acier cure-ongles	Idem.	1 60	
		624	Spatule double pour mélanges obturateurs (dents)	Idem.	1 80	
		625	Spatule-fouloir coudée	Idem.	1 80	
		626	Speculum de Cusco	Idem.	9 60	
		627	Speculum de Duplay pour le nez	Idem.	4 60	
		628	Speculum de Fergusson en métal, moyen	Idem.	5 60	
		629	Speculum de Fergusson en métal, petit	Idem.	5 60	
		630	Speculum de Toynbee pour l'oreille en argent (série de 3)	Série.	8 20	
		631	Speculum dilatateur de Trélat pour le rectum	Nombre.	20 40	
		632	Speculum utérin pour bains locaux, en métal, 3 numéros assortis (série de 3)	Série.	8 40	
		633	Stéthoscope de Pinard, en bois noir	Nombre.	2 40	
		634	Stéthoscope en bois, de Potain	Idem.	1 00	
		635	Stylet aiguillé, en acier nickelé	Idem.	0 35	
		636	Stylet aiguillé, en argent	Idem.	1 00	
		637	Stylet cannelé, en acier nickelé	Idem.	0 35	
		638	Stylet cannelé, en argent	Idem.	0 20	
		639	Stylet conique, de Weber, pour la dilatation du point lacrymal	Idem.	3 40	
		640	Stylet double, cylindrique, en argent, de Bowmann (série de 3)	Série.	4 20	
		641	Stylet double en argent petit pour l'oreille	Nombre.	1 80	
		642	Stylet explorateur en acier nickelé	Idem.	0 35	
		643	Stylet porte-coton en argent, petit, pour l'oreille	Idem.	1 40	
		644	Stylet porte-mèche en acier nickelé	Idem.	0 35	

DÉNOMINATION ET CLASSIFICATION DES MATIÈRES ET OBJETS.				ESPÈCE des UNITÉS.	PRIX MINISTÉRIELS.	OBSERVATIONS.
PAR UNITÉ SOMMAIRE.		PAR SUBDIVISION.				
Numéro et libellé.	Subdivision.	Numéros.	Dénominations.		fr. c.	
11 **Outillage, instruments et appareils divers.**	**B** INSTRUMENTS DE CHIRURGIE ISOLÉS. (Suite.)	545	Stylet pour le nez en acier nickelé	Nombre.	1 00	
		646	Tablettes mobiles de rechange, en verre, de 0^m 54 × 0^m 30, pour la caisse n° 1	*Idem.*	1 00	
		647	Tenaculum de Bell à manche fixe	*Idem.*	3 00	
		648	Tenettes courbes	*Idem.*	6 80	
		649	Tenettes demi-courbes	*Idem.*	6 80	
		650	Tenettes droites	*Idem.*	6 80	
		651	Ténotome mousse	*Idem.*	3 00	
		652	Ténotome pointu	*Idem.*	3 00	
		653	Thermo-cautère complet	*Idem.*	80 00	
			Composé de :			
			1 boîte en gainerie vide;			
			1 bouchon de rechange en caoutchouc;			
			1 figure en forme de couteau;			
			1 figure en forme de pointe courte et mousse;			
			1 figure en forme de pointe très fine, aiguë, pour la cornée;			
			1 flacon pour essence minérale;			
			1 lampe à alcool avec chalumeau;			
			1 manche pour thermo-cautère;			
			1 rallonge pour thermo-cautère;			
			1 soufflerie à double poire en caoutchouc;			
			1 tube afférent en caoutchouc pour thermo-cautère;			
			1 tube métallique à double courant et à robinet avec bouchon caoutchouc.			
		654	Thermo-cautère modèle de trousse	*Idem.*	73 60	
			Composé de :			
			1 manche carburateur;			
			1 soufflerie à double poire, en caoutchouc;			
			1 lampe à alcool, en métal nickelé;			
			1 réservoir à essence, en métal nickelé;			
			1 figure en forme de couteau;			
			1 figure en pointe courte et mousse;			
			1 figure en pointe très fine, aiguë pour la cornée;			
			1 trousse maroquin.			
		655	Thermomètre de clinique à maxima, étui en métal nickelé.	*Idem.*	2 40	
		656	Tiges de laminaria en tube de verre (chaque tube contenant une tige stérilisée) renfermé dans une boîte en carton	*Idem.*	1 00	
		657	Tire-fond à anneau pour trépan et résection	*Idem.*	3 40	
		658	Tour à fraiser complet avec pièce à main n° 7	*Idem.*	100 00	
		659	Trépan à lapin avec deux petites couronnes	*Idem.*	25 60	
		660	Trépan à pyramide avec deux couronnes	*Idem.*	37 00	
		661	Trépan de Doyen à cliquet, avec perforateur et fraises de 4, 8, 12 et 16 m/m	*Idem.*	60 00	
		662	Trocart à hydrocèle, en argent, avec entonnoir	*Idem.*	6 80	
		663	Trocart à paracenthèse en argent	*Idem.*	4 80	
		664	Trocart courbe pour ponction vésicale, en argent	*Idem.*	6 20	
		665	Trocart hépatique pour l'appareil aspirateur de Dieulafoy, grand modèle, avec mandrin	*Idem.*	3 40	
		666	Trocart thoracique pour l'appareil aspirateur de Dieulafoy, grand modèle, avec mandrin	*Idem.*	3 40	

DÉNOMINATION ET CLASSIFICATION DES MATIÈRES ET OBJETS.				ESPÈCE des UNITÉS.	PRIX MINISTÉRIELS.	OBSERVATIONS.
PAR UNITÉ SOMMAIRE.		PAR SUBDIVISION.				
Numéro et libellé.	Subdivision.	Numéros.	Dénominations.		fr. c.	
11 Outillage, instruments et appareils divers.	B INSTRUMENTS DE CHIRURGIE ISOLÉS. (Suite.)	667	Trocart pour l'appareil aspirateur de Dieulafoy, modèle à encoches, avec mandrin	Nombre.	3 40	
		668	Trocart pour l'appareil aspirateur de Potain, avec mandrin	Série.	3 40	
		669	Trocarts s'emboîtant par série de 4 et se montant sur un manche métallique. (La série avec le manche.)	*Idem.*	12 00	
		670	Trou sténopéique, monté en bague à queue	Nombre.	1 35	
		671	Trousse en métal nickelé pour médecins des colonies, vide.	*Idem.*	28 00	
		672	Trousse en métal nickelé pour médecin des colonies complète	*Idem.*	114 30	
		673	Trousse en peau pour thermo-cautère, vide	*Idem.*	8 00	
		674	Trousse en toile à voile pour infirmiers régimentaires, vide	*Idem.*	2 20	
		675	Trousse en toile à voile pour infirmiers régimentaires, complète	*Idem.*	25 80	
		676	Tubes à drainage assortis par longueur de 0 m. 50	*Idem.*	0 75	
		677	Tube à insufflation de Ribemont	*Idem.*	8 00	
		678	Tube insufflateur, avec 2 bouts de rechange et robinet, pour autopsie	*Idem.*	6 40	
		679	Tube de raccord de rechange, en caoutchouc, pour seringue de 5 centimètres cubes	*Idem.*	1 00	
		680	Tube de raccord de rechange, en caoutchouc, pour seringue de 20 centimètres cubes	*Idem.*	1 00	
		681	Tube de raccord de rechange, en caoutchouc, pour seringue de 50 centimètres cubes	*Idem.*	1 00	
		682	Tube en métal doré pour appareil à intubation de Froin.	*Idem.*	4 80	
			Tubes en caoutchouc, avec ajutages métalliques, pour l'aspirateur de Dieulafoy, grand modèle :			
		683	pour l'aspiration	*Idem.*	2 40	
		684	pour le refoulement	*Idem.*	1 40	
		685	pour le lavage	*Idem.*	1 40	
			Tubes en caoutchouc noir pour hémostase, destinés à remplacer le collier d'Esmarck, par longueur de 1 mètre :			
		686	moyen = 20 m/m de diamètre extérieur, pour la jambe.	Tube.	5 60	
		687	petit = 15 m/m de diamètre extérieur, pour le bras	*Idem.*	4 00	
		688	Tube en caoutchouc recouvert en laine verte, avec deux armatures métalliques, pour l'aspiration de l'air dans l'appareil de Potain	Nombre.	1 60	
		689	Tube en caoutchouc rouge, avec index en verre, et armatures métalliques, pour l'aspiration du liquide dans l'appareil de Potain	*Idem.*	1 80	
		690	Tube en verre avec bouchon de caoutchouc à tête carrée pour enfermer les sondes et les bougies des caisses 1, 2 et 3	*Idem.*	3 40	
		691	Uréthrotome de Maisonneuve avec 3 lames, 3 bougies et un conducteur, dans une boîte en gainerie, coupant sur la concavité	*Idem.*	25 20	
		692	Uréthrotome de Maisonneuve avec 3 lames, 3 bougies et un conducteur, dans une boîte en gainerie, coupant sur la convexité	*Idem.*	25 20	
		693	Vaccinostyles	Boîte.	2 40	
		694	Valve anale en acier	Nombre.	8 20	
		695	Valve de Sims, simple, à manche	*Idem.*	8 20	

DÉNOMINATION ET CLASSIFICATION DES MATIÈRES ET OBJETS.				ESPÈCE des UNITÉS.	PRIX MINISTÉRIELS.	OBSERVATIONS.
PAR UNITÉ SOMMAIRE.		PAR SUBDIVISION.				
Numéro et libellé.	Subdivision.	Numéros.	Dénominations.		fr. c.	
11 **Outillage, instruments et appareils divers.**	**B** INSTRUMENTS DE CHIRURGIE ISOLÉS. (Suite.)	696	Valve vaginale plate en acier nickelé contre-coudée et à manche de Péan : courte étroite	Boîte.	8 20	
		697	— courte large	Idem.	8 20	
		698	— longue étroite	Idem.	8 20	
		699	— longue large	Idem.	8 20	
		700	— longue moyenne	Idem.	8 20	
		701	Verre coloré, monté en bague à queue, rouge	Idem.	1 20	
		702	Verre coloré, monté en bague à queue, vert	Idem.	1 20	
		703	Verre dépoli, monté en bague à queue	Idem.	1 20	
		704	Verres prismatiques carrés, pour l'exploration de la vision : prismes de 2°, 5°, 10°, 15°	Le verre.	1 60	
			Verres sphériques, montés en bague à queue :			
		705	Concaves : nos 0^d 50 ; 1^d, 1^d 50 ; 2^d, 2^d 50 ; 3^d, 3^d 50 ; 4^d, 4^d 50 ; 5^d, 6^d, 7^d, 8^d, 9^d	Le verre.	1 00	
		706	Convexes : nos 0^d 50 ; 1^d, 1^d 50 ; 2^d, 2^d 50 ; 3^d, 3^d 50 ; 4^d, 4^d 50 ; 5^d, 6^d	Idem.	1 00	
		707	Verres cylindriques (astigmatisme) nos 0.50, 1, 1.50, 2, 2.50, 3, 3.50, 4, 4.50, 5, 6, 7, 8, 9^d	Idem.	1 00	
		708	Vide-bouteille du Dr Budin, pour irrigation du vagin, avec tube en caoutchouc de 2^m50	Nombre.	5 00	
		709	Vis ouvre-bouche en buis	Idem.	2 00	
		710		Idem.		
		711		Idem.		
		712		Idem.		
		713		Idem.		
		714		Idem.		
		715		Idem.		
		716		Idem.		
		717		Idem.		
		718		Idem.		
		719	Pulvérisateur de Richardson, poire simple	Idem.	14 00	
		720	Pulvérisateur de Richardson avec bout en ébonite pour douche nasale	Idem.	6 00	
		721		Idem.		
		722	Pinces index pour la direction des sondes	Le cent.	8 80	
		723	Mandrin de Janet pour sonde de Nélaton	Nombre.	1 65	
		724	— de Guyon modifiant la courbure des sondes	Idem.	5 00	
		725	— en baleine pour sondes vésicales	Idem.	2 50	
		726	— — œsophagienne	Idem.	5 00	
		727	— en jonc pour sonde œsophagienne	Idem.	0 60	
		728	Boîte de poche pour deux sondes, en métal nickelé	Idem.	3 20	
		729	Tube en cristal pour stérilisation des sondes de 0^m40 × 0^m20, bouchon caoutchouc	Idem.	2 80	
		730	Tube en cristal pour stérilisation des sondes de 0^m40 × 0^m30, bouchon caoutchouc	Idem.	4 00	
		731	Récipient en métal nickelé pour trioxyméthylène	Idem.	1 25	
		732		Idem.		
		733		Idem.		
		734		Idem.		
		735	Pinces en métal pour fermer les tubes en caoutchouc	Idem.	0 75	

DÉNOMINATION ET CLASSIFICATION DES MATIÈRES ET OBJETS.				ESPÈCE des UNITÉS.	PRIX MINISTÉRIELS.	OBSERVATIONS.
PAR UNITÉ SOMMAIRE.		PAR SUBDIVISION.				
Numéro et libellé.	Subdivision.	Numéros.	Dénominations.		fr. c.	
	B INSTRUMENTS DE CHIRURGIE ISOLÉS. (Suite et fin.)	736	Raccords à échelle en ébonite	Nombre.	0 70	
		737	Robinets à échelle en ébonite	Idem.	0 95	
		738	— à double raccord en ébonite	Idem.	0 80	
		739	.....	Idem.		
		740	Table d'opération	Idem.		
		741	.....	Idem.		
11 **Outillage, instruments et appareils divers.**	C BOUGIES, SONDES, CANULES ET AUTRES INSTRUMENTS EN GOMME ET EN CAOUTCHOUC.	1	Bougie pour voies urinaires, n°s 1 à 6 Charrière, *dites* filiformes : cylindriques noires	Nombre.	1 00	
		2	coniques noires	Idem.	1 00	
		3	olivaires noires	Idem.	1 00	
		4	— , à intérieur métallique	Idem.	1 65	
		5	— , en bayonnette	Idem.	1 75	
		6	— , pointes en spirale	Idem.	1 75	
		7	double longueur	Idem.	3 15	
		8	en baleine à olive	Idem.	1 90	
		9	en boyau, cylindrique	Idem.	1 65	
		10	Bougies du n° 7 au n° 30 : cylindriques noires	Idem.	1 00	
		11	cylindriques noires, avec grenaille de plomb	Idem.	1 15	
		12	olivaires noires	Idem.	1 25	
		13	olivaires noires, avec grenaille de plomb	Idem.	1 65	
		14	olivaires, de Langlebert	Idem.	5 00	
		15	à ventre, de Ducamp	Idem.	2 50	
		16	à renflements successifs, de Mallez	Idem.	3 15	
		17	à extrémité filiforme, de Legouest	Idem.	2 80	
		18	dilatatrices progressives, de Hamonic	Idem.	5 75	
		19	cravache, de Harrison	Idem.	3 75	
		20	Bougies exploratrices en gomme : Explorateurs de Guyon	Idem.	1 65	
		21	— de Guyon, gradués	Idem.	2 50	
		22	— de Mallez	Idem.	2 20	
		23	— conduit, de Janet	Idem.	2 80	
		24	Série d'olives de Guyon, avec conducteur	Idem.	25 00	
		25	Électrolyseurs	Idem.	19 00	
		26	Sondes vésicales en gomme : cylindriques noires	Idem.	1 00	
		27	olivaires noires	Idem.	1 65	
		28	avec le bout coupé	Idem.	1 65	
		29	avec le bout coupé et deux yeux latéraux	Idem.	1 65	
		30	à béquilles, noires	Idem.	1 65	
		31	à béquille et extrémité olivaire	Idem.	2 80	
		32	à extrémité filiforme, de Legouest	Idem.	3 75	
		33	à grande courbure	Idem.	1 65	
		34	à ventre, de Ducamp	Idem.	2 20	
		35	Instillateurs de la vessie : Sondes instillatrices de Guyon, noires	Idem.	1 65	
		36	— — à courbure, de Tuffier	Idem.	1 85	
		37	Instillateurs de Janet	Idem.	1 85	
		38	Sondes vésicales à double courant : cylindriques pour homme	Idem.	3 75	
		39	— pour femme	Idem.	3 75	

DÉNOMINATION ET CLASSIFICATION DES MATIÈRES ET OBJETS. PAR UNITÉ SOMMAIRE. Numéro et libellé.	Subdivision.	PAR SUBDIVISION. Numéros.	Dénominations.	ESPÈCE des UNITÉS.	PRIX MINISTÉRIELS.	OBSERVATIONS.
					fr. c.	
11 Outillage, instruments et appareils divers.	C Bougies, sondes, canules et autres instruments en gomme et en caoutchouc. (Suite.)	40	Olives en gomme pour embout de seringue	Nombre.	0 75	
		41	Bougies œsophagiennes en gomme : cylindriques noires, n°s 1 à 30	Idem.	2 20	
		42	— — n°s 31 à 40	Idem.	2 80	
		43	olivaires noires, n°s 1 à 30	Idem.	2 50	
		44	— — n°s 31 à 40	Idem.	4 05	
		45	Sondes œsophagiennes en gomme : cylindriques noires, n°s 14 à 30	Idem.	2 50	
		46	— — n°s 31 à 40	Idem.	2 80	
		47	olivaires noires, n°s 6 à 30	Idem.	3 15	
		48	— — n°s 31 à 40	Idem.	4 70	
		49	Canules diverses en gomme : pour trajet fistuleux, noires	Idem.	2 80	
		50	pour les oreilles	Idem.	2 80	
		51	à béquille, d'Itard	Idem.	2 80	
		52	à nez, de Piorry	Idem.	0 90	
		53	à nez, de Mourre	Idem.	0 75	
		54	tampons massage de 1 à 5 c/m de diamètre	Idem.	2 50	
		55	rectales à double courant, de Baraduc	Idem.	3 75	
		56	à lavements, noires, pour enfant	Idem.	0 35	
		57	— — petit godet	Idem.	0 60	
		58	— — grand godet 12 c/m	Idem.	0 60	
		59	— — — 15 c/m	Idem.	0 75	
		60	— — — 20 c/m	Idem.	0 85	
		61	— — — 25 c/m	Idem.	1 00	
		62	— — — 30 c/m	Idem.	1 10	
		63	— — — 40 c/m	Idem.	1 25	
		64	à injections vaginales, courbes, noires	Idem.	0 85	
		65	— — droites	Idem.	0 85	
		66	à injections pour fillettes, courbes ou droites, noires	Idem.	0 85	
		67	à injections grosse olive, de Savignac, noires	Idem.	2 90	
		68	à injections grosse olive, de Lachapelle	Idem.	1 55	
		69	Spéculums à glace de Fergusson, 30, 35, 40 m/m de diamètre	Idem.	3 75	
		70	Spéculums pour le bain, en gomme noire	Idem.	2 80	
		71	Dilatateurs du rectum : cylindriques, noirs, 10 à 25 m/m de diamètre	Idem.	2 50	
		72	cylindriques, noirs, 26 à 35 m/m de diamètre	Idem.	2 75	
		73	coniques, noirs, 10 à 25 m/m de diamètre	Idem.	3 50	
		74	Ballons de Petersen, n°s 1, 2, 3, 4 et 5	Idem.	0 25	
		75	Sondes en caoutchouc : vésicales de Nélaton, 32 c/m, à godet	Idem.	0 90	
		76	— — 40 —	Idem.	1 10	
		77	Sondes de Nélaton de 40 c/m, à béquille	Idem.	1 55	
		78	Sondes de Nélaton à béquille et olivaires	Idem.	1 85	
		79	Sondes à demeure, de Malécot	Idem.	3 25	
		80	Tubes doubles, de Guyon et Perrier	Idem.	5 60	
		81	Sondes vésicales à double courant, en caoutchouc	Idem.	4 40	
		82	Fixateurs pour sondes	Idem.	0 75	

Numéro et libellé	Subdivision	Numéros	Dénominations	Espèce des unités	Prix ministériels	Observations
Dénomination et classification des matières et objets — par unité sommaire		*par subdivision*			fr. c.	
11 Outillage, instruments et appareils divers.	C Bougies, sondes, canules, et autres instruments en gomme et en caoutchouc. (Suite.)	83	Tubes pour le lavage de l'estomac. Tube moulé rouge, $1^{m}50$ sur 8, 10, $12^{m}/_{m}$	Nombre.	6 60	
		84	Tube moulé avec entonnoir cristal	*Idem.*	7 80	
		85	Entonnoir cristal seul	*Idem.*	1 45	
		86	Tube de Frémont avec balle aspiratrice.	*Idem.*	11 25	
		87	Canules en caoutchouc coniques, pour enfant	*Idem.*	0 45	
		88	à lavement, droites, olivaires ou à 2 yeux, $16^{c}/_{m}$	*Idem.*	1 10	
		89	à lavement, droites, olivaires ou à 2 yeux, $20^{c}/_{m}$	*Idem.*	1 50	
		90	à lavement, droites, olivaires ou à 2 yeux, $25^{c}/_{m}$	*Idem.*	1 70	
		91	à lavement, droites, olivaires ou à 2 yeux, $30^{c}/_{m}$	*Idem.*	2 00	
		92	à lavement, droites, olivaires ou à 2 yeux, $40^{c}/_{m}$	*Idem.*	2 65	
		93	à lavement, droites, olivaires ou à 2 yeux, $50^{c}/_{m}$	*Idem.*	3 25	
		94	à lavement, double courant, iléo-pelviennes, n° 1	*Idem.*	5 00	
		95	à lavement, double courant, iléo-pelviennes, n° 2	*Idem.*	6 25	
		96	à injections, droites ou à olive	*Idem.*	1 45	
		97	— courbes ou à olive	*Idem.*	1 45	
		98	— de Néris, à 16 trous	*Idem.*	1 65	
		99	à injections, d'Aron, avec obturateur en porcelaine et canule en caoutchouc.	*Idem.*	5 00	
		100	.....			
		101	.....			
		102	.....			
		103	Bougies filiformes en gomme, blondes, tissu soie : cylindriques	Nombre.	1 60	
		104	coniques	*Idem.*	1 60	
		105	olivaires	*Idem.*	1 60	
		106	Bougies en gomme, blondes, tissu soie : cylindriques	*Idem.*	1 60	
		107	coniques	*Idem.*	1 80	
		108	olivaires	*Idem.*	1 80	
		109	Sondes en gomme, blondes, tissu soie : cylindriques	*Idem.*	1 80	
		110	olivaires	*Idem.*	2 20	
		111	avec bout coupé	*Idem.*	2 20	
		112	avec bout coupé et 2 yeux latéraux	*Idem.*	2 20	
		113	Sondes à béquille en gomme, blondes, tissu soie	*Idem.*	2 20	
		114	Sonde de Legouest —	*Idem.*	4 40	
		115	Sondes instillatrices de Guyon, blondes, tissu soie	*Idem.*	2 20	
	D Appareils de radiographie et de radiothérapie, d'électrothérapie, de mécanothérapie, de massothérapie, etc.	1	.....	Nombre.		
		2	Appareil de radiographie	*Idem.*		
		3	.....	*Idem.*		
		4	.....	*Idem.*		
		5	.....	*Idem.*		
		6	.....	*Idem.*		
		7	.....	*Idem.*		

DÉNOMINATION ET CLASSIFICATION DES MATIÈRES ET OBJETS.				ESPÈCE des UNITÉS.	PRIX MINISTÉRIELS.	OBSERVATIONS.
PAR UNITÉ SOMMAIRE.		PAR SUBDIVISION.				
Numéro et libellé.	Subdivision.	Numéros.	Dénominations.		fr. c.	
	D APPAREILS DE RADIOGRAPHIE, ET DE RADIOTHÉRAPIE, ETC. (Suite.)	8	Appareil de Gaiffe	Nombre.		
		9	.....	Idem.		
		10	.....	Idem.		
		11	.....	Idem.		
		12	.....	Idem.		
11 **Outillage, instruments et appareils divers.**	E MATÉRIEL DE DÉSINFECTION.	1	.....	Nombre.		
		2	.....	Idem.		
		3	.....	Idem.		
		4	.....	Idem.		
		5	.....	Idem.		
		6	Bouilleur pour stériliser les instruments	Idem.		
		7	.....	Idem.		
		8	Boîtes en cuivre pour stérilisation des instruments. 0.17 × 0.07 × 0.03	Idem.	8 00	
		9	Boîtes en cuivre pour stérilisation des instruments. 0.30 × 0. 5 × 0.07	Idem.	27 00	
		10	Boîtes en cuivre pour stérilisation des instruments. 0.45 × 0.25 × 0.10	Idem.	40 00	
		11	.....	Idem.		
		12	Cuve à trempage (type Geneste Herscher)	Idem.		
		13	.....	Idem.		
		14	Étuve à désinfection par la vapeur sous pression, système Geneste Herscher	Idem.		
		15	Étuve à désinfection par la vapeur sous pression, système locomobile	Idem.		
		16	.....	Idem.		
		17	.....	Idem.		
		18	.....	Idem.		
		19	Étuve à désinfection, système Vaillard et Besson, type horizontal	Idem.		
		20	Étuve à désinfection, système Vaillard et Besson, type vertical	Idem.		
		21	.....	Idem.		
		22	.....	Idem.		
		23	.....	Idem.		
		24	.....	Idem.		
		25	.....	Idem.		
		26	.....	Idem.		
		27	.....	Idem.		
		28	....	Idem.		
	F FILTRES ET STÉRILISATEURS POUR L'EAU.	1	Filtre simple à pression, à 1 bougie	Nombre.	18 00	
		2	Filtre multiple à pression, à 3 bougies	Idem.	75 00	
		3	— 6 —	Idem.	93 00	
		4	— 14 —	Idem.	168 00	
		5	— 21 —	Idem.	238 00	
		6	Filtre de campagne, à 21 bougies	Idem.	887 00	
		7	Filtre Cosmos sans pression, à 5 bougies	Idem.	32 00	
		8	Fontaine de ménage sans pression, à 5 bougies	Idem.	75 00	
		9	Filtre de voyage, à 1 bougie	Idem.	25 00	
		10	Filtre à flacon amorceur, à 1 bougie	Idem.	6 50	

DÉNOMINATION ET CLASSIFICATION DES MATIÈRES ET OBJETS.				ESPÈCE des UNITÉS.	PRIX MINISTÉRIELS.	OBSERVATIONS.
PAR UNITÉ SOMMAIRE.		PAR SUBDIVISION.				
Numéro et libellé.	Subdivision.	Numéros.	Dénominations.		fr. c.	
	F Filtres et stérilisateurs pour l'eau. (Suite.)	11	Filtre à flacon amorceur, à 3 bougies..................	Nombre.	15 00	
		12	— 5 —	*Idem.*	20 00	
		13	Filtre sur trépied fer, à 3 bougies..................	*Idem.*	55 00	
		14	— 5 —	*Idem.*	60 30	
		15	Fontaine sans pression, à 15 bougies..................	*Idem.*	232 00	
		16	— 25 —	*Idem.*	350 00	
		17	— 50 —	*Idem.*	500 00	
		18	Grand filtre sans pression, à 50 bougies..................	*Idem.*	440 00	
		19	— 100 —	*Idem.*	690 00	
		20	Bougie à petite embase..................	*Idem.*	1 85	
		21	Manchons en caoutchouc pour bougies..................	*Idem.*	0 50	
		22	Robinet d'arrivée..................	*Idem.*	6 50	
		23	Robinet de sortie..................	*Idem.*	4 00	
		24	Tore caoutchouc pour joint de couvercle..................	*Idem.*	2 00	
		25	Clapets en caoutchouc pour robinet..................	*Idem.*	0 15	
		26	Isolateurs en caoutchouc pour bougies..................	*Idem.*	1 25	
		27	Collecteur en faïence pour 5 bougies..................	*Idem.*	6 00	
		28	— 10 —	*Idem.*	11 00	
		29	.....	*Idem.*		
		30	Stérilisateurs (genre Desmaroux)..................	*Idem.*		
		31	.....	*Idem.*		
		32	.....	*Idem.*		
11 **Outillage, instruments et appareils divers.**	G Matériel d'amphithéâtre.	1	.....	Nombre.		
		2	.....	*Idem.*		
		3	.....	*Idem.*		
		4	.....	*Idem.*		
		5	.....	*Idem.*		
		6	.....	*Idem.*		
		7	.....	*Idem.*		
		8	.....	*Idem.*		
	H Instruments pour chirurgie vétérinaire.	1	Aiguilles à bourdonnet, manche métal..................	Nombre.	3 40	
		2	Aiguilles à séton à trois pièces..................	*Idem.*	4 80	
		3	Aiguilles à sutures variées..................	La douz.	2 80	
		4	Bistouri convexe..................	Nombre.	2 80	
		5	Bistouri boutonné..................	*Idem.*	2 80	
		6	Bistouri droit..................	*Idem.*	2 80	
		7	Boîte pour zoocautère, vide..................	*Idem.*	12 00	
		8	Boîte pour zoocautère, complète..................	*Idem.*	186 40	
		9	Brûle-queue..................	*Idem.*	3 80	
		10	Caisse en chêne, à coins de cuivre, pour instruments vétérinaires (caisse n° 11), vide..................	*Idem.*	60 00	
		11	Caisse pour instruments vétérinaires, complète..................	*Idem.*	387 00	
		12	Canule de rechange pour le trocart à anneaux..................	*Idem.*	1 90	
		13	Canule de rechange pour le trocart pour le cœcum.....	*Idem.*	1 25	
		14	Canule de rechange pour le trocart pour le rumen du bœuf..................	*Idem.*	1 60	
		15	Ciseaux courbes forts..................	*Idem.*	3 20	

DÉNOMITANION ET CLASSIFICATION DES MATIÈRES ET OBJETS.				ESPÈCE des UNITÉS.	PRIX MINISTÉRIELS.	OBSERVATIONS.
PAR UNITÉ SOMMAIRE.		PAR SUBDIVISION.				
Numéro et libellé.	Subdivision.	Numéros.	Dénominations.		fr. c.	
11 Outillage, instruments et appareils divers.	H Instruments pour chirurgie vétérinaire. (Suite.)	16	Ciseaux courbes sur le plat	Nombre.	2 80	
		17	Ciseaux droits	Idem.	2 40	
		18	Couteau à autopsie	Idem.	4 00	
		19	Pince à castration droite	Idem.	11 20	
		20	Érigne à javart plate (manche métal)	Idem.	3 00	
		21	Érigne mousse (manche métal)	Idem.	3 00	
		22	Érigne ordinaire pointue (manche métal)	Idem.	3 00	
		23	Feuilles de sauge, manche métal : à droite	Idem.	2 40	
		24	— — à gauche	Idem.	2 40	
		25	— — doubles	Idem.	2 40	
		26	Flamme à deux lames	Idem.	6 40	
		27	— à trois lames	Idem.	7 20	
		28	Foyer cutellaire, forme hache, système anglais, pour zoocautère	Idem.	40 00	
		29	Foyer cutellaire pour feux en raies, pour zoocautère	Idem.	40 00	
		30	Herniotome	Idem.	14 40	
		31	Lancette	Idem.	1 60	
		32	Manche carburateur pour le zoocautère	Idem.	12 00	
		33	Pince à anneaux, à pansement	Idem.	2 40	
		34	Pince à dents de souris	Idem.	2 00	
		35	Pince à griffes	Idem.	2 40	
		36	Pince de Péan	Idem.	2 40	
		37	Pointe-cône pour feux peu profonds, pour zoocautère	Idem.	20 00	
		38	Pointe demi-fine pour feux pénétrants, pour zoocautère	Idem.	24 00	
		39	Pointe fine, courte	Idem.	24 00	
		40	Pointe fine, longue, avec guide de pénétration, pour zoocautère	Idem.	26 50	
		41	Porte-nitrate en caoutchouc durci	Idem.	2 00	
		42	Rabot odontriteur	Idem.	20 80	
		43	Renette à bourdonnets	Idem.	3 80	
		44	Renette à clous de rue	Idem.	2 40	
		45	Renette à javart (renette ordinaire modifiée)	Idem.	2 40	
		46	Renette cintrée à droite, dite renette anglaise	Idem.	2 40	
		47	Rogne-queue	Idem.	24 00	
		48	Scie à dos mobile	Idem.	8 00	
		49	Seringue en étain, avec canule, grande	Idem.	8 00	
		50	— — petite	Idem.	5 20	
		51	Sonde cannelée, à spatule	Idem.	1 00	
		52	— ordinaire	Idem.	1 20	
		53	Sonde désobturatrice, avec canule	Idem.	1 60	
		54	Sonde en plomb	Idem.	0 30	
		55	Sonde en S	Idem.	2 80	
		56	Speculum oris (pas d'âne)	Idem.	25 60	
		57	Tondeuse pour médecin-vétérinaire	Idem.	12 80	
		58	Trépan	Idem.	36 00	
		59	Trocart à anneaux, de Charlier	Idem.	3 80	
		60	Trocart à plaque, manche métal, pour le cœcum	Idem.	4 80	
		61	— pour le rumen du bœuf, demi-long	Idem.	4 80	
		62	— — moyen	Idem.	4 80	
		63	Trocart d'essai	Idem.	3 00	
		64	Trousse vide, en cuir, à poignées, pour instruments vétérinaires (n° 13)	Idem.	24 00	

DÉNOMINATION ET CLASSIFICATION DES MATIÈRES ET OBJETS.				ESPÈCE des UNITÉS.	PRIX MINISTÉRIELS.	OBSERVATIONS.
PAR UNITÉ SOMMAIRE.		PAR SUBDIVISION.				
Numéro et libellé.	Subdivision.	Numéros.	Dénominations.		fr. c.	
11 Outillage, instruments et appareils divers.	H Instruments pour chirurgie vétérinaire. (Suite.)	65	Trousse pour vétérinaire, complète	Nombre.	117 30	
		66	Tube à trachéotomie	*Idem.*	1 60	
		67	Zoocautère	*Idem.*	160 00	
		68	Sonde vésicale pour chevaux en gomme noire	*Idem.*	4 10	
		69	Sonde pour juments en gomme noire	*Idem.*	6 60	
		70	Sonde pour bœufs en gomme noire	*Idem.*	6 25	
		71	Sonde utérine à double courant, pour vaches, en gomme.	*Idem.*	11 25	
		72	.....	*Idem.*		
		73	.....	*Idem.*		
		74	.....	*Idem.*		
		75	.....	*Idem.*		
		76	.....	*Idem.*		
		77	.....	*Idem.*		
		78	.....	*Idem.*		
		79	.....	*Idem.*		
		80	.....	*Idem.*		
	I Objets de pansement.		Bandes en tarlatane empesée, tissu comptant 12 à 13 fils au centimètre carré :			
		1	Bandes de 5m × 0m 05, en paquet de 10	Paquet.	0 90	
		2	Bandes de 10m × 0m 10, en paquet de 5	*Idem.*	1 40	
		3	Bandes de 15m × 0m 20, en paquet de 5	*Idem.*	4 90	
			Bandes en toile, tissu comptant 18 fils en chaîne et trame au centimètre carré :			
		4	Bandes de 5m × 0m 05, en paquet de 10	*Idem.*	4 10	
		5	Bandes de 10m × 0m 065, en paquet de 5	*Idem.*	5 20	
			Bandes de coton, tissu comptant 20 fils en chaîne et 12 fils en trame au centimètre carré :			
		6	Bandes de 3m × 0m 04, en paquet de 10	*Idem.*	0 60	
		7	Bandes de 5m × 0m 05, en paquet de 10	*Idem.*	1 20	
		8	Bandes de 10m × 0m 065, en paquet de 5	*Idem.*	1 50	
		9	Bandes de 15m × 0m 08, en paquet de 5	*Idem.*	2 70	
			Bandes de coton bichlorurées :			
		10	Bandes de 3m × 0m 04, en paquet de 10	*Idem.*	0 65	
		11	Bandes de 5m × 0m 05, en paquet de 10	*Idem.*	1 25	
		12	Bandes de 10m × 0m 065, en paquet de 5	*Idem.*	1 55	
			Bandes de flanelle stérilisées :			
		13	Bandes de 5m × 0m 05, en paquet de 10	*Idem.*	7 00	
		14	Bandes de 5m × 0m 07, en paquet de 10	*Idem.*	9 10	
		15	Bandes de 10m × 0m 065, en paquet de 5	*Idem.*	9 20	
		16	Bandes de 15m × 0m 10, en paquet de 1	*Idem.*	4 29	
			Bandes de gaze stérilisées :			
		17	Bandes de 3m × 0m 04, en paquet de 10	*Idem.*	0 45	
		18	Bandes de 5m × 0m 05, en paquet de 10	*Idem.*	0 80	
		19	Bandes de 10m × 0m 10, en paquet de 5	*Idem.*	1 55	

DÉNOMINATION ET CLASSIFICATION DES MATIÈRES ET OBJETS				ESPÈCE des UNITÉS.	PRIX MINISTÉRIELS.	OBSERVATIONS.
PAR UNITÉ SOMMAIRE.		PAR SUBDIVISION.				
Numéro et libellé.	Subdivision.	Numéros.	Dénominations.			
					fr. c.	
11 Outillage, instruments et appareils divers.	I Objets de pansement. (Suite.)		Bandes de gaze phéniquées :			
		20	Bandes de $3^m \times 0^m 04$, en paquet de 10	Paquet.	0 40	
		21	Bandes de $5^m \times 0^m 05$, en paquet de 10	Idem.	0 75	
		22	Bandes de $10^m \times 0^m 10$, en paquet de 5	Idem.	1 35	
		23	Bandes de $15^m \times 0^m 15$, en paquet de 5	Idem.	2 90	
			Bandes de gaze bichlorurées :			
		24	Bandes de $3^m \times 0^m 04$, en paquet de 10	Idem.	0 40	
		25	Bandes de $5^m \times 0^m 05$, en paquet de 10	Idem.	0 75	
		26	Bandes de $10^m \times 0^m 10$, en paquet de 5	Idem.	1 35	
		27	Bandes de $15^m \times 0^m 15$, en paquet de 5	Idem.	2 90	
			Compresses en toile stérilisées :			
		28	Grandes, de $0^m 60 \times 0^m 70$, en paquet de 5	Idem.	3 40	
		29	Petites, de $0^m 30 \times 0^m 35$, en paquet de 10	Idem.	1 75	
			Compresses stérilisées en tissu de coton :			
		30	Grandes, de $0^m 60 \times 0^m 70$, en paquet de 5	Idem.	1 25	
		31	Moyennes, de $0^m 45 \times 0^m 50$, en paquet de 5	Idem.	0 65	
		32	Petites, de $0^m 30 \times 0^m 35$, en paquet de 10	Idem.	0 70	
		33	Longues, de $0^m 10 \times 0^m 60$, en paquet de 5	Idem.	0 40	
			Compresses en gaze stérilisées :			
		34	Grandes, de $0^m 65 \times 1^m$, en paquet de 5	Idem.	0 75	
		35	Moyennes, de $0^m 60 \times 0^m 50$, en paquet de 5	Idem.	0 40	
		36	Petites, de $0^m 60 \times 0^m 20$, en paquet de 10	Idem.	0 40	
			Compresses en gaze phéniquées :			
		37	Grandes, de $0^m 65 \times 1^m$, en paquet de 5	Idem.	0 70	
		38	Moyennes, de $0^m 60 \times 0^m 50$, en paquet de 5	Idem.	0 35	
		39	Petites, de $0^m 60 \times 0^m 20$, en paquet de 10	Idem.	0 35	
			Compresses en gaze bichlorurées :			
		40	Grandes, de $0^m 65 \times 1^m$, en paquet de 5	Idem.	0 70	
		41	Moyennes, de $0^m 60 \times 0^m 50$, en paquet de 5	Idem.	0 35	
		42	Petites, de $0^m 60 \times 0^m 20$, en paquet de 10	Idem.	0 35	
			Compresses en gaze iodoformées à $3/10^{es}$, boîtes en fer-blanc :			
		43	Moyennes, de $0^m 60 \times 0^m 80$, en boîte de 10	Idem.	7 35	
		44	Petites, de $0^m 60 \times 0^m 20$, en boîte de 20	Idem.	3 70	
			Compresses en gaze au salol, boîte en fer-blanc :			
		45	Moyennes, de $0^m 60 \times 0^m 80$, en boîte de 10	Idem.	2 15	
		46	Petites, de $0^m 60 \times 0^m 20$, en boîte de 20	Idem.	1 10	
		47	Coton cardé ordinaire pour rembourrage, en paquet de 1 kilogramme	Idem.	2 00	
			Coton cardé, qualité extra :			
		48	En paquet de 1 kilogramme	Idem.	2 20	
		49	En paquet de $0^k 500$	Idem.	1 10	
		50	En paquet de $0^k 500$, en deux nappes de $1^m \times 0^m 60$ chacune, entre deux gazes	Idem.	2 15	

DÉNOMINATION ET CLASSIFICATION DES MATIÈRES ET OBJETS.				ESPÈCE des UNITÉS.	PRIX MINISTÉRIELS.	OBSERVATIONS.
PAR UNITÉ SOMMAIRE.		PAR SUBDIVISION.				
Numéro et libellé.	Subdivision.	Numéros.	Dénominations.			
11 **Outillage, instruments et appareils divers.**	I Objets de pansements. (Suite.)		Coton cardé, qualité extra (*suite*) :			
		51	En paquet de $0^{k}200$, en bandes de $2^{m} \times 0^{m}20$ chacune, entre deux gazes	Paquet.	1 00	
		52	En paquet de $0^{k}050$	*Idem.*	0 15	
			Coton hydrophile :			
		53	En paquet de $0^{k}500$, en bande de $0^{m}60$ de largeur	*Idem.*	1 25	
		54	En paquet de $0^{k}250$, en bande de $0^{m}30$ de largeur	*Idem.*	0 65	
		55	En paquet de $0^{k}100$, en bande de $0^{m}20$ de largeur	*Idem.*	0 25	
		56	En paquet de $0^{k}050$, en bande de $0^{m}15$ de largeur	*Idem.*	0 15	
		57	En paquet de $0^{k}025$, en bande de $0^{m}10$ de largeur	*Idem.*	0 10	
			Coton absorbant phéniqué :			
		58	En paquet de $0^{k}250$, en bande de $0^{m}30$ de largeur	*Idem.*	0 80	
		59	En paquet de $0^{k}100$, en bande de $0^{m}20$ de largeur	*Idem.*	0 35	
		60	En paquet de $0^{k}050$, en bande de $0^{m}15$ de largeur	*Idem.*	0 15	
		61	En paquet de $0^{k}025$, en bande de $0^{m}10$ de largeur	*Idem.*	0 10	
			Coton absorbant bichloruré :			
		62	En paquet de $0^{k}250$, en bande de $0^{m}30$ de largeur	*Idem.*	0 80	
		63	En paquet de $0^{k}100$, en bande de $0^{m}20$ de largeur	*Idem.*	0 35	
		64	En paquet de $0^{k}050$, en bande de $0^{m}15$ de largeur	*Idem.*	0 15	
		65	En paquet de $0^{k}025$, en bande de $0^{m}10$ de largeur	*Idem.*	0 10	
			Étoupe en nappe, purifiée et chimiquement pure :			
		66	Paquet de $0^{k}500$	*Idem.*	1 35	
		67	Paquet de $0^{k}250$	*Idem.*	0 70	
			Étoupe absorbante en plumasseaux stérilisés disposés entre deux gazes :			
		68	Plumasseaux de $0^{m}30 \times 0^{m}30$, en paquet de 10 (poids 300 gr.)	*Idem.*	1 30	
		69	Plumasseaux de $0^{m}20 \times 0^{m}20$, en paquet de 10 (poids 200 gr.)	*Idem.*	0 90	
		70	Plumasseaux de $0^{m}15 \times 0^{m}15$, en paquet de 10 (poids 150 gr.)	*Idem.*	0 70	
		71	Plumasseaux de $0^{m}10 \times 0^{m}10$, en paquet de 10 (poids 100 gr.)	*Idem.*	0 45	
			Étoupe purifiée et phéniquée à 5 p. 100, en plumasseaux :			
		72	Plumasseaux de $0^{m}30 \times 0^{m}30$, en paquet de 10 (poids 300 gr.)	*Idem.*	1 20	
		73	Plumasseaux de $0^{m}20 \times 0^{m}20$, en paquet de 10 (poids 200 gr.)	*Idem.*	0 80	
		74	Plumasseaux de $0^{m}15 \times 0^{m}15$, en paquet de 10 (poids 150 gr.)	*Idem.*	0 60	
		75	Plumasseaux de $0^{m}10 \times 0^{m}10$, en paquet de 10 (poids 100 gr.)	*Idem.*	0 40	
			Étoupe purifiée et bichlorurée au 1/2000e, en plumasseaux :			
		76	Plumasseaux de $0^{m}30 \times 0^{m}30$, en paquet de 10 (poids 300 gr.)	*Idem.*	1 20	
		77	Plumasseaux de $0^{m}20 \times 0^{m}20$, en paquet de 10 (poids 200 gr.)	*Idem.*	0 80	
		78	Plumasseaux de $0^{m}15 \times 0^{m}15$, en paquet de 10 (poids 150 gr.)	*Idem.*	0 60	
		79	Plumasseaux de $0^{m}10 \times 0^{m}10$, en paquet de 10 (poids 100 gr.)	*Idem.*	0 40	

DÉNOMINATION ET CLASSIFICATION DES MATIÈRES ET OBJETS.				ESPÈCE des UNITÉS.	PRIX MINISTÉRIELS.	OBSERVATIONS.
PAR UNITÉ SOMMAIRE.		PAR SUBDIVISION.				
Numéro et libellé.	Subdivision.	Numéros.	Dénominations.			
					fr. c.	
			Filasse de chanvre pour service vétérinaire :			
		80	Paquet de 0k 500	Paquet.	1 00	
		81	Paquet de 0k 250	*Idem.*	0 50	
		82	Ouate de tourbe, en paquets de 0k 250	*Idem.*	0 50	
		83	Gaze ou tarlatane apprêtée, en paquets de 10m	*Idem.*	1 35	
		84	Pansement individuel (paquet de)	*Idem.*	0 60	
		85	Pansement complet n° 1	*Idem.*	0 65	
		86	— n° 2	*Idem.*	0 65	
		87	Appareil de Scultet pour la cuisse	*Idem.*	15 30	
		88	— pour la jambe	*Idem.*	12 85	
		89	— pour le bras	*Idem.*	12 25	
		90	— pour l'avant-bras	*Idem.*	11 00	
		91	Bandage triangulaire stérilisé, en tissu coton	Nombre.	0 90	
		92	Bandage en T stérilisé, même tissu	*Idem.*	0 50	
		93	Bandage carré stérilisé, même tissu	*Idem.*	0 80	
		94	Écharpe triangulaire stérilisée, même tissu	*Idem.*	0 90	
		95	Écharpe quadrilataire stérilisée, même tissu	*Idem.*	1 60	
		96	Bandage de corps en coton stérilisé	*Idem.*	1 85	
		97	— en flanelle stérilisée	*Idem.*	3 70	
		98	— en toile stérilisée	*Idem.*	2 15	
		99	Bandage triangulaire stérilisé, en toile	*Idem.*	1 00	
		100	Bandage carré stérilisé, en toile	*Idem.*	0 95	
11 **Outillage, instruments et appareils divers.**	I OBJETS DE PANSEMENTS. (Suite.)	101	Bandage en T stérilisé, en toile	*Idem.*	0 80	
		102	Drap fanon stérilisé, en toile, pour cuisse	*Idem.*	1 85	
		103	— — pour jambe	*Idem.*	1 20	
		104	Écharpe triangulaire stérilisée, en toile	*Idem.*	1 00	
		105	Écharpe quadrilataire stérilisée, en toile	*Idem.*	1 85	
		106	Suspensoir en toile de lin, de 0m 18 de longueur sous ceinture sur 0m 14 de largeur	*Idem.*	1 00	
		107	Suspensoir en toile de lin, de 0m 16 de longueur sous ceinture sur 0m 12 de largeur	*Idem.*	0 95	
		108	Suspensoir en toile de lin, de 0m 14 de longueur sous ceinture sur 0m 10 de largeur	*Idem.*	0 90	
		109	Suspensoir en filet, de 0m 18 de longueur sous ceinture sur 0m 14 de largeur	*Idem.*	0 40	
		110	Suspensoir en filet, de 0m 16 de longueur sous ceinture sur 0m 12 de largeur	*Idem.*	0 40	
		111	Suspensoir en filet, de 0m 14 de longueur sous ceinture sur 0m 10 de largeur	*Idem.*	0 40	
		112	Épingles de sûreté en acier nickelé, longueur 0m 050, boîte de 12	Boîte.	0 25	
		113	Gaze chiffon ou protective, jaune, de 1m × 0m 80	Mètre.	2 35	
		114	— verte, de 1m × 0m 80	*Idem.*	2 35	
		115	Mackintosh, mètre carré	*Idem.*	3 10	
		116	Crêpe lavable Velpeau : bande de 5m de longueur sur 0m 06 de largeur	Nombre.	1 25	
		117	Crêpe lavable Velpeau : bande de 5m de longueur sur 0m 10 de largeur	*Idem.*	2 00	
		118	Crêpe lavable Velpeau : bande de 5m de longueur sur 0m 20 de largeur	*Idem.*	4 00	
			Toile caoutchoutée boriquée	Mètre.	3 50	
		119	Toile vulcanisée blanche, double largeur	*Idem.*	5 30	
		120	....			

DÉNOMINATION ET CLASSIFICATION DES MATIÈRES ET OBJETS.				ESPÈCE des UNITÉS.	PRIX MINISTÉRIELS.	OBSERVATIONS.
PAR UNITÉ SOMMAIRE.		PAR SUBDIVISION.				
Numéro et libellé.	Subdivision.	Numéros.	Dénominations.			
	J LINGE À PANSEMENTS.	1	Grandes compresses	Kilogr.	3 75	
		2	Petites compresses	*Idem.*	3 75	
		3	Grand linge	*Idem.*	3 75	
		4	Linge à bandes	*Idem.*	3 75	
11 **Outillage, instruments et appareils divers.**	K CATGUTS, CRINS DE FLORENCE, DRAINS ET SOIES.	1	Catguts stérilisés de Répin du n° 00 au n° 5 inclus. 1^{m} long.	Tube.	1 25	
		2	— — — 2^{m} 50 long.	*Idem.*	1 40	
		3	Catguts stérilisés au naphtol du n° 00 au n° 5 inclus. 2^{m} 50 long	Flacon.	0 95	
		4	Crins de Florence de Répin (tube de 6)	Tube.	1 20	
		5	— — (tube de 25)	*Idem.*	1 40	
		6	Crins de Florence, en paquets, non préparés	Paquet.	2 00	
		7	Drains en caoutchouc rouge de Répin, n° 1 à 8 inclus	Tube.	1 40	
		8	Drains en caoutchouc rouge dans une solution phéniquée n°s 1 à 3	Flacons.	1 55	
		9	Drains en caoutchouc rouge dans une solution phéniquée n°s 4 à 6	*Idem.*	1 85	
		10	Drains en caoutchouc rouge dans une solution phéniquée n°s 7 à 8	*Idem.*	2 20	
		11	Drains en caoutchouc rouge non préparés n°s 1 à 5	Mètre.	1 00	
		12	— — — n°s 6 à 7	*Idem.*	1 20	
		13	— — — n°s 8 à 10	*Idem.*	2 05	
		14	Drains en caoutchouc moulé, longueur 0^{m} 16, 3 à $4^{m}/^{m}$ de diamètre	Nombre.	0 40	
		15	Drains en caoutchouc moulé, longueur 0^{m} 14, $5^{m}/^{m}$ de diamètre	*Idem.*	0 50	
		16	Drains en caoutchouc moulé, longueur 0^{m} 14 6 à $7^{m}/^{m}$ de diamètre	*Idem.*	0 60	
		17	Drains en caoutchouc moulé, longueur 0^{m} 14, $8^{m}/^{m}$ de diamètre	*Idem.*	0 75	
		18	Drains en caoutchouc moulé, longueur 0^{m} 14, 9 à $10^{m}/^{m}$ de diamètre	*Idem.*	0 95	
		19	Drains en caoutchouc moulé, longueur 0^{m} 14, $11^{m}/^{m}$ de diamètre	*Idem.*	1 10	
		20	Drains en caoutchouc moulé, longueur 0^{m} 14, 12 à $13^{m}/^{m}$ de diamètre	*Idem.*	1 40	
		21	Drains en caoutchouc moulé, longueur 0^{m} 20, 3 à $4^{m}/^{m}$ de diamètre	*Idem.*	0 55	
		22	Drains en caoutchouc moulé, longueur 0^{m} 20, $5^{m}/^{m}$ de diamètre	*Idem.*	0 75	
		23	Drains en caoutchouc moulé, longueur 0^{m} 20, 6 à $7^{m}/^{m}$ de diamètre	*Idem.*	0 95	
		24	Drains en caoutchouc moulé, longueur 0^{m} 20. $8^{m}/^{m}$ de diamètre	*Idem.*	1 10	
		25	Drains en caoutchouc moulé, longueur 0^{m} 14, 9 à $10^{m}/^{m}$ de diamètre	*Idem.*	1 45	
		26	Drains en caoutchouc moulé, longueur 0^{m} 14, $11^{m}/^{m}$ de diamètre	*Idem.*	1 70	
		27	Drains en caoutchouc moulé, longueur 0^{m} 14, 12 à $13^{m}/^{m}$ de diamètre	*Idem.*	2 10	
		28	Drains à demeure de Bonnaire	*Idem.*	3 75	
		29	Drains à demeure en croix	*Idem.*	3 75	
		30	Soie plate de Répin, du n° 00 à 5 inclus. 2^{m} 50 long	Tube.	0 40	
		31	Soit plate roulée sur bobine de verre du n° 00 à 4	Bobine.	0 40	
		32	— — — n° 5 à 9	*Idem.*	0 65	
		33	— — — n° 10 à 14	*Idem.*	0 95	

DÉNOMINATION ET CLASSIFICATION DES MATIÈRES ET OBJETS.				ESPÈCE des UNITÉS.	PRIX MINISTÉRIELS.	OBSERVATIONS.
PAR UNITÉ SOMMAIRE.		PAR SUBDIVISION.				
Numéro et libellé.	Subdivision.	Numéros.	Dénominations.		fr. c.	
11 **Outillage, instruments et appareils divers.**	L Appareils et objets pour fractures.	1	.....	Nombre.		
		2	.....	Idem.		
		3	Attelles en bois avec gaine en fer blanc de 0^{m} 33 × 0^{m} 35	Idem.	0 50	
		4	— palette palmaire de 0^{m} 42 × 0 11	Idem	1 00	
		5	— pour avant-bras de 0^{m} 25 × 0^{m} 10	Idem.	0 50	
		6	— pour bras de 0^{m} 35 × 0^{m} 04	Idem.	0 50	
		7	— pour cuisse, grande externe de 1^{m} 20 × 0^{m} 06	Idem.	1 10	
		8	— pour cuisse grande interne de 0^{m} 90 × 0^{m} 06	Idem.	0 85	
		9	— pour jambe, grande interne de 0^{m} 64 × 0 05	Idem.	0 60	
		10	.....	Idem.		
		11	.....			
		12	Atteles en métal perforé de Hochet, longueur 0^{m} 24	Série de 6.	4 20	
		13	.....	Idem.		
		14	Cerceau à fracture grand	Idem.	2 25	
		15	— — moyen	Idem.	2 00	
		16	— — petit	Idem.	1 50	
		17	.....	Idem.		
		18	.....	Idem.		
		19	Gouttière en fil de fer de Bonnet, matelassée, pour adulte	Idem.	115 00	
		20	— pour bras et avant-bras (droite ou gauche)	Idem.	2 00	
		21	— pour bras et avant-bras articulée au coude (droite ou gauche)	Idem.	3 00	
		22	— pour bras et avant-bras avec flexion (droite ou gauche)	Idem.	2 50	
		23	— pour cuisse (droite ou gauche)	Idem.	2 00	
		24	— pour cuisse et jambe (droite ou gauche)	Idem.	3 75	
		25	— pour cuisse et jambe articulée au genou (droite ou gauche)	Idem.	6 50	
		26	— pour genou	Idem.	2 00	
		27	— pour jambe	Idem.	2 50	
		28	.....	Idem.		
		29	.....	Idem.		
		30	.....	Idem.		
		31	.....	Idem.		
		32	.....	Idem.		
		33	.....	Idem.		
		34	.....	Idem.		
		35	.....	Idem.		
		36	.....	Idem.		
		37	.....	Idem.		
		38	.....	Idem.		
		39	.....	Idem.		
		40	.....	Idem.		
		41	Poulie mobile pour tractions continues	Idem.		
		42	.....	Idem.		
	M Objets accessoires pour pansements.	1	Bassin à pansement en cuivre nickelé, réniforme, de 0^{m} 30 de long	Idem.	10 00	
		2	Bassin à pansement en cuivre nickelé, réniforme, de 0^{m} 25 de long	Idem.	8 75	

DÉNOMINATION ET CLASSIFICATION DES MATIÈRES ET OBJETS.				ESPÈCE des UNITÉS.	PRIX MINISTÉRIELS.	OBSERVATIONS.
PAR UNITÉ SOMMAIRE.		PAR SUBDIVISION.				
Numéro et libellé.	Subdivision,	Numéros.	Dénominations.		fr. c.	
11 Outillage, instruments et appareils divers.	M Objets accessoires pour pansements. (Suite.)	3	Bassin à pansement en cuivre nickelé, réniforme, de 0m 20 de long	Nombre.	7 75	
		4	Bassin à pansement en cuivre nickelé, triangulaire, de 0m 26 de long	Idem.	10 00	
		5	Bassin à pansement en tôle émaillée, réniforme, de 0m 30 de long	Idem.	5 00	
		6	Bassin à pansement en tôle émaillée, réniforme, de 0m 25 de long	Idem.	4 00	
		7	Bassin à pansement en tôle émaillée, réniforme, de 0m 20 de long	Idem.	3 00	
		8	Bassin à pansement en verre, réniforme, de 0m 30 de long	Idem.	4 50	
		9	Bassin à pansement en verre, réniforme, de 0m 25 de long	Idem.	3 50	
		10	Bassin à pansement en verre, réniforme, de 0m 20 de long	Idem.	2 25	
		11	Bassin en porcelaine pour instruments, grand	Idem.	9 30	
		12	— moyen	Idem.	5 00	
		13	— petit	Idem.	2 50	
		14	Bassin rectangulaire en tôle émaillée évasé, coins arrondis, de 0m 27 × 0m 21	Idem.	7 25	
		15	Bassin rectangulaire en tôle émaillée évasé, coins arrondis, de 0m 35 × 0m 18	Idem.	8 50	
		16	Bassin rectangulaire en tôle émaillée évasé, coins arrondis, de 0m 40 × 0m 30	Idem.	12 75	
		17	Irrigateur Éguisier en cuivre, complet, de 1 litre	Idem.	14 00	
		18	— — 1/2 litre	Idem.	12 00	
		19	Plateau ovale à pansement en fer blanc	Idem.	5 00	
		20	Palette en fer blanc pour saignée	Idem.	1 50	
		21	Ressort de rechange pour irrigateur Éguisier de 1 litre	Idem.	1 00	
		22	— — 1/2 litre	Idem.	0 90	
		23	Robinet en caoutchouc durci avec poussette métallique	Idem.	2 25	
		24	Ruban métrique en étoffe	Idem.	0 25	
		25	Saupoudreur à pansement en caoutchouc durci, grand	Idem.	5 25	
		26	— — petit	Idem.	4 00	
		27	Seringue en verre de 250 grammes pour lavement au nitrate d'argent	Idem.	12 00	
		28	Tube d'irrigateur avec canule	Idem.	2 25	
		29	Vessie à glace en caoutchouc	Idem.	6 75	
		30	.....	Idem.		
		31	.....	Idem.		
		32	.....	Idem.		
		33	.....	Idem.		
		34	.....	Idem.		
	N Bandages herniaires.	1	Bandages herniaires simples, droit ou gauche, pour enfant, pelote, poire, etc.	Nombre.	3 75	
		2	— pour cadet, pelote, poire, etc.	Idem.	4 70	
		3	— pour homme, pelote, poire, etc.	Idem.	5 60	
		4	Bandages herniaires doubles, brisés, pour enfant	Idem.	5 00	
		5	— pour cadet	Idem.	5 30	
		6	— pour homme	Idem.	8 10	

DÉNOMINATION ET CLASSIFICATION DES MATIÈRES ET OBJETS.				ESPÈCE des UNITÉS.	PRIX MINISTÉRIELS.	OBSERVATIONS.
PAR UNITÉ SOMMAIRE.		PAR SUBDIVISION.				
Numéro et libellé.	Subdivision.	Numéros.	Dénominations.		fr. c.	
11 Outillage, instruments et appareils divers.	BANDAGES HERNIAIRES. (Suite.)	7	Bandages herniaires (Suite.) doubles, à lunettes pour enfant	Nombre.	5 95	
		8	— doubles, à lunettes pour cadet	Idem.	8 75	
		9	— doubles, à lunettes pour homme	Idem.	10 30	
		10	— ombilicaux pour enfant	Idem.	5 00	
		11	— ombilicaux pour cadet	Idem.	5 30	
		12	— ombilicaux pour homme	Idem.	8 10	
		13	.....	Idem.		
		14	.....	Idem.		
		15	.....	Idem.		
		16	.....	Idem.		
	O APPAREILS DE PROTHÈSE.	1	Bas simple	Nombre.		A décompter au prix d'achat majoré de 25 p. 100.
		2	Bas à genou	Idem.		
		3	Bas à cuisse	Idem.		
		4	Bas molletière	Idem.		
		5	Bas genouillère	Idem.		
		6	Bas cuissard	Idem.		
		7	Bas cuissard à genou	Idem.		
		8	Bras artificiel	Idem.		
		9	Chaussure orthopédique	Idem.		
		10	Cuissard à pilon	Idem.		
		11	Béquilles doubles en bois de frêne, grandes	Idem.		
		12	— moyennes	Idem.		
		13	— petites	Idem.		
		14	Béquille simple en bois de frêne	Idem.		
		15	.....	Idem.		
		16	.....	Idem.		
	P LUNETTES ET ACCESSOIRES.	1	Lunettes à verres biconcaves avec étui, pour la myopie	Nombre.	2 00	
		2	Lunettes à verres biconvexes avec étui pour hypermétropie	Idem.	4 30	
		3	Lunettes à verres biconvexes pour opérés de cataracte, avec étui	Idem.	3 75	
		4	Lunettes à verres forme coquille, bleus ou fumés, avec étui	Idem.	4 30	
		5	.....	Idem.		
		6	.....	Idem.		
		7	.....	Idem.		
		8	.....	Idem.		
	Q VASES ET USTENSILES DE PHARMACIE ET DE CHIMIE.	1	Agitateurs assortis de diamètres, de 20 à 30 centimètres de longueur	Nombre.	0 10	
		2	Alambics en cuivre étamé à l'étain fin avec fourneau en tôle pour chauffage au charbon. 1 litre de bain-marie	Idem.	97 50	
		3	— 2 — —	Idem.	125 00	
		4	— 5 — —	Idem.	212 50	
		5	— 10 — —	Idem.	312 50	
		6	— 20 — —	Idem.	437 50	
		7	Alambic Salleron, à chaudière métallique	Idem.	31 25	
		7 bis.	Rondelles en caoutchouc de rechange pour alambic Salleron	Paire.	0 25	
		8	Alambic en cuivre pour l'essai des vins (modèle de l'Administration des Douanes)	Nombre.	187 50	
		8 bis.	Rondelles en caoutchouc de rechange pour le n° 8	Paire.	0 45	
		9	Albuminimètre d'Esbach	Nombre.	6 90	

DÉNOMINATION ET CLASSIFICATION DES MATIÈRES ET OBJETS.				ESPÈCE des UNITÉS.	PRIX MINISTÉRIELS.	OBSERVATIONS.
PAR UNITÉ SOMMAIRE.		PAR SUBDIVISION.				
Numéro et libellé.	Subdivision.	Numéros.	Dénominations.		fr. c.	
11 Outillage, instruments et appareils divers.	Q Vases et ustensiles de pharmacie et de chimie. (Suite.)	10	Alcoomètres contrôlés par la régie, gradués par 1/5 de degré de 0 à 20	Nombre.	4 70	
		11	20 à 40	Idem.	4 70	
		12	40 à 60	Idem.	4 70	
		13	60 à 80	Idem.	4 70	
		14	80 à 100	Idem.	4 70	
		15	Alcoomètre centésimal de Gay-Lussac de 0 à 100	Idem.	1 55	
		16	Alcoomètre centésimal pour appareil Salleron, de 0 à 25	Idem.	2 50	
		17	25 à 50	Idem.	2 50	
		18	Allonges verre blanc droites ou courbes, de 1 à 4 litres	Idem.	2 25	
		19	750 grammes	Idem.	0 70	
		20	500 —	Idem.	0 65	
		21	250 —	Idem.	0 50	
		22	125 —	Idem.	0 45	
		23	Allonges à déplacement non bouchées de 125 grammes	Idem.	0 65	
		24	250 —	Idem.	0 75	
		25	500 —	Idem.	0 90	
		26	750 —	Idem.	0 95	
		27	1 à 4 litres	Idem.	2 50	
		28	Amiante pour filtrer	Kilogr.	6 25	
		29	Ammonimètre de Bobierre pour doser l'ammoniaque dans les engrais	Nombre.	37 50	
		29*bis*	Tubes de rechange pour ammonimètre de Bobierre	Idem.	0 75	
		30	Ampoules en verre assorties	Cent.	0 10	
		31	Appareil à déplacement avec clef de Robiquet de 250 grammes	Nombre.	6 90	
		32	500 —	Idem.	7 50	
		33	1,000 —	Idem.	8 75	
		34	2,000 —	Idem.	11 00	
		35	3,000 —	Idem.	13 75	
		36	4,000 —	Idem.	16 25	
		37	Appareil à déplacement de Berjot pour les substances visqueuses	Idem.	75 00	
		38	Appareil à déplacement de Gerhardt pour les liquides volatils (sans support)	Idem.	15 00	
		39	Le même (avec support)	Idem.	27 50	
		40	Appareil à déplacement de Guibourt, de 2 litres	Idem.	18 75	
		41	— 4 litres	Idem.	22 50	
		42	Appareil à déplacement de Payen (sans support)	Idem.	9 40	
		43	Le même (avec support)	Idem.	22 50	
		44	Appareils à déplacement en cuivre étamé à l'étain fin, montés sur pied en fer avec trois disques par appareil de 5 litres	Idem.	56 25	
		45	10 —	Idem.	75 00	
		46	15 —	Idem.	93 75	
		47	20 —	Idem.	112 50	
		48	Appareil Carré à acide sulfurique à 2 carafes, avec 2 accessoires pour la congélation rapide	Idem.	437 50	
		48 *a*	Rechanges pour appareils Carré. Anneaux de caoutchouc	Idem.	0 25	
		48 *b*	Cire	Kilogr.	15 00	
		48 *c*	Clapets	Nombre.	1 90	
		48 *d*	Garniture de pompe en cuir	Idem.	1 90	

DÉNOMINATION ET CLASSIFICATION DES MATIÈRES ET OBJETS.				ESPÈCE des UNITÉS.	PRIX MINISTÉRIELS.	OBSERVATIONS.
PAR UNITÉ SOMMAIRE.		PAR SUBDIVISION.				
Numéro et libellé.	Subdivision.	Numéros.	Dénominations.		fr. c.	
11 Outillage, instruments et appareils divers.	Q Vases et ustensiles de pharmacie et de chimie. (Suite.)	48 *e*	Rechanges pour appareils Carré. (Suite.) — Huile épaisse pour pompe......	Flacon.	1 00	
		48 *f*	— — d'olive —	*Idem.*	1 00	
		48 *g*	— Rondelles de caoutchouc.......	Nombre.	0 25	
		48 *h*	— Tiges de piston..............	*Idem.*	6 25	
		49	Appareil d'Albert Lévy complet pour le dosage de l'oxygène dans l'eau..........................	*Idem.*	62 50	
		50	Appareil de Boussingault pour le dosage de l'acide carbonique contenu dans l'air avec aspirateur de 25 litres.	*Idem.*	56 25	
			Appareil de Kipp pour la production de l'hydrogène sulfuré, acide carbonique, etc. :			
		51	Moyen modèle, 4 litres......................	*Idem.*	27 50	
		52	Petit modèle, 2 litres......................	*Idem.*	22 50	
		53	Appareil de Liebig, avec ajustages, pour analyses organiques....................................	*Idem.*	175 00	
		54	Appareil de Nessler composé de 6 tubes jaugés et bouchés à l'émeri avec support garni d'une plaque de porcelaine blanche....................................	*Idem.*	40 00	
		55	Appareil du docteur Noël pour le dosage rapide de l'urée	*Idem.*	15 00	
		56	Appareil Limousin pour la fabrication de l'oxygène (complet, avec un ballon en caoutchouc de 30 litres).....	*Idem.*	168 75	
		56*bis*	Ballon de rechange pour cet appareil...............	*Idem.*	40 00	
		57	Appareils pour le dosage de l'acide carbonique de — Fresenius et Will............	*Idem.*	2 90	
		58	— Mohr......................	*Idem.*	2 90	
		59	— Moride et Bobierre...........	*Idem.*	2 25	
		60	— Wurtz......................	*Idem.*	2 25	
		61	Aréomètres de Baumé pour liquides — plus légers que l'eau.........	*Idem.*	0 95	
		62	— plus lourds que l'eau.........	*Idem.*	0 95	
		63	Assiettes en grès pour parfum......................	Cent.	0 15	
		64	Baguettes ou tiges en cristal ordinaire, 4 à 25 m/m de diamètre....................................	Kilogr.	1 90	
			Bain-marie en cuivre rouge, forme bassine, avec rondelles concentriques et niveau constant :			
		65	De 20 c/m de diamètre, 6 rondelles.............	Nombre.	33 75	
		66	De 36 — 7 —	*Idem.*	47 50	
			Les mêmes, sans niveau constant :			
		67	De 20 c/m de diamètre, 6 rondelles.............	*Idem.*	27 50	
		68	De 30 — 7 —	*Idem.*	41 25	
			Bain-marie en cuivre rouge, forme cylindrique, avec manche et rondelles concentriques, sans niveau :			
		69	De 16 c/m de diamètre, 3 rondelles.............	*Idem.*	18 75	
		70	De 20 — 5 —	*Idem.*	25 00	
		71	Bain-marie en fer battu étamé avec anses et rondelles concentriques, de — 18 c/m de diamètre, 3 rondelles..	*Idem.*	6 90	
		72	— 22 — 5 — ..	*Idem.*	8 75	
		73	— 26 — 6 — ..	*Idem.*	11 25	
		74	— 30 — 7 — ..	*Idem.*	15 00	
		75	Bains de sable en fonte de — 15 c/m de diamètre...........	*Idem.*	0 95	
		76	— 17 —	*Idem.*	1 40	
		77	— 20 —	*Idem.*	1 75	
		78	— 22 —	*Idem.*	2 00	
		79	— 24 —	*Idem.*	2 00	
		80	— 27 —	*Idem.*	2 45	
		81	— 30 —	*Idem.*	5 00	

DÉNOMINATION ET CLASSIFICATION DES MATIÈRES ET OBJETS.				ESPÈCE des UNITÉS.	PRIX MINISTÉRIELS.	OBSERVATIONS.
PAR UNITÉ SOMMAIRE.		PAR SUBDIVISION.				
Numéro et libellé.	Subdivision.	Numéros.	Dénominations.		fr. c.	
		82	Bains de sable en tôle, forme capsule, de 10 c/m de diamètre	Nombre.	1 25	
		83	14 —	Idem.	1 75	
		84	18 —	Idem.	2 50	
		85	22 —	Idem.	3 15	
		86	26 —	Idem.	3 75	
		87	Bains de sable en tôle, forme plate, de 14 c/m de diamètre	Idem.	1 75	
		88	18 —	Idem.	2 50	
		89	20 —	Idem.	2 90	
		90	25 —	Idem.	3 75	
		91	Ballon avec tubes ronds pour distillations fractionnées	Idem.	1 75	
		92	Ballon de Fernbach, avec tubulure latérale et barbotteur	Idem.	3 75	
		93	Ballon jaugé pour hydrotimètre	Idem.	1 90	
		94	Ballons ou matras en verre blanc à fond rond, ou plat, à col court ou à col long, de 1 à 10 litres	Idem.	2 50	
		95	1,500 grammes	Idem.	0 65	
		96	750 —	Idem.	0 40	
		97	500 —	Idem.	0 35	
		98	375 —	Idem.	0 30	
		99	250 —	Idem.	0 25	
		100	187 —	Idem.	0 20	
		101	150 —	Idem.	0 20	
		102	125 grammes et au-dessous	Idem.	0 20	
11 Outillage, instruments et appareils divers.	Q Vases et ustensiles de pharmacie et de chimie. (Suite.)	103	Ballons pipettes de Chamberland	Idem.	2 00	
		104	Ballons verre vert à fond plat, ou rond col court ou long col, de 1 à 20 litres par grandeur	Litre de contenance	0 45	
		105	750 grammes	Nombre.	0 40	
		106	500 —	Idem.	0 35	
		107	350 —	Idem.	0 30	
		108	250 —	Idem.	0 25	
		109	125 grammes et au-dessous	Idem.	0 20	
		110	Barils debout en verre pour eau distillée avec robinet en étain, bouchon en verre, de 5 litres	Idem.	6 25	
		111	10 —	Idem.	8 75	
		112	20 —	Idem.	16 25	
		113	50 —	Idem.	37 50	
		114	Barils en verre avec robinet en verre et bouchon en verre, de 5 litres	Idem.	11 25	
		115	10 —	Idem.	16 25	
		116	20 —	Idem.	35 00	
		117	Baromètre anéroïde pour station météorologique	Idem.	27 50	
		118	— de Fortin — —	Idem.	137 50	
		119	— — tout en verre	Idem.	62 50	
		120	Bassines en cuivre rouge, fond rond avec anses, de 4 litres	Idem.	16 50	
		121	6 —	Idem.	17 75	
		122	8 —	Idem.	25 00	
		123	10 —	Idem.	27 50	
		124	15 —	Idem.	37 50	
		125	20 —	Idem.	42 50	
		126	25 —	Idem.	50 00	
		127	Bassines en fer battu fort, étamé, à anses, de 22 c/m de diamètre	Idem.	3 15	
		128	26 —	Idem.	4 40	
		129	30 —	Idem.	5 65	
		130	36 —	Idem.	7 80	
		131	40 —	Idem.	9 10	

DÉNOMINATION ET CLASSIFICATION DES MATIÈRES ET OBJETS. PAR UNITÉ SOMMAIRE. Numéro et libellé.	Subdivision.	PAR SUBDIVISION. Numéros.	Dénominations.	ESPÈCE des UNITÉS.	PRIX MINISTÉRIELS.	OBSERVATIONS.
11 **Outillage, instruments et appareils divers.**	Q Vases et ustensiles de pharmacie et de chimie. (Suite.)	132	Bassines fonte émaillée, à bec et à anses, de 8 litres	Nombre.	10 65	
		133	11 —	*Idem.*	12 50	
		134	14 —	*Idem.*	15 00	
		135	17 —	*Idem.*	18 75	
		136	20 —	*Idem.*	21 25	
		137	25 —	*Idem.*	25 00	
		138	30 —	*Idem.*	31 25	
		139	Biberons porcelaine opaque	*Idem.*	0 65	
		140	Bocaux à bords droits dits bocaux à fleurs de 1 à 12 litres par grandeur	*Idem.*	0 50	
		141	750 grammes	*Idem.*	0 40	
		142	500 —	*Idem.*	0 35	
		143	350 —	*Idem.*	0 30	
		144	250 —	*Idem.*	0 25	
		145	180 —	*Idem.*	0 20	
		146	125 —	*Idem.*	0 15	
		147	90 —	*Idem.*	0 15	
		148	60 —	*Idem.*	0 10	
		149	Boîtes à lait en fer émaillé, de 1 litre	*Idem.*	2 00	
		150	— de 2 litres	*Idem.*	3 70	
		151	Boîtes à lait en porcelaine, de 1 litre	*Idem.*	3 20	
		152	— — de 2 litres	*Idem.*	3 65	
		153	Boîtes à réactifs, chêne ciré avec couvercle, tiroir et poignées, contenant 35 flacons vides vitrifiés lettres noires et bouchés à l'émeri, de 125 grammes	*Idem.*	81 25	
		154	Les mêmes avec flacons de 60 grammes	*Idem.*	62 50	
		155	Boîtes cylindriques en verre, à couvercle rodé, de 5 c/m de diamètre	*Idem.*	1 60	
		156	10 —	*Idem.*	3 65	
		157	15 —	*Idem.*	5 00	
		158	Boîtes de Kitasato pour cultures anaérobies	*Idem.*	3 15	
		159	Boîtes en verre rondes de Pétri, de 4, 5 et 6 c/m de diamètre	*Idem.*	0 70	
		160	8, 10 et 13 —	*Idem.*	1 25	
		161	Boîtes rectangulaires avec support intérieur pour stériliser les instruments, modèle de l'Institut Pasteur, en cuivre	*Idem.*	25 00	
		162	Les mêmes, en fer émaillé	*Idem.*	12 50	
		163	Bouchons en caoutchouc, gomme para pur, flottants, pleins, n° 1	*Idem.*	0 15	
		164	n° 2	*Idem.*	0 20	
		165	pleins et à 1 trou, n° 3	*Idem.*	0 25	
		166	pleins à 1 et à 2 trous, n° 4	*Idem.*	0 35	
		167	n° 5	*Idem.*	0 40	
		168	pleins, à 1, 2 et à 3 trous, n° 6	*Idem.*	0 50	
		169	n° 7	*Idem.*	0 70	
		170	n° 8	*Idem.*	0 80	
		171	n° 9	*Idem.*	0 85	
		172	n° 10	*Idem.*	1 25	
		173	n° 11	*Idem.*	1 35	
		174	n° 12	*Idem.*	1 55	
		175	n° 13	*Idem.*	2 00	
		176	n° 14	*Idem.*	2 50	
		177	n° 15	*Idem.*	3 50	
		178	n° 16	*Idem.*	4 25	
		179	n° 17	*Idem.*	4 75	
		180	n° 18	*Idem.*	5 25	
		181	n° 19	*Idem.*	5 75	
		182	n° 20	*Idem.*	6 25	

DÉNOMINATION ET CLASSIFICATION DES MATIÈRES ET OBJETS.				ESPÈCE des UNITÉS.	PRIX MINISTÉRIELS.	OBSERVATIONS.
PAR UNITÉ SOMMAIRE.		PAR SUBDIVISION.				
Numéro et libellé.	Subdivision.	Numéros.	Dénominations.		fr. c.	
11 Outillage, instruments et appareils divers.	Q Vases et ustensiles de pharmacie et de chimie. (Suite.)	183	Bougies Chamberland petit modèle, sans embase.......	Nombre.	2 50	
		184	Bougies en amiante au moule de 5, 7, 10, 12 et 15$^m/_m$, sans embase................................	Idem.	2 50	
		185	Bougies en porcelaine au moule de 5, 7, 10, 12 et 15$^m/_m$, sans embase................................	Idem.	2 50	
		186	Bougies en terre de pipe de 5$^m/_m$ au moule, sans embase.	Idem.	2 50	
		187	Bouteilles à bague saillante pour eaux gazeuses.........	Idem.	0 30	
		188	Bouteilles en grès de 3 litres....................	Idem.	0 95	
		189	2 litres....................	Idem.	0 75	
		190	1 litre....................	Idem.	0 65	
		191	50 centil....................	Idem.	0 65	
		192	Bouteilles verre vert bouchées à l'émeri de 4 litres....................	Idem.	2 50	
		193	3 litres....................	Idem.	1 60	
		194	2 litres....................	Idem.	0 95	
		195	1 litre....................	Idem.	0 65	
		196	Bouteilles verre vert non bouchées forme anglaise de 6 litres....................	Idem.	1 50	
		197	5 litres....................	Idem.	1 25	
		198	4 litres....................	Idem.	1 00	
		199	3 litres....................	Idem.	0 90	
		200	2 litres....................	Idem.	0 65	
		201	1 litre....................	Idem.	0 35	
		202	50 centil....................	Idem.	0 30	
		203	Burettes dites anglaises divisées de 10^{cc} par 1/10 de ^{cc}..........	Idem.	2 50	
		204	25^{cc} —	Idem.	4 05	
		205	50^{cc} par 1/2^{cc}..............	Idem.	3 45	
		206	100^{cc} par ^{cc}................	Idem.	3 75	
		207	Burettes de Gay-Lussac à bout recourbé de : 10^{cc} par 1/10 de ^{cc}..........	Idem.	2 50	
		208	25 —	Idem.	4 05	
		209	35 —	Idem.	4 70	
		210	50^{cc} par 1/2^{cc}..............	Idem.	3 45	
		211	100^{cc} par ^{cc}................	Idem.	3 75	
		212	Burettes de Mohr avec pince, tube en caoutchouc et tube d'écoulement de 10^{cc} par 1/10 de ^{cc}..........	Idem.	3 45	
		213	25 —	Idem.	5 00	
		214	35 —	Idem.	5 95	
		215	50^{cc} par 1/2 ^{cc}..............	Idem.	5 00	
		216	100^{cc} par ^{cc}................	Idem.	5 95	
		217	Burettes de Mohr avec robinet de 10^{cc} par 1/10 de ^{cc}..........	Idem.	5 65	
		218	25 —	Idem.	7 50	
		219	35 —	Idem.	8 75	
		220	50^{cc} par 1/2^{cc}..............	Idem.	6 90	
		221	100^{cc} par ^{cc}................	Idem.	7 50	
		222	Burette hydrotimétrique........................	Idem.	3 75	
		223	Capsules à incinération en porcelaine de Saxe de 40$^m/_m$ de diamètre...........	Idem.	0 65	
		224	50 —	Idem.	0 65	
		225	Capsules en argent de 30$^m/_m$ de diamètre, poids 4 gr. environ..................	Idem.	2 50	
		226	40$^m/_m$ de diamètre, poids 8 gr. environ..................	Idem.	4 40	
		227	50$^m/_m$ de diamètre, poids 14 gr. environ..................	Idem.	7 50	
		228	60$^m/_m$ de diamètre, poids 22 gr. environ..................	Idem.	10 00	

DÉNOMINATION ET CLASSIFICATION DES MATIÈRES ET OBJETS.					ESPÈCE des UNITÉS.	PRIX MINISTÉRIELS.	OBSERVATIONS.
PAR UNITÉ SOMMAIRE.		PAR SUBDIVISION.					
Numéro et libellé.	Subdivision.	Numéros.	Dénominations.				
11 Outillage, instruments et appareils divers.	Q Vases et ustensiles de pharmacie et de chimie. (Suite.)	229	Capsules en argent de (Suite.)	70 m/m de diamètre, poids 32 gr. environ	Nombre.	15 00	
		230		80 m/m de diamètre, poids 48 gr. environ	Idem.	21 25	
		231	Capsules en fer-blanc verni assorties de couleurs avec filets en or pour flacons et bocaux de 40 à 120 m/m de diamètre		Idem.	0 50	
		232	Capsules en nickel pur fond rond ou plat de	40 m/m de diamètre	Idem.	1 25	
		233		50 —	Idem.	1 60	
		234		60 —	Idem.	1 90	
		235		70 —	Idem.	2 00	
		236		80 —	Idem.	2 25	
		237		90 —	Idem.	2 75	
		238		100 —	Idem.	3 65	
		239		120 —	Idem.	5 00	
		240		150 —	Idem.	6 25	
		241	Capsules en platine à fond plat du modèle adopté par le comité des arts et manufactures pour l'extrait des vins.		Idem.	102 50	
		242	Capsule en platine fond rond ou plat de	15 m/m de diamètre, poids 1 gr. 5 environ	Idem.	9 40	
		243		20 m/m de diamètre, poids 2 gr. environ	Idem.	12 50	
		244		30 m/m de diamètre, poids 4 gr. environ	Idem.	27 50	
		245		40 m/m de diamètre, poids 8 gr. environ	Idem.	50 00	
		246		50 m/m de diamètre, poids 14 gr. environ	Idem.	77 50	
		247		60 m/m de diamètre, poids 22 gr. environ	Idem.	125 00	
		248		70 m/m de diamètre, poids 32 gr. environ	Idem.	187 50	
		249		80 m/m de diamètre, poids 48 gr. environ	Idem.	275 00	
		250	Capsules en porcelaine de Bayeux à fond rond ou plat et à bec de	27 m/m de diamètre	Idem.	0 15	
		251		40 —	Idem.	0 25	
		252		55 —	Idem.	0 30	
		253		84 —	Idem.	0 55	
		254		110 —	Idem.	0 80	
		255		140 —	Idem.	1 30	
		256		167 —	Idem.	1 80	
		257		195 —	Idem.	2 25	
		258		223 —	Idem.	3 20	
		259		250 —	Idem.	4 55	
		260		280 —	Idem.	5 95	
		261		305 —	Idem.	7 20	
		262		360 —	Idem.	13 75	
		263	Capsules en verre mince de Bohême, à fond rond, avec ou sans bec, hémisphériques ou évasées, de	40 m/m de diamètre	Idem.	0 35	
		264		50 —	Idem.	0 40	
		265		60 —	Idem.	0 50	
		266		70 —	Idem.	0 65	
		267		80 —	Idem.	0 70	
		268		90 —	Idem.	0 75	
		269		110 —	Idem.	0 95	
		270		120 —	Idem.	1 00	
		271		130 —	Idem.	1 15	
		272		160 —	Idem.	1 40	

DÉNOMINATION ET CLASSIFICATION DES MATIÈRES ET OBJETS.				ESPÈCE des UNITÉS.	PRIX MINISTÉRIELS.	OBSERVATIONS.
PAR UNITÉ SOMMAIRE.		PAR SUBDIVISION.				
Numéro et libellé.	Subdivision.	Numéros.	Dénominations.			
					fr c.	
11 **Outillage, instruments et appareils divers.**	Q VASES ET USTENSILES DE PHARMACIE ET DE CHIMIE. (Suite.)	273	Capuchons de caoutchouc pour tubes à cultures, de 15 m/m.	Nombre.	0 15	
		274	Capuchons de caoutchouc pour tubes à cultures, de 18 m/m.	*Idem.*	0 20	
		275	Capuchons de caoutchouc pour tubes à cultures, de 20 m/m.	*Idem.*	0 25	
		276	— — — 25 m/m.	*Idem.*	0 35	
		277	Carafes jaugées, cristal épais, de 250 grammes	*Idem.*	1 90	
		278	de 500 —	*Idem.*	2 50	
		279	de 1,000 —	*Idem.*	3 15	
		280	Carafe pour appareil Carré	*Idem.*	1 65	
		281	Carafe pour appareil Carré, à brisure, pour congélation	*Idem.*	7 20	
		282	Carton à préparation à deux volets	*Idem.*	1 60	
		283	Chalumeau de Berzélius, bout en cuivre	*Idem.*	4 40	
		283 *bis*	— en platine	*Idem.*	7 50	
		284	Bouts de rechange pour ces chalumeaux en cuivre	*Idem.*	0 65	
		284 *bis*	— — en platine	*Idem.*	4 40	
		285	Chambre humide de Malassez	*Idem.*	8 15	
		286	Charbon de rechange pour pile de Bunsen de 0m 16 de hauteur	*Idem.*	0 75	
		287	de 0m 18 —	*Idem.*	1 00	
		288	de 0m 22 —	*Idem.*	1 40	
		289	Chevalets pour 12 tubes à essais, ouverture des trous 20 m/m.	*Idem.*	2 20	
		290	Les mêmes, pour 24 tubes	*Idem.*	3 75	
		291	Cloches à bouton ou à douille, forme haute, de 250 grammes	*Idem.*	0 65	
		292	de 500 —	*Idem.*	0 90	
		293	de 1 litre	*Idem.*	1 00	
		294	de 2 —	*Idem.*	1 40	
		295	de 4 —	*Idem.*	2 50	
		296	de 6 —	*Idem.*	4 05	
		297	Cloches à bouton ou à douille, forme basse, de 0m 16 de diamètre	*Idem.*	0 75	
		298	de 0m 19 —	*Idem.*	0 95	
		299	de 0m 22 —	*Idem.*	1 25	
		300	de 0m 25 —	*Idem.*	1 60	
		301	de 0m 28 —	*Idem.*	2 20	
		302	Cloches à dessécher à étagères en verre (4 étagères) de 0m 15 de diamètre sur 0m 25 de hauteur; cloche de 0m 48 de hauteur sur 0m 19 de diamètre intérieur, avec plaque carrée en verre dépoli	*Idem.*	27 20	
		303	Cloches à recouvrement, de 0m 20 de diamètre	*Idem.*	2 20	
		304	de 0m 25 —	*Idem.*	2 50	
		305	de 0m 30 —	*Idem.*	6 25	
		306	Cloches à robinet en cuivre, graduées, de 1 litre	*Idem.*	10 00	
		307	de 2 —	*Idem.*	11 25	
		308	de 3 —	*Idem.*	15 00	
		309	de 4 —	*Idem.*	16 90	
		310	de 6 —	*Idem.*	19 20	
		311	Cloches courbes assorties	*Idem.*	0 40	
		312	Cloches de 0m 20 de diamètre, à bords rodés, à douille munie d'un robinet de verre	*Idem.*	0 25	
		313	Cloches en verre pour microscope, à bouton taillé, de 35 × 24	*Idem.*	6 25	
		314	Compte-gouttes de Lebaigue	*Idem.*	1 60	
		315	— de 150 grammes, à 2 tubulures, pour boîtes à réactifs	*Idem.*	4 40	
		316	ordinaires	*Idem.*	0 10	

DÉNOMINATION ET CLASSIFICATION DES MATIÈRES ET OBJETS.				ESPÈCE des UNITÉS.	PRIX MINISTÉRIELS.	OBSERVATIONS.
PAR UNITÉ SOMMAIRE.		PAR SUBDIVISION.				
Numéro et libellé.	Subdivision.	Numéros.	Dénominations.		fr. c.	
11 Outillage, instruments et appareils divers.	Q Vases et ustensiles de pharmacie et de chimie. (Suite.)	317	Conserves forme basse à 2 cordons, avec couvercle, contenance approximative de 2 litres	Nombre.	3 25	
		318	de 3 —	Idem.	3 45	
		319	de 4 —	Idem.	5 00	
		320	de 5 —	Idem.	6 25	
		321	de 6 —	Idem.	6 90	
		322	Cornues en biscuit, émaillées à l'intérieur, non tubulées, de 2 litres	Idem.	8 75	
		323	de 1 —	Idem.	6 25	
		324	de 750 grammes	Idem.	5 65	
		325	de 500 —	Idem.	5 00	
		326	de 250 —	Idem.	4 05	
		327	Cornues en biscuit, émaillées à l'intérieur, tubulées de 2 litres	Idem.	12 50	
		328	de 1 —	Idem.	8 75	
		329	de 500 grammes	Idem.	6 25	
		330	de 250 —	Idem.	5 00	
		331	de 90 —	Idem.	3 25	
		332	de 60 —	Idem.	2 75	
		333	de 30 —	Idem.	2 40	
		334	Cornues en grès non tubulées de 10 litres	Idem.	11 25	
		335	de 8 —	Idem.	9 40	
		336	de 6 —	Idem.	6 25	
		337	de 5 —	Idem.	6 25	
		338	de 4 —	Idem.	5 00	
		339	de 3 —	Idem.	3 25	
		340	de 2 —	Idem.	2 00	
		341	de 1 —	Idem.	1 25	
		342	de 500 grammes	Idem.	1 10	
		343	de 250 —	Idem.	0 75	
		344	Cornues en grès tubulées de 10 litres	Idem.	12 50	
		345	de 8 —	Idem.	10 00	
		346	de 6 —	Idem.	6 90	
		347	de 5 —	Idem.	6 90	
		348	de 4 —	Idem.	6 25	
		349	de 3 —	Idem.	3 75	
		350	de 2 —	Idem.	2 85	
		351	de 1 —	Idem.	1 40	
		352	de 500 grammes	Idem.	1 15	
		353	de 250 —	Idem.	0 95	
		354	Cornues verre blanc ordinaire ou vert clair de 1 à 20 litres (par grandeur)	Litre.	0 50	
		355	de 750 grammes	Nombre.	0 40	
		356	de 500 —	Idem.	0 35	
		357	de 350 —	Idem.	0 30	
		358	de 250 —	Idem.	0 25	
		359	de 125 —	Idem.	0 20	
		360	de 90 —	Idem.	0 20	
		361	de 60 —	Idem.	0 20	
		362	de 30 —	Idem.	0 20	
		363	Cornues verre blanc ou verre clair tubulées, bouchées à l'émeri de 1 à 20 litres (par grandeur)	Litre.	1 30	
		364	de 750 grammes	Nombre.	1 20	
		365	de 500 —	Idem.	1 10	
		366	de 350 —	Idem.	1 00	
		367	de 250 —	Idem.	0 95	
		368	de 125 —	Idem.	0 75	

DÉNOMINATION ET CLASSIFICATION DES MATIÈRES ET OBJETS.				ESPÈCE des UNITÉS.	PRIX MINISTÉRIELS.	OBSERVATIONS.
PAR UNITÉ SOMMAIRE.		PAR SUBDIVISION.				
Numéro et libellé.	Subdivision.	Numéros.	Dénominations.		fr. c.	
11 Outillage, instruments et appareils divers.	Q Vases et ustensiles de pharmacie et de chimie. (Suite.)	369	Cornues verre blanc ou verre clair, etc. (Suite.) de 90 —	Nombre.	0 75	
		370	de 60 —	Idem.	0 75	
		371	de 30 —	Idem.	0 75	
		372	Coton de verre	Kilogr.	31 25	
		373	Coupelles en grès, assorties	Nombre.	0 15	
		374	Coupelles en os empapillotées n° 1 pesant 4 grammes	Idem.	0 10	
		375	2 — 5 —	Idem.	0 10	
		376	3 — 10 —	Idem.	0 10	
		377	4 — 13 —	Idem.	0 10	
		378	5 — 17 —	Idem.	0 10	
		379	6 — 21 —	Idem.	0 15	
		380	7 — 28 —	Idem.	0 25	
		381	8 — 39 —	Idem.	0 50	
		382	Couteaux à bouchons, lames mince et large, acier fondu	Idem.	3 15	
		383	Couteaux en platine manche buffle poids de la lame, 12 gr. environ.	Idem.	77 50	
		384	— 15 —	Idem.	87 50	
		385	Couteaux pour couper le verre, grand modèle	Idem.	3 15	
		386	Couvercles pour creusets ronds en grès de Hesse, assortis.	Idem.	0 20	
		387	Couvercles pour creusets triangulaires en grès de Hesse, assortis	Idem.	0 25	
		388	Couvercles ronds, terre de Paris, assortis aux creusets	Idem.	0 25	
		389	Crémomètres de Quévenne	Idem.	3 15	
		390	Creusets avec couvercle et tube de Rôse, de 37 m/m de hauteur	Idem.	1 90	
		391	53 —	Idem.	3 75	
		392	Creusets de Hesse triangulaires, avec leurs couvercles, série de 8	Série.	3 25	
		393	— 6	Idem.	1 90	
		394	— 5	Idem.	1 55	
		395	— 5 petits	Idem.	1 25	
		396	Creusets de Plattner de 25 m/m de hauteur	Nombre.	0 75	
		397	30 —	Idem.	0 85	
		398	Creusets en argent avec couvercles, forme capsule ou à bouton, de 10 cent. c.; poids 10 gr. environ	Idem.	7 50	
		399	15 — 15 —	Idem.	9 40	
		400	20 — 20 —	Idem.	11 25	
		401	25 — 25 —	Idem.	12 50	
		402	30 — 30 —	Idem.	15 00	
		403	35 — 35 —	Idem.	16 25	
		404	40 — 40 —	Idem.	18 75	
		405	50 — 50 —	Idem.	21 25	
		406	60 — 60 —	Idem.	25 00	
		407	80 — 80 —	Idem.	33 75	
		408	100 — 100 —	Idem.	43 75	
		409	Creusets en biscuit avec couvercles, de 500 grammes	Idem.	1 20	
		410	250 —	Idem.	0 90	
		411	125 —	Idem.	0 75	
		412	90 —	Idem.	0 65	
		413	60 —	Idem.	0 65	
		414	30 —	Idem.	0 45	
		415	15 —	Idem.	0 40	
		416	9 —	Idem.	0 40	
		417	6 —	Idem.	0 40	

DÉNOMINATION ET CLASSIFICATION DES MATIÈRES ET OBJETS.					ESPÈCE des UNITÉS.	PRIX MINISTÉRIELS.	OBSERVATIONS.
PAR UNITÉ SOMMAIRE.		PAR SUBDIVISION.					
Numéro et libellé.	Subdivision.	Numéros.	Dénominations.			fr. c.	
11 Outillage, instruments et appareils divers.	Q Vases et ustensibles de pharmacie et de chimie. (Suite.)	418	Creusets nickel pur avec couvercles, forme capsule, de	35 m/m de diamètre sur 22 m/m de hauteur..................	Nombre.	2 25	
		419		40 m/m de diamètre sur 38 m/m de hauteur..................	Idem.	2 65	
		420		50 m/m de diamètre sur 45 m/m de hauteur..................	Idem.	3 25	
		421	Creusets en platine avec couvercles, forme capsule, forme haute ou forme basse, de	4 cent. c.; poids 4 gr. environ..	Idem.	31 25	
		422		6 — 6 — ..	Idem.	40 00	
		423		8 — 8 — ..	Idem.	52 50	
		424		10 — 10 — ..	Idem.	62 50	
		425		15 — 15 — ..	Idem.	93 75	
		426		20 — 20 — ..	Idem.	118 75	
		427		30 — 30 — ..	Idem.	175 00	
		428		40 — 40 — ..	Idem.	225 00	
		429		50 — 50 — ..	Idem.	300 00	
		430	Creusets en porcelaine émaillée, avec couvercle, de	25 m/m de hauteur...........	Idem.	0 35	
		431		30 —	Idem.	0 35	
		432		40 —	Idem.	0 40	
		433		55 —	Idem.	0 45	
		434		63 —	Idem.	0 50	
		435		70 —	Idem.	0 50	
		436	Creusets ronds de Hesse sans couvercles,	hauteur 38 m/m, capacité 15 gr..	Idem.	0 20	
		437		— 65 — 70 ..	Idem.	0 35	
		438		— 85 — 150 ..	Idem.	0 45	
		439		— 110 — 300 ..	Idem.	0 50	
		440		— 140 — 500 ..	Idem.	0 75	
		441		— 168 — 800 ..	Idem.	1 05	
		442		— 190 — 1,200 ..	Idem.	1 45	
		443		— 210 — 1,800 ..	Idem.	2 20	
		444		— 245 — 2,500 ..	Idem.	2 50	
		445	Creusets ronds en terre de Paris sans couvercles,	n° 0, hauteur 35 m/m, diamètre 33 m/m, capacité 10 grammes.	Idem.	0 10	
		446		n° 1, hauteur 50 m/m, diamètre 35 m/m, capacité 12 grammes.	Idem.	0 10	
		447		n° 2, hauteur 55 m/m, diamètre 45 m/m, capacité 20 grammes.	Idem.	0 10	
		448		n° 3, hauteur 70 m/m, diamètre 45 m/m, capacité 30 grammes.	Idem.	0 15	
		449		n° 4, hauteur 75 m/m, diamètre 50 m/m, capacité 35 grammes.	Idem.	0 15	
		450		n° 5, hauteur 80 m/m, diamètre 55 m/m, capacité 60 grammes.	Idem.	0 15	
		451		n° 6, hauteur 90 m/m, diamètre 60 m/m, capacité 80 grammes.	Idem.	0 15	
		452		n° 7, hauteur 105 m/m, diamètre 65 m/m, capacité 120 grammes.	Idem.	0 20	
		453		n° 8, hauteur 115 m/m, diamètre 70 m/m, capacité 180 grammes.	Idem.	0 20	
		454		n° 9, hauteur 135 m/m, diamètre 78 m/m, capacité 250 grammes.	Idem.	0 35	
		455		n° 10, hauteur 150 m/m, diamètre 85 m/m, capacité 370 grammes.	Idem.	0 40	
		456		n° 11, hauteur 165 m/m, diamètre 90 m/m, capacité 450 grammes.	Idem.	0 50	
		457		n° 12, hauteur 172 m/m, diamètre 100 m/m, capacité 560 grammes.	Idem.	0 65	

DÉNOMINATION ET CLASSIFICATION DES MATIÈRES ET OBJETS.				ESPÈCE des UNITÉS.	PRIX MINISTÉRIELS.	OBSERVATIONS.
PAR UNITÉ SOMMAIRE.		PAR SUBDIVISION.				
Numéro et libellé.	Subdivision.	Numéros.	Dénominations.		fr. c.	
		458	Creusets triangulaires en grès de Hesse, sans couvercles, hauteur 40 m/m, capacité 15 gr.	Nombre.	0 15	
		459	— 62 — 30	*Idem.*	0 20	
		460	— 70 — 60	*Idem.*	0 25	
		461	— 88 — 125	*Idem.*	0 40	
		462	— 110 — 250	*Idem.*	0 50	
		463	— 140 — 500	*Idem.*	1 00	
		464	— 165 — 1,000	*Idem.*	1 40	
		465	Cristallisoirs en verre de 30, 40 et 55 m/m	*Idem.*	0 50	
		466	70, 85 et 95	*Idem.*	0 60	
		467	Cristallisoirs en verre de 110, 125 et 140 m/m	*Idem.*	1 00	
		468	150, 160 et 180	*Idem.*	1 15	
		469	Cristallisoirs en verre de Bohême de 40, 45 et 50	*Idem.*	0 65	
		470	55, 65 et 80	*Idem.*	0 70	
		471	90, 105 et 120	*Idem.*	0 75	
		472	130, 140 et 160	*Idem.*	0 90	
		473	Cuillers en fer assorties de 0.54 à 0.135	*Idem.*	1 25	
		474	Cuillers en platine sans manches de 8 m/m de diam., poids 1 gr. 1 envir.	*Idem.*	8 15	
		475	10 — 1 3 —	*Idem.*	9 40	
		476	12 — 2 // —	*Idem.*	13 15	
		477	14 — 2 7 —	*Idem.*	18 75	
		478	16 — 3 6 —	*Idem.*	23 75	
		479	18 — 5 2 —	*Idem.*	31 25	
		480	20 — 6 9 —	*Idem.*	45 00	
11 Outillage, instruments et appareils divers.	Q Vases et ustensiles de pharmacie et de chimie. (Suite.)	481	Manches de toute grandeur pour les cuillers en platine ci-dessus	*Idem.*	2 20	
		482	Cuivre (ou clinquant) recuit, jaune	Kilogr.	5 65	
		483	— — rouge	*Idem.*	6 25	
		484	Cuves à mercure en porcelaine, de 1 lit. 50	Nombre.	16 25	
		485	80 centil.	*Idem.*	11 25	
		486	Cuves en zinc verni, avec entonnoir et robinet de 25 litres	*Idem.*	22 50	
		487	de 50 —	*Idem.*	32 50	
		488	Cuvettes horizontales, en porcelaine, pour photographie, de 13 c/m × 11 c/m	*Idem.*	0 95	
		489	20 × 14	*Idem.*	1 90	
		490	24 × 18	*Idem.*	2 20	
		491	30 × 24	*Idem.*	3 75	
		492	36 × 30	*Idem.*	6 25	
		493	44 × 31	*Idem.*	10 00	
		494	Cuvettes horizontales, en verre, pour photographie, de 115 m/m × 140 m/m	*Idem.*	1 60	
		495	156 × 210	*Idem.*	2 50	
		496	200 × 255	*Idem.*	4 40	
		497	Cylindres en carton pour tubes à culture de 10 c/m de diamètre.	*Idem.*	1 15	
		498	Les mêmes de 20 c/m de diamètre	*Idem.*	2 00	
		499	Dames-jeannes verre vert, bouchées liège, clissées osier blanc, de 5 litres	*Idem.*	2 20	
		500	10 —	*Idem.*	3 15	
		501	15 —	*Idem.*	3 75	
		502	20 —	*Idem.*	4 40	
		503	Densimètre chercheur de 600 à 1,000 par centièmes	*Idem.*	3 15	
		504	— 1,000 à 1,900 —	*Idem.*	3 15	
		505	Densimètre de précision de 600 à 700 par millièmes	*Idem.*	4 70	
		506	— 700 à 800 —	*Idem.*	4 70	
		507	— 800 à 900 —	*Idem.*	4 70	
		508	— 900 à 1,000 —	*Idem.*	4 70	
		509	— 1,000 à 1,100 —	*Idem.*	4 70	
		510	— 1,100 à 1,200 —	*Idem.*	4 70	
		511	— 1,200 à 1,300 —	*Idem.*	4 70	

DÉNOMINATION ET CLASSIFICATION DES MATIÈRES ET OBJETS.				ESPÈCE des UNITÉS.	PRIX MINISTÉRIELS.	OBSERVATIONS.
PAR UNITÉ SOMMAIRE.		PAR SUBDIVISION.				
Numéro et libellé.	Subdivision.	Numéros.	Dénominations.		fr. c.	
11 Outillage, instruments et appareils divers.	Q Vases et ustensiles de pharmacie et de chimie. (Suite.)	512	Densimètre de précision de 1,300 à 1,400 — ..	Nombre.	4 70	
		513	— 1,400 à 1,500 — ..	Idem.	4 70	
		514	— 1,500 à 1,600 — .	Idem.	4 70	
		515	— 1,600 à 1,700 — .	Idem.	4 70	
		516	— 1,700 à 1,800 — ..	Idem.	4 70	
		517	— 1,800 à 1,900 — ..	Idem.	4 70	
		518	Densimètre de Rousseau gradué sur tige, pour liquides plus lourds ou plus légers que l'eau, dans un étui en carton.	Idem.	5 00	
		519	Densimètre pèse-sirops de 1,200 à 1,400 par 2 millièmes.	Idem.	2 85	
		520	— pour urines.	Idem.	2 20	
		521	Dés en caoutchouc pour garnir l'extrémité de baguettes de verre	Idem.	0 10	
		522	Dessiccateur composé d'une glace polie, d'une cloche de 20 c/m de diamètre, à bords rodés, à douille munie d'un robinet de verre, d'un vase en porcelaine à compartiments et d'un triangle de verre formant support ..	Idem.	10 00	
		523	Dialyseurs de Graham, 160 m/m de diamètre	Idem.	5 00	
		524	180 m/m —	Idem.	6 25	
		525	200 m/m —	Idem.	6 90	
		526	Diamants montés pour écrire sur le verre	Idem.	5 00	
		527	Disques en papier chimiquement pur, Schleicher et Schull, n° 589. 55 m/m de diamètre	Mille.	27 50	
		528	70 m/m —	Idem.	30 00	
		529	90 m/m —	Idem.	44 25	
		530	110 m/m —	Idem.	50 75	
		531	Disques en verre double, de 60 m/m de diamètre	Nombre.	0 15	
		532	70 m/m —	Idem.	0 15	
		533	80 m/m —	Idem.	0 20	
		534	90 m/m —	Idem.	0 20	
		535	100 m/m —	Idem.	0 20	
		536	120 m/m —	Idem.	0 25	
		537	150 m/m —	Idem.	0 25	
		538	200 m/m —	Idem.	0 65	
		539	250 m/m —	Idem.	0 75	
		540	300 m/m —	Idem.	0 95	
		541	Élaiomètre de Berjot pour déterminer la quantité d'huile contenue dans les graines oléagineuses	Idem.	75 00	
		542	Entonnoirs à angle de 60° à douille taillée en biseau de 35 m/m de diamètre extérieur	Idem.	0 25	
		543	40 —	Idem.	0 25	
		544	55 —	Idem.	0 25	
		545	70 —	Idem.	0 25	
		546	85 —	Idem.	0 25	
		547	100 —	Idem.	0 35	
		548	110 —	Idem.	0 40	
		549	Emporte-pièce pour pommes de terre	Idem.	6 25	
		550	Entonnoirs à boule en verre pour filtrations avec amiante ou coton, de 50 m/m de diamètre	Idem.	0 40	
		551	65 m/m —	Idem.	0 50	
		552	80 m/m —	Idem.	0 65	
		553	90 m/m —	Idem.	0 75	
		554	150 m/m —	Idem.	0 95	
		555	Entonnoirs à séparations, à robinet et bouchés en haut, de 250 grammes	Idem.	4 40	
		556	500 —	Idem.	4 70	
		557	1,000 —	Idem.	6 25	
		558	en verre soufflé de 100 cc	Idem.	4 10	
		559	Entonnoirs cannelés pour filtrations rapides, de 250 grammes	Idem.	0 90	
		560	500 —	Idem.	1 00	
		561	1 litre	Idem.	1 40	
		562	2 litres	Idem.	2 20	

DÉNOMINATION ET CLASSIFICATION DES MATIÈRES ET OBJETS.				ESPÈCE des UNITÉS.	PRIX MINISTÉRIELS.	OBSERVATIONS.
PAR UNITÉ SOMMAIRE.		PAR SUBDIVISION.				
Numéro et libellé.	Subdivision.	Numéros.	Dénominations.		fr. c.	
11 **Outillage, instruments et appareils divers.**	**Q** VASES ET USTENSILES DE PHARMACIE ET DE CHIMIE. (Suite.)	563	Entonnoirs de Joulie	Nombre.	0 50	
		564	Entonnoirs en cuivre à double paroi, pour filtrer à chaud, de — 10 c/m de diamètre	*Idem.*	8 75	
		565	15 c/m —	*Idem.*	11 25	
		566	20 c/m —	*Idem.*	13 75	
		567	Entonnoirs en demi-cristal à robinet, de — 2 litres	*Idem.*	5 65	
		568	1 —	*Idem.*	4 40	
		569	500 grammes	*Idem.*	3 45	
		570	250 —	*Idem.*	3 15	
		571	125 —	*Idem.*	2 85	
		572	Entonnoir en fer-blanc, à double paroi, pour filtrer à chaud, de — 10 c/m de diamètre	*Idem.*	6 25	
		573	15 c/m —	*Idem.*	7 50	
		574	20 c/m —	*Idem.*	8 75	
		575	Entonnoirs en grès de — 3 litres	*Idem.*	3 75	
		576	2 —	*Idem.*	2 50	
		577	1 —	*Idem.*	1 95	
		578	500 grammes	*Idem.*	1 25	
		579	Entonnoirs en verre blanc ordinaires à longue tige, de — 1 à 3 litres (par grandeur)	*Idem.*	0 45	
		580	750 grammes	*Idem.*	0 40	
		581	500 —	*Idem.*	0 35	
		582	350 —	*Idem.*	0 30	
		583	250 —	*Idem.*	0 30	
		584	125 —	*Idem.*	0 20	
		585	90 —	*Idem.*	0 20	
		586	60 —	*Idem.*	0 20	
		587	30 —	*Idem.*	0 20	
		588	15 —	*Idem.*	0 15	
		589	Entonnoirs soufflés pour le mercure	*Idem.*	0 15	
		590	— soufflés cylindriques à robinet et à longue tige.	*Idem.*	4 40	
		591	Eolipyles à jet horizontal, enveloppe en tôle n° 3	*Idem.*	5 95	
		592	Éprouvettes à dessécher — de 20 c/m de hauteur	*Idem.*	1 60	
		593	23 —	*Idem.*	1 95	
		594	25 —	*Idem.*	2 00	
		595	30 —	*Idem.*	2 20	
		596	35 —	*Idem.*	2 65	
		597	40 —	*Idem.*	3 00	
		598	45 —	*Idem.*	3 65	
		599	50 —	*Idem.*	4 70	
		600	Éprouvettes à gaz, de toutes dimensions	*Idem.*	1 75	
		601	Éprouvettes à gaz graduées en tube ou en cloche de — 10° par 1/10	*Idem.*	1 85	
		602	20 — 1/5	*Idem.*	2 85	
		603	25 — 1/2	*Idem.*	2 20	
		604	50 — —	*Idem.*	2 85	
		605	100 — —	*Idem.*	3 45	
		606	Éprouvettes à pied, bouchées émeri, divisées, — de 250 grammes par 2 cc	*Idem.*	2 85	
		607	500 — 5	*Idem.*	3 45	
		608	1,000 — 10	*Idem.*	5 00	
		609	Éprouvettes à pied et à bec, divisées, — de 15 grammes par 1 cc	*Idem.*	0 90	
		610	30 — 1	*Idem.*	0 95	
		611	60 — 1	*Idem.*	1 00	
		612	100 — 1	*Idem.*	1 60	
		613	125 — 1	*Idem.*	1 90	
		614	250 — 2	*Idem.*	2 20	
		615	500 — 5	*Idem.*	2 50	
		616	1,000 — 10	*Idem.*	3 15	

DÉNOMINATION ET CLASSIFICATION DES MATIÈRES ET OBJETS.				ESPÈCE des UNITÉS.	PRIX MINISTÉRIELS.	OBSERVATIONS.
PAR UNITÉ SOMMAIRE.		PAR SUBDIVISION.				
Numéro et libellé.	Subdivision.	Numéros.	Dénominations.		fr. c.	
11 Outillage, instruments et appareils divers.	Q Vases et ustensiles de pharmacie et de chimie. (Suite.)	617	Éprouvettes à pied et bec, ordinaires, toutes grandeurs..	Kilogr.	1 90	
		618	Étau à main, noir, à filet carré de 9 centimètres..............	Nombre.	5 00	
		619	15 —	*Idem.*	8 75	
		620	Étiquettes gommées................................	Boîte.	0 40	
		621	Étuves à air chaud de Coulier, en fer-blanc avec quinquet	Nombre.	31 25	
		622	sans —	*Idem.*	27 50	
		623	Étuves à eau de Gay-Lussac, en cuivre, porte à 1 compartiment....................................	*Idem.*	62 50	
		624	Étuves à huile de Gay-Lussac, en cuivre, porte à 2 compartiments....................................	*Idem.*	87 50	
		625	Exsiccateurs à pied conique avec couvercle à bouton, pleins....................................	*Idem.*	3 15	
		626	Les mêmes avec couvercle à boutons, percés..........	*Idem.*	4 40	
		627	Fils de platine montés sur tige de verre pour ensemencement....................................	*Idem.*	2 20	
		628	Filtre à toxines, modèle Martin, complet, grand modèle.	*Idem.*	3 15	
		329	Le même, petit modèle..............................	*Idem.*	2 50	
		630	Filtre Kitasato....................................	*Idem.*	6 90	
		631	Filtres Laurent plissés blancs de 13 c/m pour entonnoir de 30 gr...	Cent.	1 50	
		632	15 — —.	*Idem.*	1 50	
		633	19 — 100 —..	*Idem.*	1 65	
		634	25 — 250 —..	*Idem.*	1 90	
		635	33 — 500 —..	*Idem.*	2 50	
		636	40 — 1,000 —..	*Idem.*	3 15	
		637	45 — 1,500 —..	*Idem.*	3 75	
		638	50 — 2,000 —..	*Idem.*	4 40	
		639	Filtre papier Chardin pour huiles et sirops...........	*Idem.*	10 00	
		640	Fioles à fond plat en verre vert clair, à col coupé et à bec, de 125, 187 et 250 grammes..................	Nombre.	0 40	
		641	Fioles à fond plat, en verre mince jaugées à un trait, à 50cc..........................	*Idem.*	0 95	
		642	100..........................	*Idem.*	1 15	
		643	125..........................	*Idem.*	1 60	
		644	250..........................	*Idem.*	2 20	
		645	Fioles à fond plat, en verre mince, jaugées à deux traits, à 50 et 55cc..................	*Idem.*	1 15	
		646	100 et 110	*Idem.*	1 50	
		647	Fioles coniques en verre épais avec tubulure latérale, pour filtrer à l'aide de la trompe, de 125cc......................	*Idem.*	1 90	
		648	250......................	*Idem.*	2 50	
		649	500......................	*Idem.*	3 15	
		650	750......................	*Idem.*	3 75	
		651	1 litre......................	*Idem.*	4 40	
		652	Fioles de Gayon de 10 c/m de diamètre au fond........	*Idem.*	2 00	
		653	— 15 —	*Idem.*	3 45	
		654	— 20 —	*Idem.*	4 70	
		655	Flacons à densité jaugés pour solides, de 50cc..........	*Idem.*	2 85	
		656	— 25cc..........	*Idem.*	2 50	
		657	pour liquides, de 50cc..........	*Idem.*	2 50	
		658	— 25cc..........	*Idem.*	1 90	
		659	Flacons barboteurs pour cultures en courant d'air, modèle de l'Institut Pasteur........................	*Idem.*	7 50	
		660	Flacons barboteurs de Miquel......................	*Idem.*	4 40	
		661	Flacons carrés « Marine » à larges ouvertures bouchés à l'émeri, de 15 grammes..................	*Idem.*	0 15	
		662	30 —	*Idem.*	0 20	
		663	45 —	*Idem.*	0 25	
		664	60 —	*Idem.*	0 25	
		665	90 —	*Idem.*	0 25	

DÉNOMINATION ET CLASSIFICATION DES MATIÈRES ET OBJETS.				ESPÈCE des UNITÉS.	PRIX MINISTÉRIELS.	OBSERVATIONS.
PAR UNITÉ SOMMAIRE.		PAR SUBDIVISION.				
Numéro et libellé.	Subdivision.	Numéros.	Dénominations.			
					fr. c.	
11 Outillage, instruments et appareils divers.	Q Vases et ustensiles de pharmacie et de chimie. (Suite.)	666	Flacons carrés «Marine» à large ouverture bouchés à l'émeri, de (Suite.) 125 —	Nombre.	0 30	
		667	250 —	Idem.	0 40	
		668	500 —	Idem.	0 45	
		669	750 —	Idem.	0 60	
		670	1 litre	Idem.	0 65	
		671	1 litre 1/2	Idem.	0 75	
		672	2 litres	Idem.	1 00	
		673	Flacons carrés «Marine» à ouverture ordinaire, bouchés à l'émeri, de 15 grammes	Idem.	0 20	
		674	30 —	Idem.	0 25	
		675	45 —	Idem.	0 30	
		676	60 —	Idem.	0 40	
		677	90 —	Idem.	0 40	
		678	125 —	Idem.	0 45	
		679	250 —	Idem.	0 60	
		680	500 —	Idem.	0 65	
		681	750 —	Idem.	0 75	
		682	1 litre	Idem.	0 90	
		683	1 litre 1/2	Idem.	1 25	
		684	2 litres	Idem.	1 50	
		685	Flacons compte-gouttes, bouchons à champignon, à bec, de 30 grammes, en verre blanc ou jaune	Idem.	0 65	
		686	Les mêmes, de 50 grammes	Idem.	0 75	
		687	Flacons de Durand .. 250cc	Idem.	3 15	
		688	500	Idem.	3 45	
		689	250cc avec tube de sûreté	Idem.	3 45	
		690	500 —	Idem.	3 75	
		691	Flacons d'Erlenmeyer pour culture, contenance de 30 à 500 grammes	Idem.	0 50	
		692	Flacons jaugés à traits circulaires pour l'hydrotimétrie	Idem.	1 90	
		693	Flacons légers pour tare, bouchés à l'émeri	Idem.	1 40	
		684	Flacons en verre blanc pour appareil de Woolf, non bouchés, avec ou sans tubulure au bas, de 8 litres	Idem.	5 00	
		695	6 —	Idem.	3 75	
		696	5 —	Idem.	3 15	
		697	4 —	Idem.	2 25	
		698	3 —	Idem.	1 75	
		699	2 —	Idem.	1 40	
		700	1 —	Idem.	1 00	
		701	de 750 grammes	Idem.	0 95	
		702	500 —	Idem.	0 90	
		703	350 —	Idem.	0 90	
		704	250 —	Idem.	0 85	
		705	125 —	Idem.	0 75	
		706	90 —	Idem.	0 75	
		707	60 —	Idem.	0 75	
		708	Flacons poudriers à col droit, large ouverture avec bourrelet, en verre blanc, bleu ou jaune, de 1 à 12 litres	Litre de cont.	0 45	
		709	de 750 grammes	Nombre.	0 40	
		710	500 —	Idem.	0 35	
		711	350 —	Idem.	0 30	
		712	250 —	Idem.	0 25	
		713	125 —	Idem.	0 15	
		714	90 —	Idem.	0 15	
		715	60 —	Le cent.	0 15	
		716	30 —	Idem.	0 15	
		717	15 — et au-dessous	Idem.	0 10	

DÉNOMINATION ET CLASSIFICATION DES MATIÈRES ET OBJETS.				ESPÈCE des UNITÉS.	PRIX MINISTÉRIELS.	OBSERVATIONS.
PAR UNITÉ SOMMAIRE.		PAR SUBDIVISION.				
Numéro et libellé.	Subdivision.	Numéros.	Dénominations.		fr. c.	
11 Outillage, instruments et appareils divers.	Q Vases et ustensiles de pharmacie et de chimie. (Suite.)	718	Flacons ronds en demi-cristal, bouchés à l'émeri, large ouverture, verre blanc bleu ou jaune, de 4 litres	Nombre.	2 80	
		719	3 —	*Idem.*	2 00	
		720	2 —	*Idem.*	1 50	
		721	1 —	*Idem.*	0 90	
		722	750 grammes	*Idem.*	0 85	
		723	500 —	*Idem.*	0 65	
		724	350 —	*Idem.*	0 55	
		725	250 —	*Idem.*	0 50	
		726	180 —	*Idem.*	0 50	
		727	125 —	*Idem.*	0 45	
		728	90 —	*Idem.*	0 40	
		729	60 —	Le cent.	0 35	
		730	30 — et au-dessous	Nombre.	0 25	
		731	Flacons ronds en demi-cristal bouchés à l'émeri, ouverture ordinaire, en verre blanc, bleu ou jaune, de 1 litre à 12 litres	Litre de cont.	0 65	
		732	750 grammes	Nombre.	0 55	
		733	500 —	*Idem.*	0 50	
		734	350 —	*Idem.*	0 45	
		735	250 —	*Idem.*	0 40	
		736	180 —	Le cent.	0 35	
		737	125 —	*Idem.*	0 35	
		738	90 —	*Idem.*	0 25	
		739	60 —	*Idem.*	0 20	
		740	30 —	*Idem.*	0 20	
		741	15 — et au-dessous	*Idem.*	0 15	
		742	Flacons ronds en demi-cristal, bouchés à l'émeri, ouverture ordinaire et robinet au bas, de 6 litres	Nombre.	10 00	
		743	4 —	*Idem.*	7 50	
		744	3 —	*Idem.*	6 90	
		745	2 —	*Idem.*	6 25	
		746	1 litre 500	*Idem.*	5 00	
		747	Flacons ronds en verre blanc, bleu ou jaune, à goulot renversé et ouverture ordinaire, de 1 à 12 litres	Litre de cont.	0 50	
		748	750 grammes	Nombre.	0 45	
		749	500 —	*Idem.*	0 35	
		750	350 —	*Idem.*	0 30	
		751	250 —	*Idem.*	0 25	
		752	180 —	*Idem.*	0 25	
		753	125 —	*Idem.*	0 15	
		754	90 —	*Idem.*	0 15	
		755	60 —	*Idem.*	0 10	
		756	30 —	*Idem.*	0 10	
		757	15 — et au-dessous	*Idem.*	0 10	
		758	Flotteurs d'Erdmann, modifiés par Gwalavski	*Idem.*	1 60	
		759	Fourneaux à bassine cerclés, de 514 m/m de diamètre intérieur	*Idem.*	62 50	
		760	460 —	*Idem.*	31 25	
		761	406 —	*Idem.*	25 00	
		762	352 —	*Idem.*	15 00	
		763	298 —	*Idem.*	12 50	
		764	271 —	*Idem.*	8 75	
		765	244 —	*Idem.*	6 90	
		766	216 —	*Idem.*	6 25	
		767	189 —	*Idem.*	5 00	
		768	162 —	*Idem.*	3 75	

DÉNOMINATION ET CLASSIFICATION DES MATIÈRES ET OBJETS.				ESPÈCE des UNITÉS.	PRIX MINISTÉRIELS.	OBSERVATIONS.
PAR UNITÉ SOMMAIRE.		PAR SUBDIVISION.				
Numéro et libellé.	Subdivision.	Numéros.	Dénominations.		fr. c.	
11 Outillage, instruments et appareils divers.	Q Vases et ustensiles de pharmacie et de chimie. (Suite.)	769	Fourneaux à coupelles ovales, cerclés, dits de Darcet, munis de 2 moufles chacun, de 324m/m, moyens	Nombre.	118 75	
		770	— 244m/m, petits	Idem.	68 65	
		771	Fourneaux à main cerclés en fer, de 90m/m de diamètre intérieur	Idem.	1 25	
		772	— 110 —	Idem.	1 60	
		773	— 130 —	Idem.	1 90	
		774	— 160 —	Idem.	2 20	
		775	— 190 —	Idem.	2 50	
		776	Fourneau à pétrole H. R., dessus fonte émaillée n° 4, lampe en cuivre nickelé, corps cuivre rouge, bec 21 lignes	Idem.	15 00	
		776 *bis*	Mèche pour ledit fourneau (en paquet de 12 mèches)	Paquet.	1 25	
		777	Fourneaux à pétrole, modèle Primus n° 1, sans mèche, à 1 bec	Nombre.	23 15	
		778	Les mêmes, à 4 becs	Idem.	56 00	
		779	— à 1 bec Meleni (lampe Ætna)	Idem.	31 25	
			Rechanges pour fourneaux Primus :			
		779 *a*	Aiguilles à déboucher	Idem.	0 15	
		779 *b*	Bec pour fourneau à 1 bec	Idem.	6 90	
		779 *c*	— à 4 becs	Idem.	8 50	
		779 *d*	— Ætna	Idem.	0 50	
		780	Fourneaux à réverbère complets, cerclés, de : 433m/m de diamètre intérieur	Idem.	87 75	
		781	— 406 —	Idem.	75 00	
		782	— 379 —	Idem.	62 50	
		783	— 352 —	Idem.	50 00	
		784	— 298 —	Idem.	31 25	
		785	— 271 —	Idem.	25 00	
		786	— 244 —	Idem.	20 00	
		787	— 216 —	Idem.	16 25	
		788	— 189 —	Idem.	15 00	
		789	— 162 —	Idem.	12 50	
		790	Fourneaux quadrilatères oblongs, cerclés, dits fourneaux pour tubes, avec une porte au dôme, de 50c/m de longueur intérieure, sur 20c/m de largeur	Idem.	56 25	
		791	Galactimètre d'Adam	Idem.	8 75	
		792	Gazogènes Fèvre, contenance 2 bouteilles	Idem.	10 00	
		793	Glaces dépolies, de 18c/m	Idem.	1 25	
		794	— 22	Idem.	2 50	
		795	— 26	Idem.	3 75	
		796	— 30	Idem.	4 70	
		797	— 35	Idem.	7 50	
		798	Goulots ou courtines en verre blanc, bleu ou jaune, avec inscription « Hôpitaux-Colonies » de 15 grammes et au-dessous	Le cent.	4 40	
		799	— 30 —	Idem.	5 00	
		800	— 45 —	Idem.	5 65	
		801	— 60 —	Idem.	5 95	
		802	— 90 —	Idem.	6 25	
		803	— 125 —	Idem.	6 90	
		804	— 155 —	Idem.	7 50	
		805	— 187 —	Idem.	8 15	
		806	— 210 —	Idem.	8 75	
		807	— 250 —	Idem.	9 40	
		808	— 310 —	Idem.	12 50	

DÉNOMINATION ET CLASSIFICATION DES MATIÈRES ET OBJETS.				ESPÈCE des UNITÉS.	PRIX MINISTÉRIELS.	OBSERVATIONS.
PAR UNITÉ SOMMAIRE.		PAR SUBDIVISION.				
Numéro et libellé.	Subdivision.	Numéros.	Dénominations.		fr. c.	
11 Outillage, instruments et appareils divers.	Q Vases et ustensiles de pharmacie et de chimie. (Fin.)	809	Goupillons en crin avec tige en cuivre pour nettoyer les tubes à essais	Nombre.	0 25	
		810	Goupillons en crin, manches fil de fer, pour bouteilles	Idem.	0 50	
		811	Grille en tôle avec écran, de 50 c/m de long	Idem.	6 00	
		812	Grille en tôle avec écran, de 60 c/m —	Idem.	7 50	
		813	Hydrotimètre de Boutron et Boudet complet, pour déterminer les sels calcaires contenus dans les eaux (dans une boîte avec instruction)	Idem.	37 50	
		814	Hygromètre de Saussure à cheveu, monture cuivre	Idem.	25 00	
		815	Lacto-densimètre de Quévenne	Idem.	2 50	
		816	Lacto-butyromètre de Marchand modifié, à curseur, avec étui en fer-blanc	Idem.	7 50	
		817	Lames creuses à une concavité	Idem.	0 40	
		818	Lames creuses avec chambre pour cultures	Idem.	0 65	
		819	Lames en verre porte-objet de 76/26	Le cent.	5 00	
		820	Lamelles en verre carrées ou rondes extra-minces de 16 m/m	Idem.	3 75	
		821	— 18	Idem.	3 75	
		822	— 20	Idem.	4 40	
		823	— 22	Idem.	5 65	
		824	Lampes à alcool en cuivre avec bouchon à vis, porte-mèche et mèche, de 6 c/m de diamètre	Nombre.	1 90	
		825	— de 8 c/m de diamètre	Idem.	3 15	
		826	Lampes à alcool en verre, bouchées, avec porte-mèche en cuivre et mèche, petit modèle	Idem.	1 00	
		827	— grand —	Idem.	1 40	
		828	— moyen —	Idem.	1 15	
		829	Lampes à alcool en verre, tubulées, bouchées émeri, avec porte-mèche et mèche, moyen modèle	Idem.	2 50	
		830	— grand —	Idem.	2 85	
		830 *bis*	Mèches pour lampes à alcool	Mètre.	0 15	
		831	Lampes Berzélius en laiton poli avec tablette fonte	Nombre.	30 00	
		831 *bis*	Mèches pour ces lampes	Paquet.	0 75	
		832	Limes emmanchées demi-rondes de 10 c/m de longueur	Nombre.	0 75	
		833	— — 14 —	Idem.	0 95	
		834	— — 19 —	Idem.	1 40	
		835	— — 25 —	Idem.	2 00	
		836	— plates 10 —	Idem.	0 75	
		837	— — 14 —	Idem.	0 95	
		838	— — 19 —	Idem.	1 40	
		839	— — 25 —	Idem.	2 00	
		840	— rondes 10 —	Idem.	0 75	
		841	— — 14 —	Idem.	0 95	
		842	— — 19 —	Idem.	1 40	
		843	— — 25 —	Idem.	2 00	
		844	— triangulaires 10 —	Idem.	0 65	
		845	— — 16 —	Idem.	1 15	
		846	Lingotières en fer à 6 cylindres	Idem.	27 50	
		847	Mâche-bouchons, crocodile	Idem.	3 45	
		848	Mains en corne de 7 c/m de longueur	Idem.	1 00	
		849	— de 12 c/m de longueur	Idem.	1 60	
		850	— de 18 c/m de longueur	Idem.	2 50	

DÉNOMINATION ET CLASSIFICATION DES MATIÈRES ET OBJETS.				ESPÈCE des UNITÉS.	PRIX MINISTÉRIELS.	OBSERVATIONS.
PAR UNITÉ SOMMAIRE.		PAR SUBDIVISION.				
Numéro et libellé.	Subdivision.	Numéros.	Dénominations.		fr. c.	
11 **Outillage, instruments et appareils divers.**	Q VASES ET USTENSILES DE PHARMACIE ET DE CHIMIE. (Suite.)	851	Matras Pasteur, bouchon rodé, à cheminée de 60 grammes............	Nombre.	1 15	
		852	de 250 grammes............	*Idem.*	2 50	
		853	Molettes à broyer en 1/2 cristal, de 100 à 500 grammes..	*Idem.*	2 50	
		854	Mortiers d'Abich en acier avec pilon et anneau de 35 millimètres............	*Idem.*	15 00	
		855	40 —	*Idem.*	18 75	
		856	48 —	*Idem.*	22 50	
		857	55 —	*Idem.*	31 25	
		858	Mortiers en agate avec pilons de 35 m/m de diamètre.........	*Idem.*	4 40	
		859	40 —	*Idem.*	5 00	
		860	45 —	*Idem.*	6 25	
		861	50 —	*Idem.*	6 90	
		862	60 —	*Idem.*	8 75	
		863	70 —	*Idem.*	12 50	
		864	80 —	*Idem.*	18 75	
		865	Mortiers en bronze avec pilon : de 1/2 litre................	*Idem.*	34 75	
		866	1 —	*Idem.*	50 75	
		867	2 litres................	*Idem.*	131 25	
		868	Mortiers en cristal ordinaire avec pilons, forme haute ou basse, de 3 à 7 c/m de diamètre..................	*Idem.*	1 25	
		869	Mortiers en cristal ordinaire avec pilons, forme haute ou basse, de 8 c/m de diamètre et au-dessus............	*Idem.*	1 15	
		870	Mortiers en fonte de fer tournés et polis intérieurement avec pilon en fer tourné de de 1/2 litre.	*Idem.*	15 00	
		871	1 —	*Idem.*	25 00	
		872	2 litres.	*Idem.*	37 50	
		873	4 —	*Idem.*	47 50	
		874	6 —	*Idem.*	50 00	
		875	Mortiers en porcelaine forme basse de 120 m/m de diamètre extérieur.	*Idem.*	1 25	
		876	150 — .	*Idem.*	1 90	
		877	175 — .	*Idem.*	2 50	
		878	185 — .	*Idem.*	2 85	
		878 *bis.*	Pilons en porcelaine pour les mortiers ci-dessus........	*Idem.*	0 65	
		879	Mortiers en porcelaine forme haute, de 97 m/m de diamètre extérieur.	*Idem.*	1 40	
		880	120 — .	*Idem.*	1 90	
		881	140 — .	*Idem.*	2 50	
		882	167 — .	*Idem.*	3 15	
		883	185 — .	*Idem.*	3 75	
		883 *bis.*	Pilons en porcelaine, manches buis, pour les mortiers ci-dessus......................................	*Idem.*	1 25	
			Moufles en terre réfractaire pour fourneau à coupelles de :			
		884	100 m/m de longueur 50 m/m de hauteur 70 m/m de largeur..	*Idem.*	0 75	
		885	120 — 70 — 85 — ..	*Idem.*	0 85	
		886	140 — 80 — 95 — ..	*Idem.*	0 95	
		887	150 — 90 — 105 — ..	*Idem.*	1 25	
		888	190 — 100 — 125 — ..	*Idem.*	1 40	
		889	200 — 100 — 135 — ..	*Idem.*	1 50	
		890	220 — 105 — 140 — ..	*Idem.*	1 90	
		891	230 — 110 — 160 — ..	*Idem.*	2 00	
			Moulins à farine de lin, modèle Peugeot frères :			
		892	N° 1, produisant 9 kilogrammes de farine à l'heure.....	*Idem.*	43 75	
		893	N° 2, produisant 15 kilogrammes de farine à l'heure....	*Idem.*	93 75	
		894	Nacelles porcelaine de 100 m/m de long. et 24 m/m de larg.	*Idem.*	0 65	
		895	75 — 18 — .	*Idem.*	0 50	
		896	63 — 13 — .	*Idem.*	0 40	

DÉNOMINATION ET CLASSIFICATION DES MATIÈRES ET OBJETS.				ESPÈCE des UNITÉS.	PRIX MINISTÉRIELS.	OBSERVATIONS.
PAR UNITÉ SOMMAIRE.		PAR SUBDIVISION.				
Numéro et libellé.	Subdivision.	Numéros.	Dénominations.		f. c.	
11 Outillage, instruments et appareils divers.	Q Vases et ustensiles de pharmacie et de chimie. (Suite.)	897	Nécessaires à coloration de Borrel, à 6 flacons, avec couvercles et socle en bois	Nombre.	10 00	
		898	Nécessaires de Ranvier, avec 6 flacons et pipettes (sans réactifs), socle et cloche en verre	*Idem.*	6 25	
		899	Niveaux à bulle d'air longs de 11cm	*Idem.*	3 15	
		900	Niveaux à bulle d'air sphériques de 28cm	*Idem.*	3 75	
		901	Œillères en porcelaine	*Idem.*	0 20	
		902	Œnobaromètre de Houdart pour déterminer la quantité d'extrait sec contenu dans les vins, avec instruction	*Idem.*	5 00	
		903	Le même, complet (dans une boîte)	*Idem.*	31 25	
		904	Oléomètre de Lefebvre, avec instruction	*Idem.*	12 50	
		905	Opaline laminée en plaques de 0m 30 × 0m 30	*Idem.*	3 15	
		906	— 0m 30 × 0m 60	*Idem.*	11 25	
		907	— 0m 60 × 0m 60	*Idem.*	25 00	
		908	Paniers à stériliser en fil de fer de 0m 20, 0m 25 et 0m 30 de diamètre	*Idem.*	15 00	
		909	Les mêmes en fil de laiton	*Idem.*	43 75	
		910	Parchemin pour dialyseurs	Feuille.	0 95	
		911	Perce-bouchons en cuivre (série de 6)	Série.	6 25	
		912	Percerettes pour bouchons	Nombre.	0 50	
		913	Pèse-filtres en verre léger, bouchés à l'émeri	*Idem.*	1 60	
		914	Peson à cadran de 10 kilogrammes et panier pour animaux (lapins, cobayes)	*Idem.*	62 50	
		915	Piles Bunsen complètes de 16cm de hauteur	*Idem.*	4 40	
		916	— 18 —	*Idem.*	5 35	
		917	— 22 —	*Idem.*	6 25	
		918	Piles Grenet ou piles bouteilles complètes de 500 grammes	*Idem.*	4 40	
		919	— 1,000 —	*Idem.*	5 65	
		920	— 2,000 —	*Idem.*	7 60	
		921	Piles Leclanché à vase poreux complètes. Petit modèle	*Idem.*	4 40	
		922	— Moyen modèle	*Idem.*	5 65	
		923	— Grand modèle	*Idem.*	6 90	
		924	Piluliers en cuivre à 25 rainures	*Idem.*	15 00	
		925	Piluliers en cuivre à 50 rainures	*Idem.*	37 50	
		926	Pinces à charbons avec serrage pour fils	*Idem.*	0 65	
		927	— à charbons avec serrage pour lanières	*Idem.*	0 50	
		928	Pinces à mâchoires coupantes de 16c/m de longueur	*Idem.*	3 75	
		929	— plates de 16c/m de longueur	*Idem.*	2 50	
		930	— rondes de 16c/m de longueur	*Idem.*	3 75	
		931	Pinces à pointes très fines pour lamelles	*Idem.*	1 60	
		932	— à ressort pour burettes de Mohr	*Idem.*	0 95	
		933	— à zincs avec serrage pour fils	*Idem.*	0 60	
		934	— à zincs avec serrage pour lanières	*Idem.*	0 70	
		935	Pince-brucelles en cuivre	*Idem.*	1 90	
		936	— maillechort avec bouts en ivoire	*Idem.*	3 75	
		937	Pinces du docteur Cornet, nickelées	*Idem.*	1 90	
		938	Pinces en bois à ressort, pour matras. Grand modèle	*Idem.*	0 75	
		939	— Petit modèle	*Idem.*	0 65	
		940	Pinces en fer à charbons, courbes, de 30c/m de longueur	*Idem.*	2 50	
		941	— 40 —	*Idem.*	3 75	
		942	— 50 —	*Idem.*	4 40	

DÉNOMINATION ET CLASSIFICATION DES MATIÈRES ET OBJETS.				ESPÈCE des UNITÉS.	PRIX MINISTÉRIELS.	OBSERVATIONS.
PAR UNITÉ SOMMAIRE.		PAR SUBDIVISION.				
Numéro et libellé.	Subdivision.	Numéros.	Dénominations.			
					fr. c.	
11 Outillage, instruments et appareils divers.	Q Vases et ustensiles de pharmacie et de chimie. (Suite.)	943	Pinces en fer à creusets, à olives droites et courbes, de 30^{c}/^{m} de longueur	Nombre.	2 50	
		944	40 —	Idem.	3 45	
		945	50 —	Idem.	4 40	
		946	Pinces longues pour saisir les animaux	Idem.	25 00	
		947	Pinces pour burettes de Mohr, à vis	Idem.	1 25	
		948	Pipette à boule de Miquel	Idem.	1 25	
		949	Pipettes à cylindre divisées, de 5^{cc} par ^{cc}	Idem.	1 15	
		950	10 —	Idem.	1 40	
		951	20 —	Idem.	1 60	
		952	25 —	Idem.	1 75	
		953	25 — 1/2^{cc}	Idem.	2 20	
		954	50 — Id.	Idem.	2 50	
		955	50 — par 1/2^{cc}	Idem.	3 15	
		956	100 — 1^{cc}	Idem.	3 75	
		957	Pipettes à boule et à cylindre, droites et courbes	Idem.	0 50	
		958	Pipettes à double robinet pour dosage de l'oxygène dans les eaux	Idem.	10 95	
		959	Pipettes droites divisées, de 1^{cc} par 1/2^{cc}	Idem.	0 95	
		960	1 — 1/10	Idem.	1 15	
		961	2 — 1/2	Idem.	0 95	
		962	2 — 1/10^{cc}	Idem.	1 15	
		963	5 — 1^{cc}	Idem.	1 15	
		964	5 — 1/10^{cc}	Idem.	1 60	
		965	10 — 1^{cc}	Idem.	1 40	
		966	10 — 1/10^{cc}	Idem.	2 20	
		967	Pipettes jaugées à un trait de : 1/2^{cc}	Idem.	0 75	
		968	1	Idem.	0 75	
		969	2	Idem.	0 90	
		970	5	Idem.	1 00	
		971	10	Idem.	1 15	
		972	15	Idem.	1 25	
		973	20	Idem.	1 25	
		974	25	Idem.	1 25	
		975	50	Idem.	1 65	
		976	100	Idem.	2 20	
		977	Pipettes jaugées entre 2 traits, de 2^{cc}	Idem.	1 00	
		978	5	Idem.	1 15	
		979	10	Idem.	1 25	
		980	15	Idem.	1 50	
		981	20	Idem.	1 50	
		982	25	Idem.	1 50	
		983	50	Idem.	2 20	
		984	100	Idem.	2 85	
		985	Pissettes entourées d'osier pour le lavage à l'eau chaude de 500 grammes	Idem.	1 65	
		986	de 1,000 grammes	Idem.	2 20	
		987	Plaque poreuse en porcelaine de 110^{m}/^{m} × 160	Idem.	1 40	
		988	Plateaux à autopsie en zinc, pour lapins, de 0^{m}30 × 0^{m}80.	Idem.	15 00	
		989	Plateaux pour cobayes, de 0^{m}25 × 0^{m}40	Idem.	12 50	
		990	Platine en fils et lames assortis de toute grosseurs et épaisseurs	Kilogr.	5,625 00	
		991	Platines chauffantes, cuivre nickelé, 3 étages, avec lampe à alcool	Nombre.	17 50	
		992	Pluviomètre de Babinet, avec éprouvette	Idem.	43 75	

DÉNOMINATION ET CLASSIFICATION DES MATIÈRES ET OBJETS.				ESPÈCE des UNITÉS.	PRIX MINISTÉRIELS.	OBSERVATIONS.
PAR UNITÉ SOMMAIRE.		PAR SUBDIVISION.				
Numéro et libellé.	Subdivision.	Numéros.	Dénominations.		fr. c.	
		993	Pluviomètre en zinc de l'Association scientifique, avec éprouvette	N mbre.	15 00	
		994	Pompe de Gay-Lussac, aspirante et foulante, avec socle en fonte	*Idem.*	35 00	
		995	Pots à onguents cylindriques en porcelaine opaque, de 2 litres	*Idem.*	0 85	
		996	1 1/2 litre	*Idem.*	0 65	
		997	1 litre	*Idem.*	4 45	
		998	750 grammes	*Idem.*	0 40	
		999	500 —	*Idem.*	0 35	
		1000	250 —	*Idem.*	0 20	
		1001	180 —	*Idem.*	0 20	
		1002	125 —	*Idem.*	0 50	
		1003	90 —	*Idem.*	0 10	
		1004	60 —	*Idem.*	0 10	
		1005	30 —	*Idem.*	0 10	
		1006	15 —	*Idem.*	0 05	
		1007	Pots à onguents cylindriques en terre émaillée, de 8 à 10 litres	*Idem.*	6 25	
		1008	6 à 7 —	*Idem.*	3 75	
		1009	5 litres	*Idem.*	3 15	
		1010	4 —	*Idem.*	2 50	
		1011	3 —	*Idem.*	1 90	
		1012	Pots bans bouchés émeri, de 15 —	*Idem.*	0 25	
		1013	— de 30 —	*Idem.*	0 25	
		1014	— de 60 —	*Idem.*	0 35	
11 **Outillage, instruments et appareils divers.**	**Q** VASES ET USTENSILES DE PHARMACIE ET DE CHIMIE. (Suite.)	1015	— de 90 grammes	*Idem.*	0 40	
		1016	— de 125 —	*Idem.*	0 45	
		1017	Pots en grès à col rétréci, de 10 litres	*Idem.*	2 35	
		1018	8 —	*Idem.*	1 90	
		1019	6 —	*Idem.*	1 55	
		1020	5 —	*Idem.*	0 95	
		1021	4 —	*Idem.*	0 90	
		1022	3 —	*Idem.*	0 75	
		1023	2 —	*Idem.*	0 65	
		1024	1 —	*Idem.*	0 35	
		1025	750 grammes	*Idem.*	0 35	
		1026	500 —	*Idem.*	0 25	
		1027	250 —	*Idem.*	0 20	
		1028	125 —	*Idem.*	0 20	
		1029	90 —	*Idem.*	0 15	
		1030	60 —	*Idem.*	0 15	
		1031	30 —	*Idem.*	0 15	
		1032	Pots en grès pour bains locaux, 7 c/m de diamètre sur 12 c/m de haut	*Idem.*	0 35	
		1033	Pots en porcelaine opaque, pour boissons acides, de 1 litre, avec couvercle	*Idem.*	0 90	
		1034	Pots en porcelaine pour pharmacien, forme bourse, avec couvercle, de 26 c/m de hauteur totale	*Idem.*	2 50	
		1035	Presse de laboratoire à volant, avec cuvette émaillée et seau en fer étamé, de 1 litre	*Idem.*	17 50	
		1036	2 litres	*Idem.*	25 00	
		1037	3 —	*Idem.*	56 25	
		1038	4 —	*Idem.*	75 00	
		1039	Psychromètre d'August, sur tôle émaillée en guérite, avec thermomètre	*Idem.*	18 75	
		1040	Râpes emmanchées, demi-rondes, de 10 c/m de longueur	*Idem.*	0 75	

DÉNOMINATION ET CLASSIFICATION DES MATIÈRES ET OBJETS.				ESPÈCE des UNITÉS.	PRIX MINISTÉRIELS.	OBSERVATIONS.
PAR UNITÉ SOMMAIRE.		PAR SUBDIVISION.				
Numéro et libellé.	Subdivision.	Numéros.	Dénominations.		fr. c.	
11 **Outillage, instruments et appareil divers.**	**Q** VASES ET USTENSILES DE PHARMACIE ET DE CHIMIE. (Suite.)	1041	Râpes emmanchées, demi-rondes, de 14 c/m de longueur..	Nombre.	0 95	
		1042	— — 19 — ...	Idem.	1 40	
		1043	— — 25 — ...	Idem.	2 00	
		1044	— plates 10 — ...	Idem.	0 75	
		1045	— — 14 — ...	Idem.	0 95	
		1046	— — 19 — ...	Idem.	1 40	
		1047	— — 25 — ...	Idem.	2 00	
		1048	— rondes 10 — ...	Idem.	0 75	
		1049	— — 14 — ...	Idem.	0 95	
		1050	— — 19 — ...	Idem.	1 40	
		1051	— — 25 — ...	Idem.	2 00	
		1052	Récipients florentins forme poire, de... 500 grammes	Idem.	1 90	
		1053	1 litre	Idem.	1 90	
		1054	2 litres	Idem.	2 65	
		1055	4 —	Idem.	4 40	
		1056	Réfrigérants de Liébig en zinc ordinaire de 50 c/m de long	Idem.	5 00	
		1057	55 —	Idem.	6 25	
		1058	60 —	Idem.	6 90	
		1058*bis*	Tube de rechange pour réfrigérant de Liébig	Idem.	1 25	
		1059	Réfrigérants de Liébig modifiés par Cloez en cuivre, montés sur supports en fer de. 50 c/m de long	Idem.	18 40	
		1060	60 —	Idem.	22 50	
		1061	Réfrigérants en verre de Liébig modifiés par Cloez, de..... 40 c/m de long	Idem.	5 00	
		1062	50 —	Idem.	5 65	
		1063	60 —	Idem.	6 25	
		1064	Robinets courbes en étain, à vis, de 83 m/m de long	Idem.	1 65	
		1065	Robinets droits en cuivre à bouts disposés pour tubes en caoutchouc, de 4 m/m de diamètre de voie	Idem.	3 15	
		1066	Robinets en 1/2 cristal pour flacons.... grands	Idem.	6 25	
		1067	moyens	Idem.	5 00	
		1068	petits	Idem.	3 75	
		1069	Robinets en verre soufflé (tubes à robinets)	Idem.	2 50	
		1070	Seringues à injections, piston garni en peau, avec étui à pans carrés	Idem.	0 35	
		1071	Serpentin en verre avec réfrigérant à deux tubulures....	Idem.	9 40	
		1072	— de rechange de 2 m de longueur	Idem.	6 90	
		1073	Serre-fils	Idem.	0 25	
		1074	Siphons à eau de Seltz, à petit levier, monture en métal extra-blanc et verre de premier choix	Idem.	3 15	
		1075	Soucoupes en porcelaine	Idem.	0 25	
		1076	Siphons........... à boule	Idem.	1 00	
		1077	à branches	Idem.	1 65	
		1078	de Bloch	Idem.	3 15	
		1079	simples	Idem.	0 65	
		1080	Spatules à grains d'émétique en fer	Idem.	1 25	
		1080*bis*	— — en os	Idem.	0 95	
		1081	Spatules à manche lame acier flexible ou rigide, de : 16 c/m de long	Idem.	1 00	
		1082	18 —	Idem.	1 15	
		1083	20 —	Idem.	1 25	
		1084	22 —	Idem.	1 50	
		1085	24 —	Idem.	1 65	
		1086	26 —	Idem.	1 90	
		1087	30 —	Idem.	2 50	

DÉNOMINATION ET CLASSIFICATION DES MATIÈRES ET OBJETS.				ESPÈCE des UNITÉS.	PRIX MINISTÉRIELS.	OBSERVATIONS.
PAR UNITÉ SOMMAIRE.		PAR SUBDIVISION.				
Numéro et libellé.	Subdivision.	Numéros.	Dénominations.		fr. c.	
11 **Outillage, instruments et appareils divers.**	**Q** VASES ET USTENSILES DE PHARMACIE ET DE CHIMIE. (Suite)	1088	Spatules en buis, de : 11 c/m de long	Nombre.	0 15	
		1089	13 —	*Idem.*	0 15	
		1090	15 —	*Idem.*	0 15	
		1091	18 —	*Idem.*	0 20	
		1092	20 —	*Idem.*	0 25	
		1093	24 —	*Idem.*	0 35	
		1094	28 —	*Idem.*	0 45	
		1095	30 —	*Idem.*	0 50	
		1096	35 —	*Idem.*	0 65	
		1097	40 —	*Idem.*	0 90	
		1098	50 —	*Idem.*	1 75	
		1099	Spatules en fer droites et courbes, de : 11 c/m de long	*Idem.*	0 70	
		1100	16 —	*Idem.*	1 00	
		1101	18 —	*Idem.*	1 25	
		1102	22 —	*Idem.*	1 65	
		1103	26 —	*Idem.*	2 50	
		1104	30 —	*Idem.*	2 60	
		1105	35 —	*Idem.*	3 00	
		1106	40 —	*Idem.*	3 15	
		1107	Spatules en os, de : 11 c/m de long	*Idem.*	0 25	
		1108	13 —	*Idem.*	0 35	
		1109	16 —	*Idem.*	0 40	
		1110	19 —	*Idem.*	0 75	
		1111	21 —	*Idem.*	0 90	
		1112	24 —	*Idem.*	0 65	
		1113	27	*Idem.*	1 25	
		1114	Spatules en porcelaine de : 167 m/m de long	*Idem.*	0 95	
		1115	195 —	*Idem.*	1 10	
		1116	223 —	*Idem.*	1 40	
		1117	280 —	*Idem.*	2 20	
		1118	335 —	*Idem.*	3 15	
		1119	Spatules en verre ordinaires	Kilogr.	2 20	
		1120	Supports à entonnoirs, 3 anneaux fer, pince, plateaux en tôle ou en fonte	Nombre.	8 75	
		1121	Supports *dits* fromages, en terre réfractaire, assortis	*Idem.*	0 65	
		1122	Supports en bois, à : charnières en bois, de Gay-Lussac	*Idem.*	4 10	
		1123	crochet	*Idem.*	2 60	
		1124	étagère tournante pour 12 pipettes	*Idem.*	10 00	
		1125	fourche	*Idem.*	2 60	
		1126	gouttière	*Idem.*	4 10	
		1127	pince de côté	*Idem.*	3 40	
		1128	pince droite verticale	*Idem.*	3 15	
		1129	plateau	*Idem.*	3 15	
		1130	6 trous pour tubes à essais	*Idem.*	1 25	
		1131	Supports en porcelaine, pour filtres : à 2 branches	*Idem.*	1 25	
		1132	à 3 branches	*Idem.*	1 90	
		1133	Supports pour burettes de Mohr simples, plateaux tôle	*Idem.*	6 90	
		1134	— pour 2 burettes de Mohr simples, plateaux tôle	*Idem.*	10 00	
		1135	— universels	*Idem.*	50 00	
		1136	Tamis à tambour, en soie, de : 20 c/m de diamètre	*Idem.*	6 25	
		1137	25 —	*Idem.*	10 00	
		1138	30 —	*Idem.*	13 75	

DÉNOMINATION ET CLASSIFICATION DES MATIÈRES ET OBJETS.				ESPÈCE des UNITÉS.	PRIX MINISTÉRIELS.	OBSERVATIONS.
PAR UNITÉ SOMMAIRE.		PAR SUBDIVISION.				
Numéro et libellé.	Subdivision.	Numéros.	Dénominations.		fr. c.	
11 Outillage, instruments et appareils divers.	Q Vases et ustensiles de pharmacie et de chimie (Suite.)	1139	Tamis en crin noir de Venise, de : 20 c/m de diamètre	Nombre.	2 50	
		1140	Tamis en crin noir de Venise, de : 25 —	Idem.	3 15	
		1141	Tamis en crin noir de Venise, de : 30 —	Idem.	5 00	
		1142	Tamis en laiton, de 20 c/m de diam. n°s 16, 25, 40, 60	Idem.	2 85	
		1143	Tamis en laiton, de 20 c/m de diam. n°s 80, 100	Idem.	6 25	
		1144	Tamis en laiton, de 20 c/m de diam. n° 120	Idem.	7 50	
		1145	Tamis en laiton, de 30 c/m de diam. n°s 16, 25, 40, 60	Idem.	6 25	
		1146	Tamis en laiton, de 30 c/m de diam. n°s 80, 100	Idem.	7 50	
		1147	Tamis en laiton, de 30 c/m de diam. n° 120	Idem.	8 75	
		1148	Tamis en soie, de 20 c/m de diamètre	Idem.	2 20	
		1149	Tamis en soie, de 25 —	Idem.	3 45	
		1150	Tamis en soie, de 30 —	Idem.	5 35	
		1151	Terrines en grès dur, vernies blanc à l'intérieur de : 140 m/m de diamètre extérieur	Idem.	0 45	
		1152	Terrines en grès dur, vernies blanc à l'intérieur de : 160 —	Idem.	0 65	
		1153	Terrines en grès dur, vernies blanc à l'intérieur de : 195 —	Idem.	0 75	
		1154	Terrines en grès dur, vernies blanc à l'intérieur de : 220 —	Idem.	0 95	
		1155	Terrines en grès dur, vernies blanc à l'intérieur de : 250 —	Idem.	1 25	
		1156	Terrines en grès dur, vernies blanc à l'intérieur de : 280 —	Idem.	1 65	
		1157	Terrines en grès dur, vernies blanc à l'intérieur de : 305 m/m de diamètre extérieur	Idem.	1 90	
		1158	Terrines en grès dur, vernies blanc à l'intérieur de : 360 —	Idem.	2 85	
		1159	Terrines en grès dur, vernies blanc à l'intérieur de : 390 —	Idem.	3 75	
		1160	Terrines en grès dur, vernies blanc à l'intérieur de : 420 —	Idem.	4 70	
		1161	Terrines en grès dur, vernies blanc à l'intérieur de : 450 —	Idem.	5 00	
		1162	Terrines en grès dur, vernies blanc à l'intérieur de : 500 —	Idem.	8 75	
		1163	Têts à gaz en porcelaine, de : 55 m/m de diamètre	Idem.	0 25	
		1164	Têts à gaz en porcelaine, de : 70 —	Idem.	0 40	
		1165	Têts à gaz en porcelaine, de : 84 —	Idem.	0 50	
		1166	Têts à gaz en porcelaine, de : 97 —	Idem.	0 60	
		1167	Têts à gaz en porcelaine, de : 110 —	Idem.	0 65	
		1168	Têts à rôtir en terre réfractaire de : 135 m/m de diamètre	Idem.	0 50	
		1169	Têts à rôtir en terre réfractaire de : 108 —	Idem.	0 40	
		1170	Têts à rôtir en terre réfractaire de : 81 —	Idem.	0 20	
		1171	Têts en grès à rôtir, de : 11 à 12 c/m de diamètre	Idem.	0 35	
		1172	Têts en grès à rôtir, de : 10 c/m —	Idem.	0 25	
		1173	Têts en grès à rôtir, de : 7 à 9 —	Idem.	0 20	
		1174	Têts en grès à rôtir, de : 3 à 4 —	Idem.	0 15	
		1175	Thermomètres à maxima de Negretti sur glace dépolie	Idem.	11 25	
		1176	Thermomètres à minima de Rotherford sur glace dépolie	Idem.	8 75	
		1177	Thermomètres à maxima de Negretti divisés sur tige	Idem.	5 00	
		1178	Thermomètres à minima de Rutherford divisés sur tige	Idem.	5 00	
		1178*bis*	Cadres métalliques avec 2 fils doubles à coulants pour supporter les thermomètres avec division sur tige	Idem.	3 15	
		1179	Thermomètres à très petit réservoir, gradués sur tige par dixième, de 28 à 44 donnant la température en trente secondes	Idem.	9 40	
		1179*bis*	Les mêmes, par cinquième, de 20 à 44	Idem.	8 75	
		1180	Thermomètre d'appartement ordinaires au mercure, sur planchette façon acajou de 0° à 60°	Idem.	2 50	
		1181	Thermomètres de précision divisés sur tige émaillée : à l'alcool de — 60° à + 50°	Idem.	5 00	
		1182	Thermomètres de précision divisés sur tige émaillée : au mercure, de — 10° à + 60°	Idem.	3 15	
		1183	Thermomètres de précision divisés sur tige émaillée : au mercure, de — 10° à + 100°	Idem.	4 40	
		1184	Thermomètres de précision divisés sur tige émaillée : au mercure, de — 10° à + 150°	Idem.	5 00	
		1185	Thermomètres de précision divisés sur tige émaillée : au mercure, de — 10° à + 200°	Idem.	6 25	
		1186	Thermomètres de précision divisés sur tige émaillée : au mercure, de — 10° à + 250°	Idem.	7 50	

DÉNOMINATION ET CLASSIFICATION DES MATIÈRES ET OBJETS.				ESPÈCE des UNITÉS.	PRIX MINISTÉRIELS.	OBSERVATIONS.
PAR UNITÉ SOMMAIRE.		PAR SUBDIVISION.				
Numéro et libellé.	Subdivision.	Numéros.	Dénominations.		fr. c.	
		1187	Thermomètres de précision divisés sur tige émaillée : (Suite.) au mercure, de — 10° à + 300°..	Nombre.	8 15	
		1188	Thermomètres de précision divisés sur tige émaillée : (Suite.) au mercure, de — 10° à + 360°..	*Idem.*	8 75	
		1189	Thermomètre de 0° à 40° par 1/2 degré, contrôlé par l'État, pour observations alcoométriques...........	*Idem.*	4 70	
		1190	Thermomètre étalon à mercure, vérifié et contrôlé, de — 10° à + 100°, divisé par degré sur tige émaillée..	*Idem.*	25 00	
		1191	Thermomètres fronde..........................	*Idem.*	7 50	
		1192	— pour bains avec liège.................	*Idem.*	1 00	
		1193	Toile métallique fine en fil de fer de 30 c/m de largeur...	Mètre.	1 25	
		1194	— en laiton de 30 c/m de largeur.........	*Idem.*	2 50	
		1195	Trépieds fil de fer pour lampes à alcool (forts).........	Nombre.	1 00	
		1196	Triangles en fer, plats ou ronds, de : 11 c/m de côté..............	*Idem.*	0 40	
		1197	Triangles en fer, plats ou ronds, de : 16 —	*Idem.*	0 50	
		1198	Triangles en fer, plats ou ronds, de : 25 —	*Idem.*	0 65	
		1199	Triangles en fer, plats ou ronds, de : 30 —	*Idem.*	0 75	
		1200	Triangles en terre de pipe, assortis.................	*Idem.*	0 40	
		1201	— en verre, assortis......................	Le cent.	0 50	
		1202	— en verre, à pieds.......................	Nombre.	0 95	
		1203	Trompes à eau en verre avec monture en fonte.........	*Idem.*	27 50	
		1204	— à eau en verre soufflé.....................	*Idem.*	6 90	
		1205	— de Golaz, petit modèle....................	*Idem.*	37 50	
		1206	Tubes abducteurs à deux courbures avec crochet.......	*Idem.*	0 40	
11 Outillage, instruments et appareils divers.	Q Vases et ustensiles de pharmacie et de chimie. (Suite.)	1207	Tubes à chlorure de calcium ordinaire.................	*Idem.*	0 35	
		1208	Tubes à chlorure de calcium d'Erdmann.................	*Idem.*	0 75	
		1209	Tubes à dessécher les substances organiques, à entonnoir.	*Idem.*	0 85	
		1210	Tubes à filtrer de Soxhlet..........................	*Idem.*	0 95	
		1211	Tubes à pommes de terre, de 15 m/m de diamètre sur 15 c/m de long....................................	*Idem.*	0 40	
		1212	Les mêmes, de 18 m/m de diamètre sur 18 c/m de long....	*Idem.*	0 40	
		1213	Tubes à réduction.............................	*Idem.*	0 25	
		1214	— à vaccin avec renflement.................	Le mille.	12 50	
		1215	Tubes de communication à robinet, 3 voies...........	Nombre.	4 40	
		1216	Tubes de communication — 4 voies...........	*Idem.*	5 65	
		1217	Tube de communication avec robinet en verre à tige courbe, spécial pour cloche à vide.........................	*Idem.*	3 75	
		1218	Tubes de Lebel et Henninger avec toile de platine à deux boules..............	*Idem.*	7 50	
		1219	Tubes de Lebel et Henninger avec toile de platine à trois boules..............	*Idem.*	10 00	
		1220	Tubes de Liebig pour absorber l'acide carbonique (nouveau modèle).............................	*Idem.*	3 45	
		1221	Tubes de Nessler jaugés à 50 c/c bouchés émeri.........	*Idem.*	2 50	
		1222	Tubes de Pasteur doubles........................	*Idem.*	3 15	
		1223	— simples.......................	*Idem.*	0 75	
		1224	Tubes de Payen à 3 boules......................	*Idem.*	1 25	
		1225	Tubes de Röse pour doser l'huile de fusel dans les alcools.	*Idem.*	10 65	
		1226	Tubes de Roux pour anaérobies..................	*Idem.*	0 95	
		1227	Tubes de Schlœsing à absorption.................	*Idem.*	1 00	
		1228	Tube de Welter..............................	*Idem.*	0 95	
		1229	Tubes de Will et Warentrapp....................	*Idem.*	0 95	
		1230	Tubes de Wurtz à 2 boules....................	*Idem.*	1 65	
		1231	Tubes de Wurtz à 3 boules....................	*Idem.*	2 20	
		1232	Tubes droits en verre blanc jusqu'à 25 m/m de diamètre.....	Le cent.	0 15	
		1233	Tubes droits en verre blanc — 40 —	*Idem.*	0 35	

DÉNOMINATION ET CLASSIFICATION DES MATIÈRES ET OBJETS.				ESPÈCE des UNITÉS.	PRIX MINISTÉRIELS.	OBSERVATIONS.
PAR UNITÉ SOMMAIRE.		PAR SUBDIVISION.				
Numéro et libellé.	Subdivision.	Numéros.	Dénominations.			
					fr. c.	
11 Outillage, instruments et appareils divers.	Q Vases et ustensiles de pharmacie et de chimie. (Suite.)	1234	Tubes droits en verre vert pour analyses de 1 à 40$^{m}/_{m}$.	Nombre.	0 35	
		1235	Tubes en caoutchouc, feuille anglaise, gris, rouge ou noir, de: 1$^{m}/_{m}$ de diamètre intérieur....	Mètre.	0 50	
		1236	2 —	*Idem.*	0 50	
		1237	3 —	*Idem.*	0 65	
		1238	4 —	*Idem.*	0 70	
		1239	5 —	*Idem.*	0 85	
		1240	6 —	*Idem.*	1 15	
		1241	7 —	*Idem.*	1 50	
		1242	8 —	*Idem.*	1 65	
		1243	9 —	*Idem.*	1 90	
		1244	10 —	*Idem.*	2 50	
		1245	Tubes en caoutchouc moulé, feuille française, de: 5$^{m}/_{m}$ de diamètre intérieur, 16$^{m}/_{m}$ de diamètre extérieur.......	*Idem.*	3 50	
		1246	8$^{m}/_{m}$ de diamètre intérieur, 14$^{m}/_{m}$ de diamètre extérieur.......	*Idem.*	1 90	
		1247	13$^{m}/_{m}$ de diamètre intérieur, 20$^{m}/_{m}$ de diamètre extérieur..	*Idem.*	3 15	
		1248	20$^{m}/_{m}$ de diamètre intérieur, 28$^{m}/_{m}$ de diamètre extérieur..	*Idem.*	5 65	
		1249	25$^{m}/_{m}$ de diamètre intérieur, 33$^{m}/_{m}$ de diamètre extérieur..	*Idem.*	6 90	
		1250	30$^{m}/_{m}$ de diamètre intérieur, 38$^{m}/_{m}$ de diamètre extérieur..	*Idem.*	8 15	
		1251	Tubes en caoutchouc moulé, garnis d'une toile extérieure, pour pompe à mercure, etc.	*Idem.*	2 50	
		1252	Tubes en porcelaine émaillés à l'intérieur, de: 56$^{c}/_{m}$ à 60$^{c}/_{m}$ de long et 35$^{m}/_{m}$ de diamètre.	Nombre.	3 75	
		1253	45$^{c}/_{m}$ à 50$^{c}/_{m}$ de long et 15$^{m}/_{m}$ à 20$^{m}/_{m}$ de diamètre..........	*Idem.*	1 65	
		1254	Tubes en verre vert pour analyses organiques fermés d'un bout..........	*Idem.*	0 65	
		1255	effilés....................	*Idem.*	0 65	
		1256	Tubes en S à cylindre..........................	*Idem.*	0 65	
		1257	Tubes en S ordinaires..........................	*Idem.*	0 50	
		1258	Tubes en T..........................	*Idem.*	0 65	
		1259	Tubes en U de 10$^{c}/_{m}$..........................	*Idem.*	0 45	
		1260	— 12	*Idem.*	0 50	
		1261	— 14	*Idem.*	0 50	
		1262	— 16	*Idem.*	0 60	
		1263	— 18	*Idem.*	0 70	
		1264	— 20	*Idem.*	0 75	
		1265	Tubes fermés pour essais au chalumeau.............	Le cent.	12 50	
		1266	Tubes fermés pour essais de: 15$^{c}/_{m}$ long. × 15$^{m}/_{m}$ diam......	*Idem.*	6 25	
		1267	18$^{c}/_{m}$ long. × 18$^{m}/_{m}$ diam......	*Idem.*	7 50	
		1268	Tubes laveurs de Mitscherlich....................	Nombre.	1 25	
		1269	Tubes remplis de mercure pour baromètre Fortin......	*Idem.*	25 00	
		1270	Tuyaux en grès de 35 à 65$^{c}/_{m}$ de longueur et de 2 à 6$^{m}/_{m}$ de diamètre..............................	*Idem.*	3 15	
		1271	Tuyaux en terre réfractaire de 2 à 6$^{c}/_{m}$ de diamètre et de 35 à 65$^{c}/_{m}$ de longueur par dimension............	*Idem.*	2 50	
		1272	Uréomètre du docteur Esbach pour le dosage de l'urée (complet dans une boîte)......................	*Idem.*	27 50	
		1273	Uréomètre d'Yvon, à mercure......................	*Idem.*	10 00	
		1274	— — avec cuve et support............	*Idem.*	56 25	

DÉNOMINATION ET CLASSIFICATION DES MATIÈRES ET OBJETS.				ESPÈCE des UNITÉS.	PRIX MINISTÉRIELS.	OBSERVATIONS.
PAR UNITÉ SOMMAIRE.		PAR SUBDIVISION.				
Numéro et libellé.	Subdivision.	Numéros.	Dénominations.		fr. c.	
11 Outillage, instruments et appareils divers.	Q Vases et ustensiles de pharmacie et de chimie. (Suite.)	1275	Valets de paille : 4 c/m de diamètre intérieur	Nombre.	0 35	
		1276	6 —	Idem.	0 45	
		1277	8 —	Idem.	0 50	
		1278	10 —	Idem.	0 60	
		1279	12 —	Idem.	0 70	
		1280	14 —	Idem.	0 75	
		1281	16 —	Idem.	0 95	
		1282	18 —	Idem.	1 15	
		1283	Vases à filtrations chaudes en verre de Bohême, forme ordinaire, à bec, de : 20cc	Idem.	0 35	
		1284	30cc	Idem.	0 35	
		1285	50cc	Idem.	0 45	
		1286	100cc	Idem.	0 45	
		1287	140cc	Idem.	0 65	
		1288	200cc	Idem.	0 75	
		1289	330cc	Idem.	0 90	
		1290	460cc	Idem.	1 00	
		1291	950cc	Idem.	1 25	
		1292	1,350cc	Idem.	1 40	
		1293	Vases à précipités, cylindriques, à bec, et vases à saturation de : 1 litre et au-dessus	Litre de contenance.	0 50	
		1294	500 grammes	Nombre.	0 40	
		1295	250 —	Idem.	0 25	
		1296	125 —	Idem.	0 20	
		1297	90 —	Idem.	0 20	
		1298	60 —	Idem.	0 15	
		1299	30 —	Idem.	0 15	
		1300	Vases en grès pour pile Bunsen, de : 16cm de hauteur	Idem.	0 65	
		1301	18cm —	Idem.	0 75	
		1302	22cm —	Idem.	1 00	
		1303	Vase en porcelaine à compartiments pour acide sulfurique.	Idem.	5 65	
		1304	Vases en verre à chlorure de calcium : grand modèle	Idem.	2 20	
		1305	petit —	Idem.	1 40	
		1306	Vases en verre à tulipes de : 2 litres	Idem.	1 00	
		1307	3 —	Idem.	1 40	
		1308	4 —	Idem.	2 20	
		1309	5 —	Idem.	2 85	
		1310	Vases poreux pour piles Bunsen, de : 16cm	Idem.	0 35	
		1311	18cm	Idem.	0 40	
		1312	22cm	Idem.	0 90	
		1313	Ventouses, avec ou sans bouton, de 3 à 8 c/m de diamètre.	Le cent.	0 35	
		1314	Verres à expériences, à bec, de : 1,000 grammes	Nombre.	0 75	
		1315	750 —	Idem.	0 65	
		1316	500 —	Idem.	0 65	
		1317	250 —	Idem.	0 50	
		1318	150 —	Idem.	0 40	
		1319	125 —	Idem.	0 35	
		1320	100 —	Idem.	0 30	
		1321	90 —	Idem.	0 30	
		1322	60 —	Le cent.	0 25	
		1323	30 —	Idem.	0 25	
		1324	20 —	Nombre.	0 25	
		1325	Verres à pied gradués, de : 15 grammes	Idem.	0 90	
		1326	30 —	Idem.	0 95	
		1327	60 —	Idem.	1 00	

DÉNOMINATION ET CLASSIFICATION DES MATIÈRES ET OBJETS.				ESPÈCE des UNITÉS.	PRIX MINISTÉRIELS.	OBSERVATIONS.
PAR UNITÉ SOMMAIRE.		PAR SUBDIVISION.				
Numéro et libellé.	Subdivision.	Numéros.	Dénominations.		fr. c.	
	Q VASES ET USTENSILES DE PHARMACIE ET DE CHIMIE. (Suite et fin.)	1328	Verres à pied gradués, de : (Suite.) 100 —	Nombre.	1 25	
		1329	125 —	Idem.	1 60	
		1330	200 —	Idem.	1 90	
		1331	250 —	Idem.	2 00	
		1332	500 —	Idem.	2 50	
		1333	750 —	Idem.	3 15	
		1334	1,000 —	Idem.	3 45	
		1335	Verres de montre assortis de 30 à 60m/m	Le cent.	0 35	
		1336	Verres de montre équilibrés	La paire.	2 50	
		1336bis	Brides en laiton pour ces verres de montre	Nombre.	1 00	
		1337	Zincs de rechange pour pile Bunsen, de 16cm de hauteur	Idem.	2 85	
		1338	18cm —	Idem.	3 15	
		1339	22cm —	Idem.	4 00	
11 Outillage, instruments et appareils divers.	R MICROSCOPES ET ACCESSOIRES.	1	Appareil à polarisation simple	Nombre.	56 00	
		2	Appareil à polarisation avec oculaire polarisateur, cercle divisé	Idem.	75 00	
		3	Boîtes en bois blanc à rainures pour 50 préparations	Idem.	1 25	
		4	Bras porte-loupe du docteur Malassez	Idem.	56 00	
		5	Cadres métalliques à inclusion dans la paraffine	Idem.	7 80	
		6	Chambre claire à angle variable	Idem.	37 50	
		7	Cloche pour recouvrir les microscopes	Idem.	8 75	
		8	Plaque en verre pour la cloche	Idem.	6 25	
		9	Carré de feutre pour la cloche	Idem.	2 50	
		10	Compte-globules du docteur Malassez, complet, dans un écrin	Idem.	56 00	
		11	Mélangeur Potain de rechange	Idem.	8 75	
		12	Lamelle de rechange	Idem.	0 30	
		13	Flacon de sérum de rechange	Flacon.	1 25	
		14	Huile de cèdre pour objectif à immersion, flacon de 100 grammes	Idem.	6 25	
		15	Loupe de Brucke	Nombre.	22 50	
		16	Loupe à main montée en corne	Idem.	15 00	
		17	Micromètre oculaire	Idem.	18 75	
		18	Micromètre objectif 1/100	Idem.	22 50	
		19	Microscope grand modèle du docteur Roux, avec éclairage Abbé, diaphragme iris et diaphragme à tube, le tout renfermé dans une solide boîte-armoire en acajou massif	Idem.	281 00	
		20	Microscope n° III, du professeur Radais, avec éclairage Abbé, etc. (comme ci-dessus)	Idem.	220 00	
		21	Microscope grand modèle n° IV, du docteur Calmette, avec platine exploratrice, éclairrage Abbé, etc. (comme ci-dessus)	Idem.	400 00	
		22	Microscope grand modèle du docteur Calmette, spécial pour les travaux histologiques courants, éclairage Abbé, etc. (comme ci-dessus)	Idem.	200 00	
		23	Microscope grand modèle colonial; grand instrument se réduisant, sans rien démonter, à un très petit volume, facilement transportable, dans une boîte solide en acajou massif	Idem.	194 00	
		24	Platine mobile à chariot, mouvements rectangulaires, avec divisions	Idem.	112 50	
		25	Microtome Minot, avec un rasoir	Idem.	294 00	
		26	Rasoir de rechange pour le microtome Minot	Idem.	18 75	

DÉNOMINATION ET CLASSIFICATION DES MATIÈRES ET OBJETS.				ESPÈCE des UNITÉS.	PRIX MINISTÉRIELS.	OBSERVATIONS.
PAR UNITÉ SOMMAIRE.		PAR SUBDIVISION.				
Numéro et libellé.	Subdivision.	Numéros.	Dénominations.		fr. c.	
11 Outillage, instruments et appareils divers.	R MICROSCOPES ET ACCESSOIRES. (Suite et fin.)	27	Microtome à main de Ranvier, grand modèle, avec glace	Nombre.	18 75	
		28	Microtome à main de Ranvier, petit modèle, avec glace	*Idem.*	10 00	
		29	Objectif achromatique à sec, n° 1	*Idem.*	20 00	
		30	— — n° 2	*Idem.*	20 00	
		31	— — n° 3	*Idem.*	25 00	
		32	— — n° 4	*Idem.*	27 50	
		33	— — n° 5	*Idem.*	33 75	
		34	— — n° 6	*Idem.*	38 75	
		35	— — n° 7	*Idem.*	42 50	
		36	— — n° 8	*Idem.*	56 25	
		37	— — n° 9	*Idem.*	77 50	
		38	Objectif à immersion homogène 1/12	*Idem.*	125 00	
		39	— — 1/15	*Idem.*	137 00	
		40	— — 1/16	*Idem.*	187 00	
		41	— — 1/18	*Idem.*	212 00	
		42	Oculaire de Huyghens n°s 1, 2, 3	*Idem.*	7 50	
		43	Oculaires compensateurs n°s 4, 6, 9	*Idem.*	15 00	
		44	— — n°s 12 et 18	*Idem.*	31 25	
		45	Oculaire à diaphragme carré mobile, spécial pour l'usage de la platine exploratrice	*Idem.*	42 50	
		46	Oculaire spectroscopique simple	*Idem.*	56 25	
		47	Pied porte-loupe à 2 articulations	*Idem.*	18 75	
		48	Pied porte-loupe à 3 articulations	*Idem.*	25 00	
		49	Doublet achromatique pour les pieds de loupe ci-dessus	*Idem.*	8 75	
		50	Pince Cornet	*Idem.*	1 60	
		51	Pince Debrand	*Idem.*	3 75	
		52	Pince porte-lames, nickel poli	*Idem.*	0 90	
		53	Plaque chauffante du docteur Malassez	*Idem.*	12 50	
		54	Rasoir emmanché pour coupes histologiques	*Idem.*	5 00	
		55	Revolver pour 2 objectifs	*Idem.*	27 50	
		56	— pour 3 objectifs	*Idem.*	35 50	
		57	— pour 4 objectifs	*Idem.*	37 50	
	S MATÉRIEL DE BACTÉRIOLOGIE.	1	.....	*Idem.*	//	
		2	.....	*Idem.*	//	
		3	.....	*Idem.*	//	
		4	Autoclave	*Idem.*	//	
		5	.....	*Idem.*	//	
		6	.....	*Idem.*	//	
		7	.....	*Idem.*	//	
		8	.....	*Idem.*	//	
		9	.....	*Idem.*	//	
		10	Étuve	*Idem.*	//	
		11	.....	*Idem.*	//	
		12	.....	*Idem.*	//	
		13	.....	*Idem.*	//	
		14	.....	*Idem.*	//	
		15	.....	*Idem.*	//	
		16	Four à flamber	*Idem.*	//	
		17	.....	*Idem.*	//	
		18	.....	*Idem.*	//	
		19	.....	*Idem.*	//	

DÉNOMINATION ET CLASSIFICATION DES MATIÈRES ET OBJETS.				ESPÈCE des UNITÉS.	PRIX MINISTÉRIELS.	OBSERVATIONS.
PAR UNITÉ SOMMAIRE.		PAR SUBDIVISION.				
Numéro et libellé.	Subdivision.	Numéros.	Dénominations.		fr. c.	
11 Outillage, instruments et appareils divers.	S Matériel de bactériologie.	20	.....	Nombre.	//	
		21	.....	Idem.	//	
		22	.....	Idem.	//	
		23	.....	Idem.	//	
		24	.....	Idem.	//	
		25	.....	Idem.	//	
		26	.....	Idem.		
		27	.....	Idem.	//	
		28	.....	Idem.	//	
		29	.....	Idem.	//	
		30	.....	Idem.	//	
		31	.....	Idem.	//	
		32	.....	Idem.	//	
		33	.....	Idem.	//	
		34	.....	Idem.	//	
		35	.....	Idem.	//	
		36	.....	Idem.	//	
		37	.....	Idem.	//	
		38	.....	Idem.	//	
		39	.....	Idem.	//	
		40	.....	Idem.	//	
	T Enregistreurs météorologiques et accessoires.	1	Baromètre anéroïde enregistreur, modèle moyen........	Nombre.	125 00	
		2	Thermomètre enregistreur........................	Idem.	143 75	
		3	Hygromètre enregistreur..........................	Idem.	143 75	
		4	Psychomètre enregistreur........................	Idem.	237 50	
		5	Bouteille d'encre..................................	Idem.	1 25	
		6	Papiers diagrammes................................	La feuille.	0 10	
		7	Plumes de rechange................................	Nombre.	3 00	
		8	Clef de rechange..................................	Idem.	1 25	
		9	.....	Idem.	//	
		10	.....	Idem.	//	
		11	.....	Idem.	//	
		12	.....	Idem.	//	
	U Matériel de physique et de chimie.	1	.....	Nombre.	//	
		2	.....	Idem.	//	
		3	.....	Idem.	//	
		4	.....	Idem.	//	
		5	.....	Idem.	//	
		6	.....	Idem.	//	
		7	.....	Idem.	//	
		8	.....	Idem.	//	
		9	.....	Idem.	//	
		10	.....	Idem.	//	
		11	.....	Idem.	//	
		12	.....	Idem.	//	
		13	.....	Idem.	//	
		14	.....	Idem.	//	
		15	.....	Idem.	//	
		16	.....	Idem.	//	

DÉNOMINATION ET CLASSIFICATION DES MATIÈRES ET OBJETS.				ESPÈCE des UNITÉS.	PRIX MINISTÉRIELS.	OBSERVATIONS.
PAR UNITÉ SOMMAIRE.		PAR SUBDIVISION.				
Numéro et libellé.	Subdivision.	Numéros.	Dénominations.		fr. c.	
	U Matériel de physique et de chimie. (Suite et fin.)	17	.....	Nombre.	//	
		18	.....	Idem.	//	
		19	.....	Idem.	//	
		20	.....	Idem.	//	
		21	.....	Idem.	//	
		22	.....	Idem.	//	
		23	.....	Idem.	//	
		24	.....	Idem.	//	
11 Outillage, instruments et appareils divers.	V Objets spéciaux à l'usage des malades.	1	Ballons en caoutchouc pour oxygène, complet.........	Nombre.	30 00	
		2	Bassins de lit, forme ronde, en faïence de 23 centimètres....................................	Idem.	4 50	
		3	Bassins de lit, forme ronde, en faïence de 26 centimètres....................................	Idem.	5 25	
		4	Bassins de lit, forme ronde, en faïence de 29 centimètres....................................	Idem.	6 25	
		5	Bassins de lit, plats, en porcelaine de 26 centimètres....	Idem.	8 75	
		6	Bassins de lit, plats, en porcelaine de 29 centimètres....	Idem.	9 50	
		7	Bassin en tôle émaillée, à tube d'écoulement..........	Idem.	10 50	
		8	Bidet grand modèle, cuvette émaillée.................	Idem.	15 00	
		9	Bock injecteur de 2 litres, tôle émaillée, complet......	Idem.	8 25	
		10	Bock injecteur de 5 litres, tôle émaillée, complet.......	Idem.	13 00	
		11	Bout de sein ordinaire...........................	Idem.	1 00	
		12	Bout de sein à soupape de Fournier.................	Idem.	2 50	
		13	Canules de rechange pour bocks injecteurs : courbes....	Idem.	0 75	
		14	Canules de rechange pour bocks injecteurs : droites.....	Idem.	0 30	
		15	Canules de rechange pour bocks injecteurs : effilées.....	Idem.	0 30	
		16	Canules en caoutchouc durci pour irrigateurs..........	Idem.	0 35	
		17	Canules en os pour irrigateurs.....................	Idem.	0 70	
		18	Canule en verre à pansements.....................	Idem.	0 30	
		19	Canule en verre courbe pour injections..............	Idem.	0 35	
		20	Canules en verre droites pour injections.............	Idem.	0 35	
		21	Canules en verre pour l'urèthre de Janet.............	Idem.	0 35	
		22	Coussin en caoutchouc avec tube de gonflement et obturateur.....................................	Idem.	16 00	
		23	Crachoirs individuels en verre ou porcelaine...........	Idem.	1 00	
		24	Cuvette de rechange pour bidet....................	Idem.	10 00	
		25	Gants en crin...................................	Idem.	1 80	
		26	Gants en molleton...............................	Idem.	1 80	
		27	Lampe veilleuse en porcelaine......................	Idem.	1 70	
		28	Moine en étain..................................	Idem.	7 50	
		29	Pot à tisane en porcelaine.........................	Idem.	1 85	
		30	Têterelle en forme de ballon.......................	Idem.	3 00	
		31	Tube en caoutchouc de rechange pour bock injecteur....	Idem.	2 25	
		32	Seau d'aisance inodore...........................	Idem.	//	
		33	Urinal en faïence pour femme......................	Idem.	3 00	
		34	Urinal en faïence pour homme......................	Idem.	2 50	
		35	Urinal en verre pour homme.......................	Idem.	1 75	
		36	Toile caoutchoutée noire pour alèzes................	Mètre.	4 35	
		37	.....	Nombre.	//	
		38	.....	Idem.	//	
		39	.....	Idem.	//	
		40	Canule de Tuffier (en cristal)......................	Idem.	1 00	

DÉNOMINATION ET CLASSIFICATION DES MATIÈRES ET OBJETS.				ESPÈCE des UNITÉS.	PRIX MINISTÉRIELS.	OBSERVATIONS.
PAR UNITÉ SOMMAIRE.		PAR SUBDIVISION.				
Numéro et libellé.	Subdivision.	Numéros.	Dénominations.			
					f. c.	
11 Outillage, instruments et appareils divers.	W Objets spéciaux pour le service des bains.		Appareil à douches complet (grand modèle)	Nombre.		Prix d'achat.
			Appareil à douches complet (petit modèle)	Idem.		Idem.
			Appareil à sudation pour bains d'air chaud	Idem.		Idem.
			Appareil à sudation pour bains de vapeur et fumigations aromatiques	Idem.		Idem.
			Armoire étuve	Idem.		Idem.
			Baignoire de bras, en cuivre	Idem.		
			Baignoire de bras, en zinc	Idem.		
			Baignoire de corps, en cuivre	Idem.		
			Baignoire de corps, en fonte émaillée	Idem.		
			Baignoire de corps, en zinc	Idem.		
			Baignoire de pieds, en cuivre	Idem.		
			Baignoire de pieds; en zinc	Idem.		
			Baignoire de siège, en cuivre	Idem.		
			Baignoire de siège, en tôle émaillée	Idem.		
			Baignoire de siège, en zinc	Idem.		
			Bains de siège à douches variées	Idem.		
			Bonnet en caoutchouc	Idem.		
			Caleçon de bain	Idem.		
			Chauffe-linge calorifère	Idem.		
			Col de cygne pour douches en pluie avec deux pommes d'arrosoir	Idem.		
			Colonne en cuivre pour douches en pluie et douches dorsales	Idem.		
			Coquille à savon en fonte émaillée	Idem.		
			Douche générale complète	Idem.		
			Douche locale	Idem.		
			Éventail en cuivre rouge pour douches	Idem.		
			Générateur pour douches de vapeur et bains de vapeur avec cassolette pour aromates	Idem.		
			Hydromélangeur pour douches	Idem.		
			Lances à deux jets, à spatule, pour douches simples	Idem.		
			Panier à chauffer le linge	Idem.		
			Peignoir de bain, en toile	Idem.		
			Peignoir-éponge	Idem.		
			Planchette dite descente de bains	Idem.		
			Sablier compteur	Idem.		
			Support roulant pour baignoire de corps	Idem.		
			Thermomètre pour les bains	Idem.		
			Tuyau en caoutchouc pour douches, 3 mètres	Idem.		
			Tuyau en caoutchouc pour douches, 2 mètres	Idem.		
			Tuyau en caoutchouc pour douches, 1 mètre	Idem.		
			Tuyau en cuivre	Idem.		
	X Objets pour le service de la buanderie.		Arc-boutant de tendeur	Nombre.		
			Aréomètre pèse-lessive	Idem.		
			Boîte de laveuse en sapin	Idem.		
			Brouette de buanderie à 3 roues	Idem.		
			Brouette de buanderie à 1 roue	Idem.		
			Buanderie portative pour 200 kilogr. de linge	Idem.		
			Buanderie portative pour 100 kilogr. de linge	Idem.		
			Buanderie portative pour 50 kilogr. de linge	Idem.		

DÉNOMINATION ET CLASSIFICATION DES MATIÈRES ET OBJETS.				ESPÈCE des UNITÉS.	PRIX MINISTÉRIELS.	OBSERVA-TIONS.
PAR UNITÉ SOMMAIRE.		PAR SUBDIVISION.				
Numéro et libellé.	Subdivision.	Numéros.	Dénominations.			
	X Objets pour le service de la buanderie. (Suite.)		Chevalet à lessive, en hêtre (grand) 3,00 × 1,00	Nombre.		
			Chevalet à lessive, en hêtre (moyen) 2,25 × 1,00	Idem.		
			Chevalet à lessive, en hêtre, (petit) 1,50 × 0,95	Idem.		
			Couvercle de cuvier de $1^{m},90$ de diamètre en cuivre	Idem.		
			Couvercle de cuvier de $1^{m},30$ de diamètre en cuivre	Idem.		
			Cuvier à lessive en sapin cerclé en fer de 2 mètres de diamètre	Idem.		
			Cuvier à lessive en sapin cerclé en fer de $1^{m},50$ de diamètre	Idem.		
			Cuvier à lessive en sapin cerclé en fer de 1 mètre de diamètre	Idem.		
			Cuvier à lessive en sapin cerclé en fer de $0^{m},75$ de diamètre	Idem.		
			Essoreuse	Idem.		
			Fil de fer fort galvanisé, pour séchoir	Mètre.		
			Lessiveuse avec foyer pour 10 kilogr. de linge	Nombre.		
			Lessiveuse avec foyer pour 6 kilogr. de linge	Idem.		
			Lessiveuse sans foyer pour 4 kilogr. de linge	Idem.		
			Piton double pour tendeur de séchoir	Idem.		
			Tendeur de séchoir	Idem.		
			Trépied à cuvier à lessive grand, 1,20 × 0,33	Idem.		
			Trépied à cuvier à lessive moyen, 1,00 × 0,33	Idem.		
			Trépied à cuvier à lessive petit, 0,80 × 0,33	Idem.		
11 **Outillage, instruments et appareils divers.**			Tréteau à lessive, en hêtre 0,75 × 0,34	Idem.		
			Tringle en fil de fer galvanisé, pour séchoir	Idem.		
	Y Objets et ustensiles pour ateliers.		Affiloir triangulaire	Nombre.		
			Aiguille à emballer	Idem.		
			Aiguille de matelassier	Idem.		
			Alène de cordonnier avec manche	Idem.		
			Archet	Idem.		
			Arrache-clous	Idem.		
			Bain cylindre pour étamer, en tôle	Idem.		
			Bec d'âne de menuisier	Idem.		
			Bec d'âne de serrurier	Idem.		
			Bigorne	Idem.		
			Bigorneau	Idem.		
			Billot d'enclume	Idem.		
			Boîte à forer	Idem.		
			Bordoir de ferblantier	Idem.		
			Boule coudée	Idem.		
			Bouterolle	Idem.		
			Bouvet à approfondir	Idem.		
			Bouvet double	Idem.		
			Bouvet simple pour rainure	Idem.		
			Bouvet à languette (paire de)	Idem.		
			Cordes pour la laine (paire de)	Idem.		
			Chassoir de tonnelier	Idem.		
			Cisaille d'établi	Idem.		
			Cisaille de ferblantier (grande)	Idem.		
			Cisaille de ferblantier (petite)	Idem.		
			Ciseau à déballer	Idem.		
			Ciseau à froid	Idem.		
			Ciseau ordinaire	Idem.		
			Claie pour battre la laine	Idem.		
			Clef anglaise (grande)	Idem.		

DÉNOMINATION ET CLASSIFICATION DES MATIÈRES ET OBJETS.				ESPÈCE des UNITÉS.	PRIX MINISTÉRIELS.	OBSERVATIONS.
PAR UNITÉ SOMMAIRE.		PAR SUBDIVISION.				
Numéro et libellé.	Subdivision.	Numéros.	Dénominations.			
11 Outillage, instruments et appareils divers.	Y Objets et ustensiles pour ateliers. (Suite.)		Clef anglaise (petite)	Nombre.		
			Compas	*Idem.*		
			Compas d'épaisseur	*Idem.*		
			Composteur complet	*Idem.*		
			Compte-fils	*Idem.*		
			Couteau à champ ou à demi-champ	*Idem.*		
			Couteau à feuillure ou à demi-feuillure	*Idem.*		
			Couteau à mastiquer ou à démastiquer	*Idem.*		
			Couteau à rebouter	*Idem.*		
			Cuiller à fondre en tôle	*Idem.*		
			Demi-masse de ferblantier	*Idem.*		
			Demi-varlope	*Idem.*		
			Diamant pour couper le verre	*Idem.*		
			Doucine	*Idem.*		
			Drille	*Idem.*		
			Écouane demi-ronde	*Idem.*		
			Écouane plate	*Idem.*		
			Emporte-pièce	*Idem.*		
			Emporte-pièce avec trois bouts de rechange	*Idem.*		
			Enclume	*Idem.*		
			Équerre en bois	*Idem.*		
			Équerre en fer	*Idem.*		
			Établi de menuisier	*Idem.*		
			Étau à main	*Idem.*		
			Étau d'établi (grand)	*Idem.*		
			Étau d'établi (moyen)	*Idem.*		
			Étau d'établi (petit)	*Idem.*		
			Fer à repasser	*Idem.*		
			Fer à souder	*Idem.*		
			Filière à coussinets (grande)	*Idem.*		
			Filière à coussinets (petite)	*Idem.*		
			Filière à truelle	*Idem.*		
			Foret pour métaux	*Idem.*		
			Forge volante	*Idem.*		
			Fourche en bois	*Idem.*		
			Fourche en fer	*Idem.*		
			Gouge	*Idem.*		
			Guillaume	*Idem.*		
			Hache	*Idem.*		
			Hachette	*Idem.*		
			Herminette	*Idem.*		
			Jeu de chiffres à froid, en acier	*Idem.*		
			Jeu de lettres à froid en acier	*Idem.*		
			Jeu de marques pour la réforme	*Idem.*		
			Lampe à souder	*Idem.*		
			Langue de carpe burin	*Idem.*		
			Langue de carpe pour percer la pierre	*Idem.*		
			Lettre emmanchée	*Idem.*		
			Lime carrée	*Idem.*		
			Lime demi-ronde	*Idem.*		
			Lime au paquet	*Idem.*		
			Lime plate ordinaire	*Idem.*		
			Lime plate pointue et d'entrée	*Idem.*		

DÉNOMINATION ET CLASSIFICATION DES MATIÈRES ET OBJETS.				ESPÈCE des UNITÉS.	PRIX MINISTÉRIELS.	OBSERVATIONS.
PAR UNITÉ SOMMAIRE.		PAR SUBDIVISION.				
Numéro et libellé.	Subdivision.	Numéros.	Dénominations.			
11 Outillase, instruments et appareils divers.	Y Objets et ustensiles pour ateliers. (Suite.)		Lime ronde	Nombre.		
			Madriers pour échaffaudage de 4 mètres	Idem.		
			Madriers pour échafaudage de 3 mètres	Idem.		
			Madriers pour échafaudage de 2 mètres	Idem.		
			Madriers pour échafaudage de $1^{m},50$	Idem.		
			Maillet en bois, de ferblantier	Idem.		
			Maillet en bois ordinaire	Idem.		
			Marteau à dresser, de ferblantier	Idem.		
			Marteau à frapper devant, de forgeron	Idem.		
			Marteau à gorge, de ferblantier	Idem.		
			Marteau à main	Idem.		
			Marteau à main, de forgeron	Idem.		
			Marteau à rentrer, de ferblantier	Idem.		
			Marteau de cordonnier	Idem.		
			Marteau de tapissier	Idem.		
			Marteau de vitrier	Idem.		
			Marteau échancré d'un bout	Idem.		
			Marteau ordinaire (grand)	Idem.		
			Marteau ordinaire (petit)	Idem.		
			Masse en fer	Idem.		
			Mèche à cuiller, de vilbrequin	Idem.		
			Mèche à fraiser pour bois	Idem.		
			Mèche anglaise de vilbrequin	Idem.		
			Mèche à vrille	Idem.		
			Merlin	Idem.		
			Métier à matelas	Idem.		
			Meule en grès	Idem.		
			Moule d'emballage à 2 plombs	Idem.		
			Outil à moulure	Idem.		
			Peigne pour faux bois	Idem.		
			Presse (petite)	Idem.		
			Pied de biche	Idem.		
			Pierre à émeri	Idem.		
			Pierre à repasser et à aiguiser	Idem.		
			Pince à plomber les colis	Idem.		
			Pince à souder	Idem.		
			Pince de cordonnier	Idem.		
			Plane ordinaire	Idem.		
			Pied en fer, de cordonnier	Idem.		
			Plateau pour étamer, en tôle	Idem.		
			Pot à colle avec bain-mari en cuivre	Idem.		
			Rabot	Idem.		
			Racloir pour bois	Idem.		
			Racloir pour peintre	Idem.		
			Râpe ronde, demi-ronde, plate	Idem.		
			Scie à araser	Idem.		
			Scie à bûches	Idem.		
			Scie à chantourner	Idem.		
			Scie à mains	Idem.		
			Scie à mains dite égoïne	Idem.		
			Scie à métaux	Idem.		
			Scie à refendre	Idem.		
			Scie dite de menuisier	Idem.		

DÉNOMINATION ET CLASSIFICATION DES MATIÈRES ET OBJETS.				ESPÈCE des UNITÉS.	PRIX MINISTÉRIELS.	OBSERVATIONS.
PAR UNITÉ SOMMAIRE.		PAR SUBDIVISION.				
Numéro et libellé.	Subdivision.	Numéros.	Dénominations.			
11 Outillage, instruments et appareils divers.	Y Objets et ustensiles pour ateliers. (Suite et fin.)		Scie passe-partout	Nombre.		
			Serre-joint en bois	*Idem.*		
			Serre-joint en fer	*Idem.*		
			Servante d'établi, en fer	*Idem.*		
			Soufflet d'atelier	*Idem.*		
			Soufflet de forge	*Idem.*		
			Tablier en cuir	*Idem.*		
			Taraud	*Idem.*		
			Tarrière	*Idem.*		
			Tas en acier	*Idem.*		
			Tenaille de forgeron	*Idem.*		
			Tenaille de cordonnier	*Idem.*		
			Tenaille de menuisier	*Idem.*		
			Tiers-point	*Idem.*		
			Timbre humide pour réception du matériel	*Idem.*		
			Timbre humide pour rejet du matériel	*Idem.*		
			Timbre humide pour marquage du linge H. C.	*Idem.*		
			Timbre humide H. S.	*Idem.*		
			Tournevis	*Idem.*		
			Tournevis pour lunettes	*Idem.*		
			Tranche à chaud	*Idem.*		
			Tranche à froid	*Idem.*		
			Tranche droite	*Idem.*		
			Tranchet	*Idem.*		
			Tréteau pour échafaudage	*Idem.*		
			Triangle-niveau	*Idem.*		
			Truelle	*Idem.*		
			Trusquin	*Idem.*		
			Valet d'établi	*Idem.*		
			Varlope	*Idem.*		
			Vilebrequin	*Idem.*		
			Vrilles diverses	*Idem.*		
	Z Objets et ustensiles pour jardiniers.		Arrosoir de jardin, en tôle galvanisée, avec pomme	Nombre.		
			Bêche	*Idem.*		
			Binette	*Idem.*		
			Caisse en bois à arbustes	*Idem.*		
			Ceinture pour étui de pierre à faux	*Idem.*		
			Chassis en fer vitré pour couches	*Idem.*		
			Cisaille de jardinier	*Idem.*		
			Croissant pour jardinier	*Idem.*		
			Échenilloir	*Idem.*		
			Enclumette pour faux	*Idem.*		
			Étui pour pierre à faux	*Idem.*		
			Faux montée	*Idem.*		
			Fourche ou trident en fer	*Idem.*		
			Greffoir	*Idem.*		
			Houe	*Idem.*		
			Lance pour tuyau d'arrosage, en cuivre	*Idem.*		
			Marteau pour faux	*Idem.*		
			Pelle de terrassier	*Idem.*		
			Pioche	*Idem.*		

DÉNOMINATION ET CLASSIFICATION DES MATIÈRES ET OBJETS.				ESPÈCE des UNITÉS.	PRIX MINISTÉRIELS.	OBSERVATIONS.
PAR UNITÉ SOMMAIRE.		PAR SUBDIVISION.				
Numéro et libellé.	Subdivision.	Numéros.	Dénominations.		fr c.	
11 Outillage, instruments et appareils divers.	Z Objets et ustensiles pour jardinier. (Suite.)		Plantoir ferré	Nombre.		
			Pompe à main pour arrosage, en cuivre	Idem.		
			Râteau	Idem.		
			Ratissoire	Idem.		
			Scie de jardinier	Idem.		
			Sécateur	Idem.		
			Serpe	Idem.		
			Serpette	Idem.		
			Tondeuse pour le gazon	Idem.		
			Tuyau d'arrosage	Idem.		
	A¹ Objets et ustensiles pour perruquier.		Blaireau	Nombre.		
			Brosse à tête	Idem.		
			Brosse à peigne	Idem.		
			Brosse en soie	Idem.		
			Ciseaux (paire de)	Idem.		
			Cuir à rasoir	Idem.		
			Pâte à rasoir	Idem.		
			Peigne à démêler	Idem.		
			Peigne fin	Idem.		
			Pierre à affiler les rasoirs	Idem.		
			Rasoir	Idem.		
			Tondeuse	Idem.		
	B¹ Machines.		Cardeuse à main (grande)	Nombre.		
			Cardeuse à main (petite)	Idem.		
			Cardeuse à pied (grande)	Idem.		
			Cardeuse à pied (petite)	Idem.		
			Machine à boucher les bouteilles	Idem.		
			Machine à découper les bandes	Idem.		
			Métier à rouler les bandes	Idem.		
			Objets de rechange pour pompe à incendie. — Bâche pour couvrir une pompe	Idem.		
			Objets de rechange pour pompe à incendie. — Chariot à 2 roues	Idem.		
			Objets de rechange pour pompe à incendie. — Crépine d'aspiration	Idem.		
			Objets de rechange pour pompe à incendie. — Lance	Idem.		
			Objets de rechange pour pompe à incendie. — Orifices de lance de $0^m,013$ à $0^m,017$	Idem.		
			Objets de rechange pour pompe à incendie. — Seaux en toile	Idem.		
			Objets de rechange pour pompe à incendie. — Tamis en osier	Idem.		
			Objets de rechange pour pompe à incendie. — Tuyaux d'aspiration avec raccord	Idem.		
			Objets de rechange pour pompe à incendie. — Tuyaux de refoulement avec raccord	Idem.		
			Pompe à incendie complète	Idem.		
	C¹ Matériel roulant		Brouette à claire-voie	Nombre.		
			Brouette à coffre	Idem.		
			Charrette dite fourragère	Idem.		
			Charriot pour transport des blessés	Idem.		
			Corbillard	Idem.		
			Diable garnie de fer	Idem.		
			Pousse-pousse	Idem.		
			Voiture à bras	Idem.		
			Voiture d'ambulance	Idem.		
			Tombereau	Idem.		

DÉNOMINATION ET CLASSIFICATION DES MATIÈRES ET OBJETS.				ESPÈCE des UNITÉS.	PRIX MINISTÉRIELS.	OBSERVATIONS.
PAR UNITÉ SOMMAIRE.		PAR SUBDIVISION.				
Numéro et libellé.	Subdivision.	Numéros.	Dénominations.			
11 Outillage, instruments et appareils divers.	D¹ Balances, poids et mesures.		Balance Roberval de la portée de : 1k, diamètre des plateaux. 0m,14.	Nombre.		
			2k, diamètre des plateaux. 0m,16.	Idem.		
			5k, diamètre des plateaux. 0m,20.	Idem.		
			10k, diamètre des plateaux. 0m,22.	Idem.		
			15k, diamètre des plateaux. 0m,24.	Idem.		
			20k, diamètre des plateaux. 0m,26.	Idem.		
			25k, diamètre des plateaux. 0m,28.	Idem.		
			30k, diamètre des plateaux. 0m,30.	Idem.		
			40k, diamètre des plateaux. 0m,32.	Idem.		
			50k, diamètre des plateaux. 0m,34.	Idem.		
			Bascule métallique en tôle d'acier renforcée avec tablier monté sur châssis mobiles. de la portée de 1,000 kilogr......	Idem.		
			de la portée de 500 kilogr......	Idem.		
			de la portée de 300 kilogr......	Idem.		
			de la portée de 200 kilogr......	Idem.		
			de la portée de 100 kilogr......	Idem.		
			Boîte en noyer de poids, série de 2 kilogrammes.......	Idem.		
			Boîte en noyer de poids, série de 1 kilogramme.......	Idem.		
			Cuiller à distribution en fer battu étamé de 0l,40....................	Idem.		
			de 0l,25....................	Idem.		
			de 0l,20....................	Idem.		
			de 0l,125....................	Idem.		
			Mesure en bois ferré, double décalitre...............	Idem.		
			Mesure en étain, litre...........................	Idem.		
			Mesure en étain, demi-litre........................	Idem.		
			Mesure en étain, double décilitre..................	Idem.		
			Mesure en étain, décilitre........................	Idem.		
			Mesure en étain, demi-décilitre....................	Idem.		
			Mesure en étain, double centilitre.................	Idem.		
			Mesure en étain, centilitre........................	Idem.		
			Mesure en fer blanc, double litre..................	Idem.		
			Mesure en fer blanc, litre.........................	Idem.		
			Mesure en fer blanc, demi-litre....................	Idem.		
			Mesure en fer blanc, double décilitre...............	Idem.		
			Mesure en fer blanc, décilitre......................	Idem.		
			Mesure en fer blanc, demi-décilitre.................	Idem.		
			Mesure en fer blanc, double centilitre...............	Idem.		
			Mesure en fer blanc, centilitre.....................	Idem.		
			Mesures en fer blanc pour distribuer le vin de 25 centilitres..............	Idem.		
			de 20 centilitres..............	Idem.		
			de 15 centilitres..............	Idem.		
			de 125 centilitres..............	Idem.		
			de 10 centilitres..............	Idem.		
			Mètre articulé, en cuivre.........................	Idem.		
			Mètre articulé, en bois ferré.......................	Idem.		
			Poids en fonte de cuivre de 2 kilogrammes...........	Idem.		
			Poids en fonte de cuivre de 1 kilogramme............	Idem.		
			Poids en fonte de cuivre de 500 grammes............	Idem.		
			Poids en fonte de cuivre de 200 grammes............	Idem.		
			Poids en fonte de cuivre de 100 grammes............	Idem.		
			Poids en fonte de cuivre de 50 grammes.............	Idem.		
			Poids en fonte de cuivre de 20 grammes.............	Idem.		
			Poids en fonte de cuivre de 10 grammes.............	Idem.		
			Poids en fonte de cuivre de 5 grammes..............	Idem.		

DÉNOMINATION ET CLASSIFICATION DES MATIÈRES ET OBJETS.				ESPÈCE des UNITÉS.	PRIX MINISTÉRIELS.	OBSERVATIONS.
PAR UNITÉ SOMMAIRE.		PAR SUBDIVISION.				
Numéro et libellé.	Subdivision.	Numéros.	Dénominations.			
11 Outillage, instruments et appareils divers.	D¹ BALANCES, POIDS ET MESURES. (Suite.)		Poids en fonte de cuivre de 2 grammes	Nombre.		
			Poids en fonte de cuivre de 1 gramme	*Idem.*		
			Poids en fonte de cuivre, division du gramme	*Idem.*		
			Poids en fonte de fer de 20 kilogrammes	*Idem.*		
			Poids en fonte de fer de 10 kilogrammes	*Idem.*		
			Poids en fonte de fer de 5 kilogrammes	*Idem.*		
			Poids en fonte de fer de 2 kilogrammes	*Idem.*		
			Poids en fonte de fer de 1 kilogramme	*Idem.*		
			Poids en fonte de fer de 500 grammes	*Idem.*		
			Poids en fonte de fer de 200 grammes	*Idem.*		
			Poids en fonte de fer de 100 grammes	*Idem.*		
			Poids en fonte de fer de 50 grammes	*Idem.*		
			Toise à signalement (double mètre)	*Idem.*		
			.....	*Idem.*		
			.....	*Idem.*		
			.....	*Idem.*		
			.....	*Idem.*		
			.....	*Idem.*		
			.....	*Idem.*		
			.....	*Idem.*		
			.....	*Idem.*		
			.....	*Idem.*		
			.....	*Idem.*		

DÉNOMINATION ET CLASSIFICATION DES MATIÈRES ET OBJETS.				ESPÈCE des UNITÉS.	PRIX MINISTÉRIELS.	OBSERVATIONS.
PAR UNITÉ SOMMAIRE.		PAR SUBDIVISION.				
Numéro et libellé.	Subdivision.	Numéros.	Dénominations.			
					fr. c.	
14 Matières et objets destinés aux travaux.	A AIGUILLES, BOUTONS, FILS, RUBANS, TRESSES, ETC.		Agrafe et porte-agrafe	Nombre.		
			Aiguille à coudre, diverses	*Idem.*		
			— à machine	*Idem.*		
			— à repriser	*Idem.*		
			Boucles	*Idem.*		
			Boutons en bois	*Idem.*		
			— en fer	*Idem.*		
			— en nacre	*Idem.*		
			— en os	*Idem.*		
			— en porcelaine	*Idem.*		
			Cordonnets	Kilogr.		
			Coton à marquer	*Idem.*		
			— à repriser	*Idem.*		
			Crochets	Nombre.		
			Épingles ordinaires	Kilogr.		
			Fils à coudre, divers	*Idem.*		
			Galon en coton	Mètre.		
			— en fil	*Idem.*		
			— en laine	*Idem.*		
			Ganses	*Idem.*		
			Lacets	Nombre.		
			Laine à marquer	Kilogr.		
			— à repriser	*Idem.*		
			Ruban en coton	Mètre.		
			— en fil	*Idem.*		
			— en laine	*Idem.*		
			Soies à coudre, diverses	Kilogr.		
			Tresses en coton	Mètre.		
			— en fil	*Idem.*		
			— en laine	*Idem.*		
	B BOIS.	1	Chêne	Mèt. cube.		
		2	Hêtre	*Idem.*		
		3	Noyer	*Idem.*		
		4	Pitchpin	*Idem.*		
		5	Sapin	*Idem.*		
		6	.....	*Idem.*		
		7	Chêne	Mèt. carré.		
		8	Hêtre	*Idem.*		
		9	Noyer	*Idem.*		
		10	Pitchpin	*Idem.*		
		11	Sapin	*Idem.*		
	C DRAPS, TOILES ET ÉTOFFES.	1	Calicot blanc pour confections diverses — largeur 0m 80	Mètre.	0 65	
		2	— 1m 00	*Idem.*	0 85	
		3	— 1m 12	*Idem.*	0 90	
		4	— 1m 25	*Idem.*	1 10	
		5	— 1m 36	*Idem.*	1 15	
		6	— 1m 65	*Idem.*	1 25	
		7	Calicot dit « pékin » assorti, largeur 0m 80	*Idem.*	0 75	
		8	Cretonne blanche pour taie d'oreiller, largeur 0m 70	*Idem.*	0 75	
		9	Coutil chiné bleu et blanc, pour meubles, largeur 1m 60	*Idem.*	1 80	

DÉNOMINATION ET CLASSIFICATION DES MATIÈRES ET OBJETS.				ESPÈCE des UNITÉS.	PRIX MINISTÉRIELS.	OBSERVATIONS.
PAR UNITÉ SOMMAIRE.		PAR SUBDIVISION.				
Numéro et libellé.	Subdivision.	Numéros.	Dénominations.			
					fr. c.	
		10	Coutil chaîne coton trame fil rayé bleu et blanc, pour oreiller et traversin, largeur 1^{m} 00	Mètre.	2 20	
		11	— — 1^{m} 40	*Idem.*	3 10	
		12	Étamine grande laine, largeur 50/52, blanche	*Idem.*	0 75	
		13	— bleu national	*Idem.*	0 75	
		14	— rouge	*Idem.*	0 75	
		15	Drap beige, largeur 1^{m} 20	*Idem.*	//	
		16	— bleu — —	*Idem.*	//	
		17	.....	*Idem.*	//	
		18	Indiennes, largeur 132/135, rayures 1 fil bleu, 1 fil blanc	*Idem.*	1 50	
		19	— rayures 2 fils bleus, 2 fils blancs	*Idem.*	1 50	
		20	— carreaux 4 fils bleus, 4 fils blancs	*Idem.*	1 50	
		21	— pour robes, dessins et couleurs assorties	*Idem.*	0 75	
		22	Lustrine blanche, largeur 1^{m}	*Idem.*	0 75	
		23	— bleue, — 0^{m} 80 à 0^{m} 85	*Idem.*	0 70	
		24	— noire, — —	*Idem.*	0 70	
		25	— rouge, — —	*Idem.*	0 70	
		26	— verte, — —	*Idem.*	0 70	
		27	.....	*Idem.*	//	
		28	.....	*Idem.*	//	
14 Matières et objets destinés aux travaux.	C Draps, toiles et étoffes. (Fin.)	29	Mousseline blanche unie, pour rideaux, largeur 0^{m} 80 à 0^{m} 82	*Idem.*	1 25	
		30	Mousseline blanche unie, pour rideaux, largeur 1^{m} 18 à 1^{m} 20	*Idem.*	1 30	
		31	Mousseline blanche brodée, pour rideaux, largeur 0^{m} 70 à 0^{m} 80	*Idem.*	0 80	
		32	Mousseline blanche brodée, pour rideaux, largeur 0^{m} 68 à 0^{m} 70	*Idem.*	0 80	
		33	.....	*Idem.*	//	
		34	Reps pour rideaux, largeur 1^{m} 25 à 1^{m} 30	*Idem.*	4 70	
		35	.....	*Idem.*	//	
		36	Toile de coton écru, pour suaires, largeur 1^{m} 65	*Idem.*	1 40	
		37	.....	*Idem.*	//	
		38	Toile de coton rayée bleu et blanc, pour matelas et paillasses, largeur 1^{m} 20	*Idem.*	1 25	
		39	— — 1^{m} 40	*Idem.*	2 60	
		40	— — 1^{m} 80	*Idem.*	3 10	
		41	.....	*Idem.*	//	
		42	.....	*Idem.*	//	
		43	Toile damasée, à damiers, pour nappes	*Idem.*	3 75	
		44	.....	*Idem.*	//	
		45	Tulle blanc, pour moustiquaires d'officier (6 fils, 6 mailles au cent, carré) largeur 2^{m}	*Idem.*	1 60	
		46	.....	*Idem.*	//	
		47	.....	*Idem.*	//	
		48	Tulle écru ou crémé, pour moustiquaires de soldat (6 fils, 5 à 6 mailles au cent, carré) largeur 2^{m}	*Idem.*	1 20	
		49	.....	*Idem.*	//	
		50	.....	*Idem.*	//	
		51	.....	*Idem.*	//	
		52	.....	*Idem.*	//	
		53	.....	*Idem.*	//	
		54	.....	*Idem.*	//	

DÉNOMINATION ET CLASSIFICATION DES MATIÈRES ET OBJETS.				ESPÈCE des UNITÉS.	PRIX MINISTÉRIELS.	OBSERVATIONS.
PAR UNITÉ SOMMAIRE.		PAR SUBDIVISION.				
Numéro et libellé.	Subdivision.	Numéros.	Dénominations.			
					fr. c.	
14 Matières et objets destinés aux travaux.	D Matières de couchage.	1	Crin animal pur	Kilogr.	3 45	
		2	Crin végétal	Idem.	0 23	
		3	Laine pure	Idem.	5 75	
		4	Plumes pour oreiller	Idem.	3 62	
		5	.....	Idem.		
		6	.....	Idem.		
		7	.....	Idem.		
		8	.....	Idem.		
		9	.....	Idem.		
		10	.....	Idem.		
		11	.....	Idem.		
		12	.....	Idem.		
		13	.....	Idem.		
	E Métaux.	1	Cuivre	Idem.		
		2	Étain	Idem.		
		3	Fer	Idem.		
		4	Plomb	Idem.		
		5	.....	Idem.		
		6	.....	Idem.		
		7	.....	Idem.		
		8	.....	Idem.		
		9	.....	Idem.		
		10	.....	Idem.		
		11	.....	Idem.		
		12	.....	Idem.		
	F Quincaillerie.		Boulons divers	Nombre.		
			Cadenas	Idem.		
			Charnières	Idem.		
			Clefs	Idem.		
			Clous	Kilogr.		
			Crampons	Nombre.		
			Crochets	Idem.		
			Ficelles	Kilogr.		
			Fils en métaux	Idem.		
			Gonds	Nombre.		
			Loquets	Idem.		
			Papier à l'émeri	Feuille.		
			Patères	Nombre.		
			Pattes	Idem.		
			Pentures	Idem.		
			Pitons	Idem.		
			Pointes	Kilogr.		
			Rivets	Idem.		
			Serrures	Nombre.		
			Targettes	Idem.		
			Toiles à l'émeri	Mètre.		
			Toile métallique	Idem.		
			Verrous	Nombre.		
			Vis	Idem.		

DÉNOMINATION ET CLASSIFICATION DES MATIÈRES ET OBJETS.				ESPÈCE des UNITÉS.	PRIX MINISTÉRIELS.	OBSERVATIONS.
PAR UNITÉ SOMMAIRE.		PAR SUBDIVISION.				
Numéro et libellé.	Subdivision.	Numéros.	Dénominations.			
14 **Matières et objets destinés aux travaux.**	G PEINTURE, VITRERIE, INGRÉDIENTS ET OBJETS DIVERS.		Blanc d'Espagne	Kilogr.		
			Chaux éteinte (à blanchir)	Barrique.		
			— hydraulique	Sac.		
			Ciment	*Idem.*		
			Cirage	Boîte.		
			Cire à cacheter les bouteilles	Kilogr.		
			Colle forte	*Idem.*		
			Corde	*Idem.*		
			Cordeaux	*Idem.*		
			Eau de cuivre	Litre.		
			— de javel	*Idem.*		
			Essences	*Idem.*		
			Éponges	Kilogr.		
			Graisse pour voiture	*Idem.*		
			Huile de lin	Litre.		
			— à machine	*Idem.*		
			Lessive de potasse ou de soude	Kilogr.		
			Linoléum	Mètre.		
			Mine de plomb	Kilogr.		
			Ocres divers	*Idem.*		
			Peintures diverses	*Idem.*		
			Pierre ponce	Nombre.		
			Pinceaux divers	*Idem.*		
			Plâtre	Sac.		
			Plombagine	Kilogr.		
			Potasse	*Idem.*		
			Savon	*Idem.*		
			Savonnette	*Idem.*		
			Siccatif en poudre	*Idem.*		
			— liquide	Litre.		
			Suif	Kilogr.		
			Tripoli	*Idem.*		
			Verres à vitres, divers	Mille.		

DÉNOMINATION ET CLASSIFICATION DES MATIÈRES ET OBJETS.				ESPÈCE des UNITÉS.	PRIX MINISTÉRIELS.	OBSERVATIONS.
PAR UNITÉ SOMMAIRE.		PAR SUBDIVISION.				
Numéro et libellé.	Subdivision.	Numéros.	Dénominations.			
15 Ouvrages de bibliothèques, de sciences et art, matériel d'enseignement et fournitures diverses.	A Bibliothèque scientifique.		.....			
			.....			
			.....			
			.....			
			.....			
			.....			
			.....			
			.....			
			.....			
			.....			
			.....			
			.....			
	B Bibliothèque des malades.		.....			
			.....			
			.....			
			.....			
			.....			
			.....			
			.....			
			.....			
			.....			
			.....			
			.....			
			.....			
	C Fournitures de bureau, imprimés divers.		Attaches dites «parisiennes»	Boîte.		
			Cire à cacheter (bâton)	*Idem.*		
			Colle à bouche (bâton)	*Idem.*		
			Colle liquide	Flacon.		
			Craie	Boîte.		
			Crayon noir	Douzaine.		
			— de couleur	Nombre.		
			Encre noire	Litre.		
			— rouge	Flacon.		
			— à polycopie	*Idem.*		
			Enveloppes grandes	Le cent.		
			— moyennes	*Idem.*		
			— petites	*Idem.*		
			Épingles ordinaires	Kilogr.		
			Ficelle blanche	Pelote.		
			— rouge	*Idem.*		
			Imprimés divers, 1/4 de feuille	Le cent.		
			— — 1/2 feuille	*Idem.*		
			— — feuille double	*Idem.*		
			— — feuille double	*Idem.*		
			Gomme élastique	Nombre.		
			Pains à cacheter	Boîte.		
			Papier écolier blanc	Rame.		
			— — quadrillé	*Idem.*		
			— — réglé	*Idem.*		

DÉNOMINATION ET CLASSIFICATION DES MATIÈRES ET OBJETS.				ESPÈCE des UNITÉS.	PRIX MINISTÉRIELS.	OBSERVATIONS.
PAR UNITÉ SOMMAIRE.		PAR SUBDIVISION.				
Numéro et libellé.	Subdivision.	Numéros.	Dénominations.			
15 **Ouvrages de bibliothèques, de sciences et art, matériel d'enseignement et fournitures diverses.**	C FOURNITURES DE BUREAU, IMPRIMÉS DIVERS. (Fin.)		Papier bulle	Rame.		
			Plumes métalliques	Boîte.		
			Registres, grand format, 20 feuilles	Nombre.		
			— — 50 —	*Idem.*		
			— — 100 —	*Idem.*		
			— — 200 —	*Idem.*		
			— petit format, 20 —	*Idem.*		
			— — 50 —	*Idem.*		
			— — 100 —	*Idem.*		
			— — 200 —	*Idem.*		
	D OBJETS DE BUREAU.		Boîte à tampon, avec accesoires	*Idem.*		
			Cachet de médecin-chef	*Idem.*		
			Canif	*Idem.*		
			Carton de bureau, en bois	*Idem.*		
			— — en carton de couleur	*Idem.*		
			Encrier	*Idem.*		
			Grattoir	*Idem.*		
			Gibecière-portefeuille	*Idem.*		
			Panier de bureau	*Idem.*		
			Poinçon	*Idem.*		
			Planchette de visite, garnie d'un encrier	*Idem.*		
			Presse à copier	*Idem.*		
			Presse dite « autocopiste »	*Idem.*		
			Pupitre de bureau	*Idem.*		
			Timbre humide pour dater les billets d'hôpital, avec accessoires	*Idem.*		
			Timbres divers, en cuivre	*Idem.*		
			— en caoutchouc	*Idem.*		
			.....	*Idem.*		
			.....	*Idem.*		
			.....	*Idem.*		
			.....	*Idem.*		
			.....	*Idem.*		
			.....	*Idem.*		
			.....	*Idem.*		
			.....	*Idem.*		
			.....	*Idem.*		
			.....	*Idem.*		
			.....	*Idem.*		

DÉNOMINATION ET CLASSIFICATION DES MATIÈRES ET OBJETS.				ESPÈCE des UNITÉS.	PRIX MINISTÉRIELS.	OBSERVATIONS.
PAR UNITÉ SOMMAIRE.		PAR SUBDIVISION.				
Numéro et libellé.	Subdivision.	Numéros.	Dénominations.			
16 **Animaux vivants.**	A Animaux de basse-cour.	1	Canard	Nombre.		
		2	Dinde	*Idem.*		
		3	Lapin	*Idem.*		
		4	Oie	*Idem.*		
		5	Pigeon	*Idem.*		
		6	Pintade	*Idem.*		
		7	Poule	*Idem.*		
			.....			
			.....			
			.....			
	B Animaux de boucherie.	1	Agneau	Nombre.		
		2	Bœuf	*Idem.*		
		3	Chèvre	*Idem.*		
		4	Chevreau	*Idem.*		
		5	Mouton	*Idem.*		
		6	Porc	*Idem.*		
		7	Veau	*Idem.*		
			.....			
			.....			
			.....			
	C Animaux de trait et de bât.	1	Ane ou ânesse	Nombre.		
		2	Bœuf porteur	*Idem.*		
		3	Buffle	*Idem.*		
		4	Chameau	*Idem.*		
		5	Cheval ou jument	*Idem.*		
		6	Dromadaire	*Idem.*		
		7	Mule ou mulet	*Idem.*		
			.....			
			.....			
			.....			
	D Animaux de laboratoire.	1	Annélides	Nombre.		
		2	Cobaye	*Idem.*		
		3	Chien	*Idem.*		
		4	Génisse	*Idem.*		
		5	Lapin	*Idem.*		
		6	Rat	*Idem.*		
		7	Singe	*Idem.*		
		8	Souris	*Idem.*		
			.....			
			.....			
			.....			

DÉNOMINATION ET CLASSIFICATION DES MATIÈRES ET OBJETS.				ESPÈCE des UNITÉS.	PRIX MINISTÉRIELS.	OBSERVATIONS.
PAR UNITÉ SOMMAIRE.		PAR SUBDIVISION.				
Numéro et libellé.	Subdivision.	Numéros.	Dénominations.			
17 **Tabacs, semences et plans.**	A GRAINES POTAGÈRES ET PLANTS.		Aubergines			
			Betteraves			
			Carottes			
			Céleri			
			Cerfeuil			
			Choux			
			Choux-fleurs			
			Concombres			
			Épinards			
			Haricots			
			Navets			
			Oignons			
			Oseille			
			Petits pois			
			Persil			
			Poireau			
			Pommes de terre			
			Radis			
			Salades			
			Salsifis			
			Tomates			
			.....			
			.....			
			.....			
			.....			
			.....			
	B GRAINES À FLEURS ET PLANTS.		.....			
			.....			
			.....			
			.....			
			.....			
			.....			
			.....			
			.....			
			.....			
			.....			
			.....			
			.....			
	C TABACS.		Tabac à chiquer			
			Tabac à fumer			
			Tabac à priser			
			.....			
			.....			
			.....			
			.....			
			.....			

DÉNOMINATION ET CLASSIFICATION DES MATIÈRES ET OBJETS.				ESPÈCE des UNITÉS.	PRIX MINISTÉRIELS.	OBSERVATIONS.
PAR UNITÉ SOMMAIRE.		PAR SUBDIVISION.				
Numéro et libellé.	Subdivision.	Numéros.	Dénominations.			
					fr. c.	
19 **Caisses d'emballage, récipients, cadeaux et objets d'échange et objets non classés précédemment.**	**A** BOÎTES, CAISSES, BIDONS, FÛTS, ETC., POUR EMBALLAGE.	1	Bidons en fer-blanc étamés avec anses de 1 kilogr.......	Nombre.	0 60	
		2	Bidons de fer-blanc étamés avec anses de 1 kil. 500.....	*Idem.*	0 70	
		3	Bidons de fer-blanc étamés avec anses de 2 kilogr.......	*Idem.*	0 80	
		4	Bidons de fer-blanc étamés avec anses de 2 à 5 kilogr....	*Idem.*	1 00	
		5	Bidons de fer-blanc étamés avec anses de 6 à 10 kilogr..	*Idem.*	1 50	
		6	Bidons de fer-blanc étamés avec anses de 11 kilogr. et au-dessus..............................	*Idem.*	3 00	
		7	.....			
		8	.....			
		9	Boîtes en fer-blanc, étamées et soudées, carrées ou rondes, de 250 grammes..............................	*Idem.*	0 25	
		10	Boîtes en fer-blanc, étamées et soudées, carrées ou rondes, de 500 grammes..............................	*Idem.*	6 40	
		11	Boîtes en fer-blanc, étamées et soudées, carrées ou rondes, de 1 à 2 litres..............................	*Idem.*	0 60	
		12	Boîtes en fer-blanc, étamées et soudées, carrées ou rondes, de 2 à 5 litres..............................	*Idem.*	0 70	
		13	Boîtes en fer-blanc, étamées et soudées, carrées ou rondes, de 6 à 10 litres..............................	*Idem.*	1 80	
		14	Boîtes en fer-blanc, étamées et soudées, carrées ou rondes, de 11 litres et au-dessus......................	*Idem.*	3 00	
		15	.....			
		16	.....			
		17	Boîtes de calinage, contenance 1 litre................	*Idem.*	0 25	
		18	Boîtes de calinage, contenance 2 litres...............	*Idem.*	0 40	
		19	Boîtes de calinage, contenance 2 à 5 litres...........	*Idem.*	0 70	
		20	Boîtes de calinage, contenance 6 à 10 litres..........	*Idem.*	2 00	
		21	Boîtes de calinage, contenance 11 litres et au-dessus...	*Idem.*	3 00	
		22	.....			
		23	Bidons en zinc, contenance 1 litre..................	*Idem.*	0 65	
		24	Bidons en zinc, contenance 2 litres.................	*Idem.*	0 75	
		25	Bidons en zinc, contenance 2 à 5 litres..............	*Idem.*	1 60	
		26	Bidons en zinc, contenance 6 à 10 litres.............	*Idem.*	3 20	
		27	Bidons en zinc, contenance 11 litres et au-dessus.......	*Idem.*	5 00	
		28	Bidons en tôle galvanisée, à goulot, contenance 5 litres..	*Idem.*	3 40	
		29	Bidons en tôle galvanisée, à goulot, contenance 6 à 10 litres..............................	*Idem.*	4 60	
		30	Bidons en tôle galvanisée, à goulot, contenance 11 à 15 litres..............................	*Idem.*	5 90	
		31	Bidons en tôle galvanisée, à goulot, contenance 16 à 20 litres..............................	*Idem.*	8 10	
		32	Bidons en tôle galvanisée, à goulot, contenance 21 à 25 litres..............................	*Idem.*	10 00	
		33	Bonbonnes en verre vert, clissées en osier, avec poignées, contenance 10 litres..............................	*Idem.*	2 00	
		34	Bonbonne en verre vert, clissées en osier, avec poignées, contenances 15 litres..............................	*Idem.*	2 85	
		35	Bonbonne en verre vert, clissées en osier, avec poignées, contenance 20 litres..............................	*Idem.*	3 45	
		36	Fûts en chêne ou en châtaignier, cerclés fer et bois, contenance 50 litres..............................	*Idem.*	7 50	
		37	Fûts en chêne ou en châtaignier, cerclés fer et bois, contenance 75 litres..............................	*Idem.*	8 25	
		38	Fûts en chêne ou en châtaignier, cerclés fer et bois, contenance 100 litres..............................	*Idem.*	8 75	

DÉNOMINATION ET CLASSIFICATION DES MATIÈRES ET OBJETS.				ESPÈCE des UNITÉS.	PRIX MINISTÉRIELS.	OBSERVATIONS.
PAR UNITÉ SOMMAIRE.		PAR SUBDIVISION.				
Numéro et libellé.	Subdivision.	Numéros.	Dénominations.		fr. c.	
10 Caisses d'emballage, récipients, cadeaux et objets d'échange et objets non classés précédemment.	A Boîtes, caisses, bidons, fûts, etc., pour emballage. (Suite.)	39	Fûts en chêne ou en châtaignier, cerclés fer et bois, contenance 120 litres	Nombre.	9 65	
		40	Caisses en bois blanc peuplier, barrées à l'anglaise, grandes	*Idem.*	7 50	
		41	Caisses en bois blanc peuplier, barrées à l'anglaise, moyennes	*Idem.*	6 25	
		42	Caisses en bois blanc peuplier, barrées à l'anglaise, petites	*Idem.*	5 00	
		43	Caisses dites à toit, grandes	*Idem.*	7 50	
		44	Caisses dites à toit, moyennes	*Idem.*	4 50	
		45	Caisses dites à toit, petites	*Idem.*	3 00	
		46	.....			
		47	.....			
		48	.....			
		49	Quarts de touries en grès, en panier	*Idem.*	4 50	
		50	Quarts de touries recouvertes d'un capuchon en plomb	*Idem.*	6 50	
		51	Bouteilles en grès, contenance 0 kil. 500 grammes	*Idem.*	0 25	
		52	Bouteilles en grès, contenance 1 à 2 kilogrammes	*Idem.*	0 50	
		53	Bouteilles en grès, contenance 3 à 5 kilogrammes	*Idem.*	0 75	
		54	Bouteilles en grès, contenance 6 à 10 kilogrammes	*Idem.*	1 25	
		55	Fûts en tôle galvanisée et rivée, contenance 25 litres	*Idem.*	8 75	
		56	Fûts en tôle galvanisée et rivée, contenance 50 litres	*Idem.*	14 75	
		57	Fûts en tôle galvanisée et rivée, contenance 70 litres	*Idem.*	17 00	
		58	Fûts en tôle galvanisée et rivée, contenance 100 litres	*Idem.*	20 00	
		59	Fûts en tôle galvanisée et rivée, contenance 130 litres	*Idem.*	22 50	
		60	Caisses en fer-blanc soudées, pour doublage, contenance 50 litres	*Idem.*	3 45	
		61	Caisses en fer-blanc soudées, pour doublage, contenance 51 à 100 litres	*Idem.*	5 60	
		62	Caisses en fer-blanc soudées, pour doublage, contenance 101 à 150 litres	*Idem.*	6 85	
		63	Caisses en fer-blanc soudées, pour doublage, contenance 151 à 200 litres	*Idem.*	8 00	
		64	.....			
		65	.....			
		66	.....			
		67	.....			
		68	.....			
		69	.....			
		70	.....			
	B Jeux.	1	Jeu de boules	Nombre.		
		2	Jeu de croquet	*Idem.*		
		3	Jeu de dames	*Idem.*		
		4	Jeu de dominos	*Idem.*		
		5	Jeu d'échecs avec damier	*Idem.*		
		6	Jeu de quilles	*Idem.*		
		7	Jeu de tonneau	*Idem.*		
		8	Jeu de trictrac	*Idem.*		
		9	.....			
		10	.....			

DÉNOMINATION ET CLASSIFICATION DES MATIÈRES ET OBJETS.				ESPÈCE des UNITÉS.	PRIX MINISTÉRIELS.	OBSERVATIONS.
PAR UNITÉ SOMMAIRE.		PAR SUBDIVISION.				
Numéro et libellé.	Subdivision.	Numéros.	Dénominations.			
19 **Caisses d'emballage, récipients, cadeaux et objets d'échange et objets non classés précédemment.**	**C** MATÉRIEL DIVERS. (Suite.)		Balais en chiendent	Nombre.		
			Balais en crin	*Idem.*		
			Balais de sorgho	*Idem.*		
			Balais de garde-robe	*Idem.*		
			Balayette	*Idem.*		
			Brosses à dents	*Idem.*		
			Brosses à habits	*Idem.*		
			Brosses à laver le linge	*Idem.*		
			Brosses à ongles	*Idem.*		
			Brosses à parquet	*Idem.*		
			Cercueils	*Idem.*		
			Chiffons	Kilogr.		
			Chiffres à marquer	Nombre.		
			Échelles	*Idem.*		
			Éponges	*Idem.*		
			Ficelle forte d'emballage	*Idem.*		
			Lettres à marquer	*Idem.*		
			Linge vieux	Kilogr.		
			Papier d'emballage	*Idem.*		
			Plumeaux	Nombre.		
			Pointes	Kilogr.		
			Tête de loup	Nombre.		

DÉNOMINATION ET CLASSIFICATION DES MATIÈRES ET OBJETS.				ESPÈCE des UNITÉS.	PRIX MINISTÉRIELS.	OBSERVATIONS.
PAR UNITÉ SOMMAIRE.		PAR SUBDIVISION.				
Numéro et libellé.	Subdivision.	Numéros.	Dénominations.			

DÉNOMINATION ET CLASSIFICATION DES MATIÈRES ET OBJETS.				ESPÈCE des UNITÉS.	PRIX MINISTÉRIELS.	OBSERVATIONS.
PAR UNITÉ SOMMAIRE.		PAR SUBDIVISION.				
Numéro et libellé.	Subdivision.	Numéros.	Dénominations.			

DÉNOMINATION ET CLASSIFICATION DES MATIÈRES ET OBJETS.				ESPÈCE des UNITÉS.	PRIX MINISTÉRIELS.	OBSERVATIONS.
PAR UNITÉ SOMMAIRE.		PAR SUBDIVISION.				
Numéro et libellé.	Subdivision.	Numéros.	Dénominations.			

DÉNOMINATION ET CLASSIFICATION DES MATIÈRES ET OBJETS.				ESPÈCE des UNITÉS.	PRIX MINISTÉRIELS.	OBSERVATIONS.
PAR UNITÉ SOMMAIRE.		PAR SUBDIVISION.				
Numéro et libellé.	Subdivision.	Numéros.	Dénominations.			

DÉNOMINATION ET CLASSIFICATION DES MATIÈRES ET OBJETS.				ESPÈCE des UNITÉS.	PRIX MINISTÉRIELS.	OBSERVATIONS.
PAR UNITÉ SOMMAIRE.		PAR SUBDIVISION.				
Numéro et libellé.	Subdivision.	Numéros.	Dénominations.			

DÉNOMINATION ET CLASSIFICATION DES MATIÈRES ET OBJETS.				ESPÈCE des UNITÉS.	PRIX MINISTÉRIELS.	OBSERVATIONS.
PAR UNITÉ SOMMAIRE.		PAR SUBDIVISION.				
Numéro et libellé.	Subdivision.	Numéros.	Dénominations.			

DÉNOMINATION ET CLASSIFICATION DES MATIÈRES ET OBJETS.				ESPÈCE des UNITÉS.	PRIX MINISTÉRIELS.	OBSERVATIONS.
PAR UNITÉ SOMMAIRE.		PAR SUBDIVISION.				
Numéro et libellé.	Subdivision.	Numéros.	Dénominations.			

DÉNOMINATION ET CLASSIFICATION DES MATIÈRES ET OBJETS.				ESPÈCE des UNITÉS.	PRIX MINISTÉRIELS.	OBSERVATIONS.
PAR UNITÉ SOMMAIRE.		PAR SUBDIVISION.				
Numéro et libellé.	Subdivision.	Numéros.	Dénominations.			

DÉNOMINATION ET CLASSIFICATION DES MATIÈRES ET OBJETS.				ESPÈCE des UNITÉS.	PRIX MINISTÉRIELS.	OBSERVATIONS.
PAR UNITÉ SOMMAIRE.		PAR SUBDIVISION.				
Numéro et libellé.	Subdivision.	Numéros.	Dénominations.			

DÉNOMINATION ET CLASSIFICATION DES MATIÈRES ET OBJETS.				ESPÈCE des UNITÉS.	PRIX MINISTÉRIELS.	OBSERVATIONS.
PAR UNITÉ SOMMAIRE.		PAR SUBDIVISION.				
Numéro et libellé.	Subdivision.	Numéros.	Dénominations.			

DÉNOMINATION ET CLASSIFICATION DES MATIÈRES ET OBJETS.				ESPÈCE des UNITÉS.	PRIX MINISTÉRIELS.	OBSERVATIONS.
PAR UNITÉ SOMMAIRE.		PAR SUBDIVISION.				
Numéro et libellé.	Subdivision.	Numéros.	Dénominations.			

DÉNOMINATION ET CLASSIFICATION DES MATIÈRES ET OBJETS.				ESPÈCE des UNITÉS.	PRIX MINISTÉRIELS.	OBSERVATIONS.
PAR UNITÉ SOMMAIRE.		PAR SUBDIVISION.				
Numéro et libellé.	Subdivision.	Numéros.	Dénominations.			

DÉNOMINATION ET CLASSIFICATION DES MATIÈRES ET OBJETS.				ESPÈCE des UNITÉS.	PRIX MINISTÉRIELS.	OBSERVATIONS.
PAR UNITÉ SOMMAIRE.		PAR SUBDIVISION.				
Numéro et libellé.	Subdivision.	Numéros.	Dénominations.			

DÉNOMINATION ET CLASSIFICATION DES MATIÈRES ET OBJETS.				ESPÈCE des UNITÉS.	PRIX MINISTÉRIELS.	OBSERVATIONS.
PAR UNITÉ SOMMAIRE.		PAR SUBDIVISION.				
Numéro et libellé.	Subdivision.	Numéros.	Dénominations.			

DÉNOMINATION ET CLASSIFICATION DES MATIÈRES ET OBJETS.				ESPÈCE des UNITÉS.	PRIX MINISTÉRIELS.	OBSERVATIONS.
PAR UNITÉ SOMMAIRE.		PAR SUBDIVISION.				
Numéro et libellé.	Subdivision.	Numéros.	Dénominations.			

DÉNOMINATION ET CLASSIFICATION DES MATIÈRES ET OBJETS.				ESPÈCE des UNITÉS.	PRIX MINISTÉRIELS.	OBSERVATIONS.
PAR UNITÉ SOMMAIRE.		PAR SUBDIVISION.				
Numéro et libellé.	Subdivision.	Numéros.	Dénominations.			

DÉNOMINATION ET CLASSIFICATION DES MATIÈRES ET OBJETS.				ESPÈCE des UNITÉS.	PRIX MINISTÉRIELS.	OBSERVATIONS.
PAR UNITÉ SOMMAIRE.		PAR SUBDIVISION.				
Numéra et libellé.	Subdivision.	Numéros.	Dénominations.			

DÉNOMINATION ET CLASSIFICATION DES MATIÈRES ET OBJETS.				ESPÈCE des UNITÉS.	PRIX MINISTÉRIELS.	OBSERVATIONS.
PAR UNITÉ SOMMAIRE.		PAR SUBDIVISION.				
Numéro et libellé.	Subdivision.	Numéros.	Dénominations.			

DÉNOMINATION ET CLASSIFICATION DES MATIÈRES ET OBJETS.				ESPÈCE des UNITÉS.	PRIX MINISTÉRIELS.	OBSERVATIONS.
PAR UNITÉ SOMMAIRE.		PAR SUBDIVISION.				
Numéro et libellé.	Subdivision.	Numéros.	Dénominations.			

DÉNOMINATION ET CLASSIFICATION DES MATIÈRES ET OBJETS.				ESPÈCE des UNITÉS.	PRIX MINISTÉRIELS.	OBSERVATIONS.
PAR UNITÉ SOMMAIRE.		PAR SUBDIVISION.				
Numéro et libellé.	Subdivision.	Numéros.	Dénominations.			

DÉNOMINATION ET CLASSIFICATION DES MATIÈRES ET OBJETS.				ESPÈCE des UNITÉS.	PRIX MINISTÉRIELS.	OBSERVATIONS.
PAR UNITÉ SOMMAIRE.		PAR SUBDIVISION.				
Numéro et libellé.	Subdivision.	Numéros.	Dénominations.			

DÉNOMINATION ET CLASSIFICATION DES MATIÈRES ET OBJETS.				ESPÈCE des UNITÉS.	PRIX MINISTÉRIELS.	OBSERVATIONS.
PAR UNITÉ SOMMAIRE.		PAR SUBDIVISION.				
Numéro et libellé.	Subdivision.	Numéros.	Dénominations.			

DÉNOMINATION ET CLASSIFICATION DES MATIÈRES ET OBJETS.				ESPÈCE des UNITÉS.	PRIX MINISTÉRIELS.	OBSERVATIONS.
PAR UNITÉ SOMMAIRE.		PAR SUBDIVISION.				
Numéro et libellé.	Subdivision.	Numéros.	Dénominations.			

DÉNOMINATION ET CLASSIFICATION DES MATIÈRES ET OBJETS.				ESPÈCE DES UNITÉS.	PRIX MINISTÉRIELS.	OBSERVATIONS.
PAR UNITÉ SOMMAIRE.		PAR SUBDIVISION.				
Numéro et libellé.	Subdivision.	Numéros.	Dénominations.			

DÉNOMINATION ET CLASSIFICATION DES MATIÈRES ET OBJETS.				ESPÈCE des UNITÉS.	PRIX MINISTÉRIELS.	OBSERVATIONS.
PAR UNITÉ SOMMAIRE.		PAR SUBDIVISION.				
Numéro et libellé.	Subdivision.	Numéros.	Dénominations.			

DÉNOMINATION ET CLASSIFICATION DES MATIÈRES ET OBJETS,				ESPÈCE des UNITÉS.	PRIX MINISTÉRIELS.	OBSERVATIONS.
PAR UNITÉ SOMMAIRE.		PAR SUBDIVISION.				
Numéro et libellé.	Subdivision.	Numéros.	Dénominations.			

DÉNOMINATION ET CLASSIFICATION DES MATIÈRES ET OBJETS.				ESPÈCE des UNITÉS.	PRIX MINISTÉRIELS.	OBSERVATIONS.
PAR UNITÉ SOMMAIRE.		PAR SUBDIVISION.				
Numéro et libellé.	Subdivision. .	Numéros.	Dénominations.			

DÉNOMINATION ET CLASSIFICATION DES MATIÈRES ET OBJETS.				ESPÈCE des UNITÉS.	PRIX MINISTÉRIELS.	OBSERVATIONS.
PAR UNITÉ SOMMAIRE.		PAR SUBDIVISION.				
Numéro et libellé.	Subdivision.	Numéros.	Dénominations.			

DÉNOMINATION ET CLASSIFICATION DES MATIÈRES ET OBJETS.				ESPÈCE des UNITÉS.	PRIX MINISTÉRIELS.	OBSERVATIONS.
PAR UNITÉ SOMMAIRE.		PAR SUBDIVISION.				
Numérs et libellé.	Subdivision.	Numéros.	Dénominations.			

DÉNOMINATION ET CLASSIFICATION DES MATIÈRES ET OBJETS.				ESPÈCE des UNITÉS.	PRIX MINISTÉRIELS.	OBSERVATIONS.
PAR UNITÉ SOMMAIRE.		PAR SUBDIVISION.				
Numéro et libellé.	Subdivision.	Numéros.	Dénominations.			

DÉNOMINATION ET CLASSIFICATION DES MATIÈRES ET OBJETS.				ESPÈCE des UNITÉS.	PRIX MINISTÉRIELS.	OBSERVATIONS.
PAR UNITÉ SOMMAIRE.		PAR SUBDIVISION.				
Numéro et libellé.	Subdivision.	Numéros.	Dénominations.			

DÉNOMINATION ET CLASSIFICATION DES MATIÈRES ET OBJETS.				ESPÈCE des UNITÉS.	PRIX MINISTÉRIELS.	OBSERVATIONS.
PAR UNITÉ SOMMAIRE.		PAR SUBDIVISION.				
Numéro et libellé.	Subdivision.	Numéros.	Dénominations.			

DÉNOMINATION ET CLASSIFICATION DES MATIÈRES ET OBJETS.				ESPÈCE des UNITÉS.	PRIX MINISTÉRIELS.	OBSERVATIONS.
PAR UNITÉ SOMMAIRE.		PAR SUBDIVISION.				
Numéro et libellé.	Subdivision.	Numéros.	Dénominations.			

DÉNOMINATION ET CLASSIFICATION DES MATIÈRES ET OBJETS.				ESPÈCE des UNITÉS.	PRIX MINISTÉRIELS.	OBSERVATIONS.
PAR UNITÉ SOMMAIRE.		PAR SUBDIVISION.				
Numéro et libellé.	Subdivision.	Numéros.	Dénominations.			

DÉNOMINATION ET CLASSIFICATION DES MATIÈRES ET OBJETS.				ESPÈCE des UNITÉS.	PRIX MINISTÉRIELS.	OBSERVATIONS.
PAR UNITÉ SOMMAIRE.		PAR SUBDIVISION.				
Numéro et libellé.	Subdivision.	Numéros.	Dénominations.			

DÉNOMINATION ET CLASSIFICATION DES MATIÈRES ET OBJETS.				ESPÈCE des UNITÉS.	PRIX MINISTÉRIELS.	OBSERVATIONS.
PAR UNITÉ SOMMAIRE.		PAR SUBDIVISION.				
Numéro et libellé.	Subdivision.	Numéros.	Dénominations.			

DÉNOMINATION ET CLASSIFICATION DES MATIÈRES ET OBJETS.				ESPÈCE des UNITÉS.	PRIX MINISTÉRIELS.	OBSERVATIONS.
PAR UNITÉ SOMMAIRE.		PAR SUBDIVISION.				
Numéro et libellé.	Subdivision.	Numéros.	Dénominations.			

DÉNOMINATION ET CLASSIFICATION DES MATIÈRES ET OBJETS.				ESPÈCE des UNITÉS.	PRIX MINISTÉRIELS.	OBSERVATIONS.
PAR UNITÉ SOMMAIRE.		PAR SUBDIVISION.				
Numéro et libellé.	Subdivision.	Numéros.	Dénominations.			

DÉNOMINATION ET CLASSIFICATION DES MATIÈRES ET OBJETS.				ESPÈCE des UNITÉS.	PRIX MINISTÉRIELS.	OBSERVATIONS.
PAR UNITÉ SOMMAIRE.		PAR SUBDIVISION.				
Numéro et libellé.	Subdivision.	Numéros.	Dénominations.			

DÉNOMINATION ET CLASSIFICATION DES MATIÈRES ET OBJETS.				ESPÈCE des UNITÉS.	PRIX MINISTÉRIELS.	OBSERVATIONS.
PAR UNITÉ SOMMAIRE.		PAR SUBDIVISION.				
Numéro et libellé.	Subdivision.	Numéros.	Dénominations.			

DÉNOMINATION ET CLASSIFICATION DES MATIÈRES ET OBJETS.				ESPÈCE des UNITÉS.	PRIX MINISTÉRIELS.	OBSERVATIONS.
PAR UNITÉ SOMMAIRE.		PAR SUBDIVISION.				
Numéro et libellé.	Subdivision.	Numéros.	Dénominations.			

DÉNOMINATION ET CLASSIFICATION DES MATIÈRES ET OBJETS.				ESPÈCE des UNITÉS.	PRIX MINISTÉRIELS.	OBSERVATIONS.
PAR UNITÉ SOMMAIRE.		PAR SUBDIVISION.				
Numéro et libellé.	Subdivision.	Numéros.	Dénominations.			

DÉNOMINATION ET CLASSIFICATION DES MATIÈRES ET OBJETS.				ESPÈCE des UNITÉS.	PRIX MINISTÉRIELS.	OBSERVATIONS.
PAR UNITÉ SOMMAIRE.		PAR SUBDIVISION.				
Numéro et libellé.	Subdivision.	Numéros.	Dénominations.			

DÉNOMINATION ET CLASSIFICATION DES MATIÈRES ET OBJETS.				ESPÈCE des UNITÉS.	PRIX MINISTÉRIELS.	OBSERVATIONS.
PAR UNITÉ SOMMAIRE.		PAR SUBDIVISION.				
Numéro et libellé.	Subdivision.	Numéros.	Dénominations.			

DÉNOMINATION ET CLASSIFICATION DES MATIÈRES ET OBJETS.				ESPÈCE des UNITÉS.	PRIX MINISTÉRIELS.	OBSERVATIONS.
PAR UNITÉ SOMMAIRE.		PAR SUBDIVISION.				
Numéro et libellé.	Subdivision.	Numéros,	Dénominations.			

DÉNOMINATION ET CLASSIFICATION DES MATIÈRES ET OBJETS.				ESPÈCE des UNITÉS.	PRIX MINISTÉRIELS.	OBSERVATIONS.
PAR UNITÉ SOMMAIRE.		PAR SUBDIVISION.				
Numéro et libellé.	Subdivision.	Numéros.	Dénominations.			

DÉNOMINATION ET CLASSIFICATION DES MATIÈRES ET OBJETS.				ESPÈCE des UNITÉS.	PRIX MINISTÉRIELS.	OBSERVATIONS.
PAR UNITÉ SOMMAIRE.		PAR SUBDIVISION.				
Numéro et libellé.	Subdivision.	Numéros.	Dénominations.			

DÉNOMINATION ET CLASSIFICATION DES MATIÈRES ET OBJETS.				ESPÈCE des UNITÉS.	PRIX MINISTÉRIELS.	OBSERVATIONS.
PAR UNITÉ SOMMAIRE.		PAR SUBDIVISION.				
Numéro et libellé.	Subdivision.	Numéros.	Dénominations.			

DÉNOMINATION ET CLASSIFICATION DES MATIÈRES ET OBJETS.				ESPÈCE des UNITÉS.	PRIX MINISTÉRIELS.	OBSERVATIONS.
PAR UNITÉ SOMMAIRE.		PAR SUBDIVISION.				
Numéro et libellé.	Subdivision.	Numéros.	Dénominations.			

DÉNOMINATION ET CLASSIFICATION DES MATIÈRES ET OBJETS.				ESPÈCE des UNITÉS.	PRIX MINISTÉRIELS.	OBSERVATIONS.
PAR UNITÉ SOMMAIRE.		PAR SUBDIVISION.				
Numéro et libellé.	Subdivision.	Numéros.	Dénominations.			

DÉNOMINATION ET CLASSIFICATION DES MATIÈRES ET OBJETS.				ESPÈCE des UNITÉS.	PRIX MINISTÉRIELS.	OBSERVATIONS.
PAR UNITÉ SOMMAIRE.		PAR SUBDIVISION.				
Numéro et libellé.	Subdivision.	Numéros.	Dénominations.			

DÉNOMINATION ET CLASSIFICATION DES MATIÈRES ET OBJETS.				ESPÈCE des UNITÉS.	PRIX MINISTÉRIELS.	OBSERVATIONS.
PAR UNITÉ SOMMAIRE.		PAR SUBDIVISION.				
Numéro et libellé.	Subdivision.	Numéros.	Dénominations.			

DÉNOMINATION ET CLASSIFICATION DES MATIÈRES ET OBJETS.				ESPÈCE des UNITÉS.	PRIX MINISTÉRIELS.	OBSERVATIONS.
PAR UNITÉ SOMMAIRE.		PAR SUBDIVISION.				
Numéro et libellé.	Subdivision.	Numéros.	Dénominations.			

DÉNOMINATION ET CLASSIFICATION DES MATIÈRES ET OBJETS.				ESPÈCE des UNITÉS.	PRIX MINISTÉRIELS.	OBSERVATIONS.
PAR UNITÉ SOMMAIRE.		PAR SUBDIVISION.				
Numéro et libellé.	Subdivision.	Numéros.	Dénominations.			

www.ingramcontent.com/pod-product-compliance
Ingram Content Group UK Ltd.
Pitfield, Milton Keynes, MK11 3LW, UK
UKHW020551180726
13838UKWH00001B/165

9 782329 112930